中國學術思想研究輯刊

初編

林慶彰主編

第18冊

《公羊傳》、《穀梁傳》比較研究

簡逸光著

花木蘭文化出版社

國家圖書館出版品預行編目資料

《公羊傳》、《穀梁傳》比較研究／簡逸光 著 — 初版 — 台北縣永和市：花木蘭文化出版社，2008〔民97〕

目 2+248 面；19×26 公分

（中國學術思想研究輯刊 初編；第18冊）

ISBN：978-986-6657-90-0（精裝）

1. 公羊傳 2. 穀梁傳 3. 研究考訂

621.717 97016280

ISBN - 978-986-6657-90-0

中國學術思想研究輯刊

初 編 第十八冊 ISBN：978-986-6657-90-0

《公羊傳》、《穀梁傳》比較研究

作 者 簡逸光

主 編 林慶彰

總編輯 杜潔祥

出 版 花木蘭文化出版社

發行所 花木蘭文化出版社

發行人 高小娟

聯絡地址 台北縣永和市中正路五九五號七樓之三

電話：02-2923-1455／傳眞：02-2923-1452

網 址 http://www.huamulan.tw 信箱 sut81518@ms59.hinet.net

印 刷 普羅文化出版廣告事業

封面設計 劉開工作室

初 版 2008年9月

定 價 初編28冊（精裝）新台幣46,000元

《公羊傳》、《穀梁傳》比較研究

簡逸光　著

作者簡介

簡逸光，1975年生。中國文化大學中國文學研究所碩士，佛光大學文學系博士。

提　要

論文針對《公羊傳》、《穀梁傳》進行比較研究，從二《傳》的傳承、字數、有傳無傳、卷數、問答形式、解經方法、三科九旨等意義價值上討論。目的希望可以為《公羊傳》、《穀梁傳》研究領域，提供基礎的研究成果。

從這些比較中發現二《傳》在傳統的認知，雖從意義區分為兩本不同的專著，但形式上總無法區別二者的差異，故筆者從看似雷同的外在形式切入，發現二《傳》不僅內容不同，在形式表現上亦不盡相同。

例如一般讀者對於《公羊傳》與《穀梁傳》的形式，皆以為二《傳》採用「問答」形式。但二《傳》採用問答作為解經的次數卻有差異，《公羊傳》遠多於《穀梁傳》，且採取縱向式的層層逼進的方式表現，此類形式具有限定讀者意識、使《經》、《傳》關係更密不可分、問題明確化的功能。這部分《穀梁傳》就不及《公羊傳》，故需傳例來完成對經文的詮釋力量。所以從解經方法的使用類型來看的話，《穀梁傳》又比《公羊傳》發展的更為細膩且複雜了。

論文的貢獻最主要有三點，一是從《穀梁傳》中找出與《公羊傳》三科九旨相似的對應模式，認為穀梁家可以如公羊家發揮微言大義般，將《穀梁傳》的三科九旨進行論述，以為致用之源。二是描繪出公羊高與穀梁赤的人格特質，因公羊高與穀梁赤雖於唐代時配享孔廟，然一般人見其名，只知二人有傳《經》之功，故列東西二廡，對二人之個性皆無所洞悉，亦不知從何可知。筆者從《公羊傳》、《穀梁傳》二《傳》中找到二人的言語，藉以描繪二人的人格特質。三是對《公羊傳》、《穀梁傳》的現代價值，提出傳文所述，正合當今時勢之所需，此為二「傳」存在之意義。

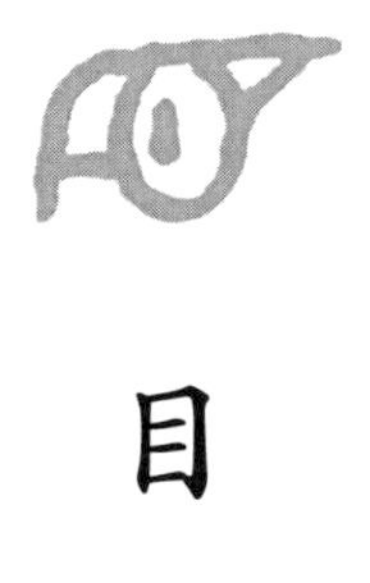

目次

第一章　緒　論

第一節　研究背景及目的

《穀梁傳》是筆者碩士論文的研究對象，當時是針對《穀梁傳》的解經方法提出說明，現在我將《公羊傳》納入進來，來思考二《傳》的比較。雖是文本分析，也稍涉及自漢代以來二家學者如何面對彼此的存在而重新處理自己的議題。我的立論大抵圍繞著兩組議題進行：《公羊傳》與《穀梁傳》的比較；公羊家與穀梁家的互存關係。

作《公羊傳》與《穀梁傳》比較，不再是執著於《公羊傳》、《穀梁傳》著述時代誰先誰後，也不是要強調誰在大義上眞正傳承自孔子，而是要從二者本身發掘各自的內涵，以期在之中發現二者有相互對話的空間與議題。這樣可避免落入傳統對於《公羊傳》、《穀梁傳》間的一種不二存，甚至是敵對的態度，當然我也不是所謂的「調和論者」。

在研讀《公羊傳》、《穀梁傳》的過程中，筆者一直對《公羊傳》、《穀梁傳》傳「經」的對象產生好奇，「經」是《春秋》，而且「傳」解經的對象確實也是《春秋》文字。孔子於《論語》中對世事常有評論，因此《春秋》中有微言有大義，是可理解的。但微言與大義是否就是《公羊傳》、《穀梁傳》所揭示的呢？唐末啖助學派及宋代的《春秋》學摒棄《三傳》之說或兼采《三傳》精華，擇善固執來爲《春秋》作《傳》，便是不相信《傳》者之言與漢人注疏。換句話說，《三傳》雖是傳《春秋》之《傳》，但解釋出的意義，可能是左邱明、公羊高、穀梁赤他們對於《春秋》經文的「理解」。

如上所述，則《公羊傳》、《穀梁傳》與《春秋》的關係是什麼？筆者以爲是「is」，《公羊傳》、《穀梁傳》各自述說著《春秋》是什麼。二者原本可以是無交集的平行線，因爲它們所要陳述的是對《春秋》的理解。而後來會有交集，是因爲後人將二者並列細讀，覺「說法」不同，故比較起來，這便是「and」。

要比較《公羊傳》、《穀梁傳》，事實上在閱讀策略上一開始就會產生不同的效果。如一般人讀《春秋》，或採順讀式，由《春秋》讀起；或採逆讀式，由《傳》入《經》；或者從注疏者讀起。逆讀式者，如從《三傳》入手，便容易調合。若從單《傳》讀起，則易專主一家之說。而從《春秋》順讀而下者，是對孔子有高於常人的信仰，相信自己可以不依靠注疏者的二手解釋，便可貼近聖人之道。

閱讀之後，要進行比較時，如《三傳》一起比，這類主要是陳述《三傳》差異，也就是解釋《三傳》的文字意思。《公羊傳》、《穀梁傳》一起比，此通常對於《春秋》學有深一點的閱讀，知二《傳》頗有差異，需要釐清。或者《三傳》一起比，但最後的解釋是出於自己的理解來決定採不採用《三傳》的說法，或者直接以自己的「領會」來解釋經文等等。採取不同的方式，都會影響比較的結果。

有關《公羊傳》、《穀梁傳》相對立的記載，如《漢書》，《公羊傳》、《穀梁傳》爭立學官，鄭玄與何休「三闕」的爭論，一直到近代，猶有張西堂《穀梁眞僞考》與周何《兼論張西堂穀梁眞僞考》。可見二者在不斷的傳承中，一次又一次被重新閱讀，並重新討論。由於《公羊傳》、《穀梁傳》研究並不是很新穎的題目，所以要說明我的關懷所在，並不在文字異同，也不急於證明二者思想上的優劣。有關這方面的研究已經不在少數，希望能另闢蹊徑，提出新的認識。

從孔子弟子口傳，漢代書於竹帛，爭立學官，鄭玄與何休的討論，范甯、徐彥、楊士勛的注疏，清代陳立、鍾文烝的補注，民國張西堂、傅隸樸、周何的不斷討論。形式上既有《傳》、《注》、《疏》的形式，也有專門著作，只是這些不同形式的文本，都回向一個終極關懷的焦點，就是：「《春秋》在說什麼？」一直到今天都是如此。他們比較不關注歷來公羊家與穀梁家構成的兩條脈絡，二者間的關係。或許可以換個方式來想，我們只是一直在重新理解《春秋》，而研究成果也是一直在重複「理解」這個「行爲」。一般來說，「比較」是後人面對兩種以上的對象時，所作的討論方式，然而事實上即使是一個人在作專題研究，他還是透過一種比較的方式來闡述自己的觀點，如張西堂《穀梁眞僞考》、鍾文烝《穀梁補注》，他們都是針對《穀梁傳》來討論，但是其中有一些內容是因爲《公羊傳》、《穀梁傳》的不同而產生論述的。對我而言，他們都是從這個問題意識開始的。這也就是筆者強調，研究《公羊傳》、《穀梁傳》不應只從《春秋》的角度著手，更應注意《公羊傳》、《穀梁傳》彼此間相互作用下的發展。

「什麼是《公羊傳》、《穀梁傳》的終極關懷？」筆者認爲要處理《公羊傳》、《穀梁傳》的比較時，需不斷的提醒自己，《公羊傳》、《穀梁傳》處理的是共同的問題，「目的就是解釋《春秋》，說明《春秋》的意義爲何」。另外，「《公羊傳》的對象是《穀梁傳》；《穀梁傳》的對象是《公羊傳》」。在此理解下，才有可能討論二《傳》的觀點相異，是否有可能是後人爲維護師說才產生的。故比較的目的是二者如何對話。

前人對《公羊傳》、《穀梁傳》的差異，多一言以蔽之，胡安國《春秋傳》:「《公羊》辭辨而義精。」鄭玄云:「《穀梁》善於經。」「《穀梁》近孔子。」范甯云:「《穀梁》清而婉。」似昭昭然，然而主流經學仍是《經》、《傳》的注疏之學，未有針對《公羊傳》、《穀梁傳》差異作深入比較的專門著作，如此說來，大多覺得不可思議，但眞的是如此，故此議題之開發，實有賴於後人多加努力。經過二《傳》的比較，應該可以瞭解二者的關係究竟爲何？又二《傳》與《春秋》的關係爲何？

論文便是將上述問題，加以論證，期能對《公羊傳》、《穀梁傳》研究提供更深入的認識。

第二節　文獻探討

目前學界對於《公羊傳》、《穀梁傳》的專門研究，多在單傳研究，較少二《傳》比較研究，民國以前的研究則主要在《三傳》文字異同的考證。以下就《公羊傳》、《穀梁傳》比較的著作分類加以檢討。

一、二傳比較

（一）二傳主題比較

1. 黃迎周〈《春秋公羊傳》、《穀梁傳》詮釋方法比較研究〉〔註1〕

論文從二傳釋詞方法、解句方法、揭明寫法、發舉凡例法，來對《公羊傳》、《穀梁傳》的詮釋方法，進行比較。認爲二傳在釋詞上，義訓法皆比聲訓法成熟；在解句上，多以說明性句法，並輔以補釋法、闡發義理法爲主；在揭明義法上，以明用詞義法、明行文義法爲主。

作者在結語處，提到《公羊傳》、《穀梁傳》疏密有別，是就傳文字數來說。但其僅舉魯文公、宣公、成公爲例，說明《穀梁傳》詳於《公羊傳》，例證太少，實不足以說明二傳解經的疏略，宜更進一步的討論。

二、三傳比較

（一）三傳全文比較

1. 周蕙田輯錄，杜子綱校正，許侍御閱定《春秋三傳揭要》

此書爲光緒二年重刊，書前有序，〈五經揭要序〉云：

> 許穆堂侍御主講玉峰書院，刻有《四書便蒙》行世，歲戊申又刻《五經揭要》一書，係周蕙田輯錄、杜子綱校正，而侍御復加閱定者也。（卷 1，1a）……夫分年試士之議，昉自朱子，欲令天下學者《易》、《詩》、《書》爲一科，子午年試之。《春秋三傳》爲一科，卯年試之。《三禮》爲一科，酉年試之。蓋閱十一年而五經一周。今鄉會試輪年出題，四年之後則五經通試矣。學者非其素習，一旦欲盡通前人之說，豈不甚難，今得句梳字櫛，一目了然，又薈萃古人切要之旨，以折衷御案，卷帙無多，所賅甚博，在見聞未廣者，當奉爲圭臬。……得此書當共歎爲先得我心，無煩抄撮之勞矣。（卷 1，1a-1b）

此書爲輔助考試用的參考書，將三傳文句並列排序，可以同時閱覽，又將重點部分加以解說，適合學者閱讀。共六卷。經文下以三傳傳文爲之解說，頁分三欄。

下欄有經文、傳文、注文、按語。傳文以《左傳》爲主，少部分用《公羊傳》、《穀梁傳》，如莊公十七年僅以《左傳》傳文附經文下：

> 春，齊人執鄭詹。《左》：「鄭不朝也。」（卷 1，18a）

案語部分，如哀公十四年御案：

〔註 1〕黃迎周：〈《春秋公羊傳》、《穀梁傳》詮釋方法比較研究〉（山東：山東大學中國古典文獻學碩士論文，2005 年）

麟爲仁獸，聖王之嘉瑞也。今出非其時，而虞人戕之，聖心能無傷乎？然則感其不祥而遂絕筆焉。聖人亦非無所寓意也。今故尊朱子爲定論。（卷 6，25a）

中欄以各家注疏疏解。如莊公十七年：

〔杜（預）〕詹爲鄭執政大臣，諸齊見執。

〔孫氏復曰〕稱人以執，惡桓公也，詹不氏，未命也。（卷 1，18a）

因其目的是讓學者瞭解各家說法，故中欄注家摘錄包括杜預、程頤、張洽、高閌、胡《傳》等等，不主一家之言，不分漢、宋，不別今古學。

上欄則是以作者揭要爲主，所謂揭要是由作者點出《春秋》此段經文主旨，如文公十五年：「單伯至自齊。」

《春秋》謹禮以尊王，於字命卿見焉。（卷 2，30a）

襄公二十五年：「冬，鄭公孫夏帥師伐陳。」

賢臣以禮當強國得自立之道矣。（卷 4，22b）

這部分像是重點的歸納，得出結語，讓讀者可以快速掌握此經文之大義。

這種三傳的比較法，是三傳兼采的方式，不專主一家。兼采目的不在辨別孰是孰非，只是選擇適合的解釋，條列其下，所以不會有比較的內容。但還是可以看出作者潛在思維中蘊含三傳優劣，因作者多採用《左傳》，便知作者偏好《左傳》。

2. 張之萬《春秋三傳異文考》一卷

此書清同治八年至九年刻本，李慈銘校，共十六冊。爲《欽定春秋左傳讀本》之附錄。〈跋〉云：

宣宗成皇帝敕命儒臣纂輯，嘉惠後學，義例精審，悉稟聖裁，一切具詳凡例，無俟一言贊矣。……是編專爲《左傳》而設，故於《春秋》祇錄本文，其閒無傳之經，初學或難得解，謹檢《御纂春秋直解》逐條補入。……三傳經文閒有小異，別作考置簡末焉。……同治九年十一月頭品頂戴漕運總督臣張之萬謹跋。

此附錄實專爲《左傳》而設。於三傳經文不同處，加以註記。如隱公元年三月：「公及邾儀父盟于蔑。」

《公羊》邾下有婁字，後同。《公羊》、《穀梁》蔑並作眛。

隱公十一年：「夏，公會鄭伯于時來。」

《公》夏下有五月字，時來作祁黎。

莊公元年：「夏，單伯送王姬。」

《公》、《穀》送作逆。

成公十七年：「壬申公孫嬰齊卒于貍脤。」

《公》脤作軫，《穀》作蜃。

襄公二十一年：

是年之末，《公》有十有一月庚子，孔子生。《穀》有庚子孔子生。

以上這些例證都是以《左傳》經文爲底本，參校《公羊傳》、《穀梁傳》經文。

書中所比，只是辨別文字差異，供學者注意，並未解說。故雖名考三傳異文，對於三傳間的比較，只能說作者完成了基礎的工作。《公羊傳》、《穀梁傳》間的比較差異，還需深入研究。

3. 陳萊孝《春秋經文三傳異同考》

此書爲清稿本，《花近樓叢書》第一冊，書前有序：

古者釋經不敢自信，故其傳不與經相參，諸經皆然。……《春秋》有《左氏傳》，亦本與經文爲二，而杜預合之。案《春秋》大經，雖漢載《漢・藝文志》，然夫子所修之《春秋》，其本文世所不見，今三傳之經，各有互異，雖未知何本爲夫子所修之書，然善可信者，則《左氏》較優耳。何也？蓋《公羊》、《穀梁》，直以其所作傳文攙入正經，不曾別出，而《左氏》不然。考元凱〈經傳集解序〉文以爲分經之年與傳之年相附，則是《左氏》作傳之時，經文本自爲一書，至元凱始以《左氏傳》附之經文，爲年之後，是《左氏傳》之經文可以言古經矣。玆者課而究三傳之學，爰考經文異同，以《左氏》爲本，而以《公羊》、《穀梁》分注于下，得若干條，鈔爲一卷。既成，並采馬氏說，以弁于編首，時乾隆丁亥季秋二十九日。准園子識。（1a-1b）

序中言《左傳》可信，且爲較優傳本。將《公羊傳》、《穀梁傳》文字與《左傳》不同處標示出來，作法如同張之萬《春秋三傳異文考》，以辨別字異爲主。如隱公元年「公及邾儀父盟于蔑」：

凡邾及小邾，《公羊》皆作邾婁、小邾婁，全書並同。不具載。蔑，《公》、《穀》並作眛。（1b）

莊公八年「甲午治兵」

治，《公羊》作祠。（3a）

莊公三十二年「己未，子般卒。」

　　己未，《公》、《穀》並作乙未。(3b)

僖公二十一年「會于盂」

　　盂，《穀梁》作雩，《公羊》作霍。

作者並不解釋經文文字異同所造成的影響，只是條列。

　　書後有〈記〉，說此書爲學子課蒙而輯：

　　論《春秋三傳》之異同，古來不乏專書。至論三傳《春秋》經文之同異，惟此卷所獨。准園先生本不專於味經，蓋爲課蒙而輯，惜其間頗多重複處，姑仍其舊，未便刪節，時吳門甫失守，兼有難民逃兵，絡繹而南移，恐寇匪潛跡於中，大可慮也。咸豐庚申四月十八日庭芬記。

陳氏考訂三傳文字是有用意的，自序提到，通過三傳經文考辨，希望恢復《春秋》經文原來的面貌。

4. 傅隸樸《春秋三傳比義》〔註2〕

　　傅氏所撰《春秋三傳比義》，內容針對《春秋》經文、傳文、注疏，加以比較說明，並評論。先列出《春秋》經文與《左傳》、《公羊傳》、《穀梁傳》的傳文，然後比較《三傳》意義，有不同者，以證據或是推理方式來說明三傳優劣。例如：

　　以證據說明《三傳》優劣

　　　《春秋》:「宋人伐鄭，圍長葛。」

　　　《左傳》:「宋人伐鄭，圍長葛。以報入郛之役也。」

　　　《公羊傳》:「邑不言圍，此其言圍何？彊也。」

　　　《穀梁傳》:「伐國不言圍邑，此其言圍何也？久之也。伐不踰時，戰不逐奔，誅不塡服，苞人民，毆牛馬曰侵；斬樹木，壞宮室曰伐。」

　　　《比義》:「《左氏》說明伐圍的原因，是宋人報鄭人在九月助邾人伐宋入郛之怨，全屬歷史事實，未有任何義例。」(隱公五年)〔註3〕

傅氏於三傳解釋中，採信《左傳》以史證經的解釋，不同意《公羊傳》、《穀梁傳》以義例來解釋經文。

〔註2〕傅隸樸：《春秋三傳比義》(臺北：臺灣商務印書館，1983年)

〔註3〕同前註，頁46。

以推理方式說明三傳優劣

《春秋》：「秋八月庚辰，公及戎盟于唐。」

《左傳》：「戎請盟，秋盟于唐。復修戎好也。」

《比義》：「《左氏》云：『戎請盟。』是說去年潛之會，公未許戎盟，今年戎又請盟，公乃與之盟于魯之唐邑。以延續與戎的和好。只是就史實加以說明，無筆削之義。《公》、《穀》均無傳，當然也以此爲《魯史》原文，無筆削之義。」（桓公二年）〔註 4〕

這條解釋，傅氏因《公羊傳》、《穀梁傳》無傳，便以推論二傳與《左傳》皆以此爲《魯史》原文，而無筆削。

傅氏的作法是以《三傳》比較爲主，首先羅列《三傳》傳文，然後比較。《三傳》經義、宗旨、大義孰是孰非。

此書雖針對三傳每條進行比義，不過由於撰述內容散見於單條之下，難給讀者系統性的說明，加上作者偏好《左傳》，故行文難免夾雜個人主觀論述來評判《公羊傳》、《穀梁傳》解經的錯誤。如莊公九年「夏公伐齊，納子糾。」其《比義》批評《穀梁傳》云：「《穀梁》此傳，實迂而不通。三傳當以《左氏》爲得其實。（頁 183）」或僖公二十八年「春，晉侯侵曹，晉侯伐衛」，《比義》評《公羊傳》：「《公羊》此傳完全在咬文嚼字上用功，全不知史實……此《傳》實謬。（頁 394）」等等。都能看出撰述者對於經典詮釋的偏向。

（二）三傳主題比較

1. 林昌彝《三傳異同考》一卷。

此書爲清刻本，刊於清同治十年（1871）。書前有陳壽祺〈三傳異同考序〉：

《春秋》書法，游、夏莫能贊一詞，三傳安得無異同之說乎。林子獨條舉件繫法，自《漢書．五行志》得來，特識在胸，折衷至當，近代萬斯大、惠半農二家《春秋》說，不得耑美於前矣。道光壬辰九月閩陳壽祺記於西甌之小螂環館。（頁首）

序中提到此書之方法爲「獨條舉件繫法」，即不逐經逐條考辨異同，僅舉可闡述微言大義事件，特發解釋。

林昌彝云：

《春秋》書法微而顯，志而晦，筆則筆，削則削，游夏不能贊一詞。

〔註 4〕同前註，頁 85。

> 況郎明、高、赤之倫哉。三傳各以意解其事，亦往往互異。隱元年春王正月，《左》云：「不書即位，攝也。」杜預釋之，謂「不行即位之禮，故不書即位。」案《春秋》据事直書，公行即位之禮則書即位，公不行即位之禮，則不書即位。聖人無以意筆削，《公羊》以不言即位爲成公意，與《穀梁》成公志解同，而皆不及《左》之正。（1a）

自述內容非逐條解經，乃覺有意而闡發。以三傳爲主，兼采晚唐啖助，宋代張洽、趙鵬飛、胡文定說法，不專主一家。

考定諸說時，會評斷優劣。如：

> 十八年宋師及齊師戰於甗，齊師敗績。《穀梁》云：「言及，惡宋也。」李氏廉謂：「《春秋》言及皆惡之。宋公以客及主，變文以深貶之。」《穀梁》之說較《公羊》云與襄公之征齊爲正。如《左氏》說齊人將立孝公，不勝四公子之徒，遂與宋人戰，則經不宜曰：「宋人及齊師戰矣。」其說亦不及《穀梁》之確。（7b）

上條以《左傳》爲正，此說以《穀梁》爲確，足證不專守一家之師法、家法。又如十四年西狩獲麟。

> 《左》云西狩於大野，叔孫氏之車子鉏商獲麟，以爲不祥，以賜虞人，明麟是以狩獲而狩，爲蒐獵之通稱。《公羊》：「孰狩之？薪采者也，曷爲以狩言，大之也。」《穀梁》云：「引取之也，狩地不地，不狩也。不狩而曰狩，大獲麟也。」皆不作蒐獵解。趙氏匡謂二傳不知舉獸獲之義，是以爾也。讀《春秋》者，參觀三傳之異同，其說始備。（12a-12b）

文末云：「讀《春秋》者，參觀三傳之異同，其說始備。」說明了林氏對於讀《春秋》的方法，以爲需參考三傳解釋，方能全面的理解《春秋》。然而這種比較方式似是而非，不清楚究竟三傳異同於何處。

2. 單為鏓《讀經劄記》二卷

此書爲清刻本，刊於清同治間。前有凡例，爲其方法論。

> 一是書以義理貫通六經，可示法戒爲主，而文章之法亦偶及之。
>
> 一是書於人世忽畧或注疏中不多見之語，必爲摘錄。
>
> 一是書於字義之模糊者，間爲發明。
>
> 一是書於相承誤解者，偶爲駁正。

一是書於古今傳誦之語，直錄其文，或畧參末議。

一是書於《胡傳》有可采者，亦附入備參。

一是書於刊本脱誤者，著明更正。

一是書於地理不甚分明者，間爲詳考注出。

是書不僅疏通文意，並進行細部批評，兼分析經傳文章之法。雖名箚記，實際上作者駁正或案語，對經學研究多有幫助。如《春秋三傳》，隱元年：「春王正月。」

> 《公羊傳》子以母貴，母以子貴。鎴按：王正月説，《公羊》者謂王爲文王，又謂三代之王，杜讀以爲平王。蓋明《春秋》之世，惟周之正朔猶能行于諸侯，而禮樂征伐不自天子出矣。此孔子所以愛告朔之禮也。按孔《疏》：杞、宋二國，各行己祖正朔。（卷上，1a）

秋七月：「天王使宰咺來歸惠公、仲子之賵。」

> 按惠公仲子，《公羊》、杜氏並以爲桓公母，惟《穀梁》以爲惠公母，孝公妾。鎴按：以僖公成風、宋景曹之例推之，則惠公仲子，謂惠公仲子，蓋惠公之母。《穀梁》之説爲當。仲子之卒，蓋在《春秋》前，明年經書，子氏薨，非仲子也。程子曰：「不曰夫人，曰惠公仲子，謂惠公之仲子，妾稱也。」（卷上，2a）

桓公九年：「齊小白入于齊，齊人取子糾殺之。」

> 《公羊傳》其言入何？簒辭也。其稱子糾何？貴也，宜爲君者也。鎴按：哀六年齊陽生入于齊。《穀梁》范注引鄭氏曰：「子糾宜立，而小白簒之。」即用《公羊傳》語。《左傳》亦以子糾爲小白庶兄，與《公》、《穀》意同。（卷上，10a）

以上案語皆有理據，並引前人諸書爲證。

成公八年：「春，晉侯使韓穿來言汶陽之田歸之于齊。」單氏引鍾伯敬語：

> 鍾氏伯敬曰：「晉侯可謂善處勝矣。使齊侯七年辛苦，一旦灰冷。夫差若有此作用，越亦其如吳何？」按：此傳乃解怨之良法。（卷上，48b）

作者云此傳爲二國解怨之良法，不在解釋經文意義，而是將經文作爲一個可實踐的方法看待。

讀以上單氏案語，即可發現其處理三傳解經的態度是兼三傳之説，亦不廢宋、明儒者解釋。此與常人云清人解經多崇漢學，排斥宋、明學者以義理解經的論斷，實有差距。

箚記有部分以評點方式入文。如：「晉欒盈出奔楚。」

《左傳》夫謀而鮮過，惠訓不倦者，叔向有焉。社稷之固也。猶強十世宥之以勸能者，今壹不免其身以棄社稷，不亦惑乎？按此賞罰之通義。其母曰：「深山大澤實生龍蛇，彼美余懼，其生龍蛇以禍女。」按此數語千古名言，又昭二十八年傳叔向之母禁叔向娶夏姬之女，曰：「甚美必有甚惡，尤物足以移人，苟非德義，則必有禍。」可謂千古奇女子。（卷上 60a-60b）

解經之後的判斷之語，如「此數語千古名言」、「千古奇女子」，非經文之意，乃作者以己意賦予評價，故筆者以為此雜有評點之意謂。

3. 陳光煦《春秋三傳會義》十二卷

民國元年蜀東陳氏刻本，書前有〈春秋三傳會義敘〉：

古之通儒治《春秋》必兼三傳，司馬子長其首出者，鄭康成《發墨守》意在三傳并申，非欲絀《公羊》也。其說《穀梁》之義，必據《左氏》，遇不能通，則置不說，原其先通《公羊》，而因以推之《穀梁》，胥求其合，未嘗說此而害彼也。三傳演贊其志，皆《春秋》功臣。《公羊》之微辭，《穀梁》之諱莫如深，《左氏》之微而顯，志而晦，婉而成章，非深窺經恉者，莫能說矣。慨自三家交訌，鄭學斯絕，今各宗師說，有異有同，而又以美惡不嫌同辭，所見異辭，所聞異辭，所傳聞異辭。《易》曰：「君子以同，而異其治。」三傳之要義乎？傳家依經申義，如《公羊》踰年即位，《左氏》皆殯而即位，《穀梁》則三年喪畢然後即位。而《公羊》又曰：「緣臣民之心，不可一日無君。」此殯而即位之說也。緣始終之義，一年不二君，不可曠年無君，此踰年即位之說也。緣孝子之心，則三年不忍當也，此三年喪畢之說也。即位矣，猶稱子，是其文也。三年即位，是其義也。《穀梁》傳其義，《公羊》傳其文，所謂異而同也。僖公八年用致夫人，《公》、《穀》二傳，但言當致不當致，本無所異，因經文貶去姜氏二字，而說三傳者異之矣。經書夫人者誰？《左氏》以為哀姜是也，卒葬已稱莊公之夫人，此稱夫人而不稱姜氏，《公羊》謂其以妾為妻也。以妾為妻，卒葬不貶。《穀梁》謂已宗廟臨之，而後貶也。文姜于夫人孫齊，《公羊》亦以不稱姜氏為貶。据桓十八年公不言及夫人，有外文也，外則絕于桓，故其葬繫于子，曰莊公之母也。則是文姜已生絕于桓，故孫齊而先貶，哀姜未生絕于莊，故以致廟而後貶，亦貶同而時異也。又如文姜與齊襄据〈檀弓〉定爲父女，故夫人會齊侯文皆無譏。莊二十七年，公會杞伯姬于洮，内女可會父，則夫人亦可會齊侯。冬杞伯姬來，内女既可來，魯夫人亦可如齊，玩辭比事，事同文同，亦可會義者也。或謂《公》、《穀》詳于例而畧于事。《左氏》詳于事而畧于例，亦非通論。例者，禮也。《公》、《穀》以例明禮，《左氏》經術爲文章所掩，故于日月諸例，不如《公》、《穀》之詳，今次列三家，不爲牽掣，一求經證難通者，聞疑載疑，亦從鄭君之不説，惟明大義者，列之，其有考典修辭，無關經義者不錄，依《史記》去其繁重而已。中華民國元年歲次壬子中秋月下浣蜀東陳光煦斗園自敘于酉陽白鹿山莊。(1a-3a)

陳氏以三傳會義爲名，敘中明言次列三家，不爲牽掣；又說古之通儒治《春秋》必兼三傳，是其著述宗旨。

此書首列經文並條列三傳，以《公羊》先，次《穀梁》，後《左傳》。偶有按語。與一般先列《左傳》，次《公羊傳》、《穀梁傳》的排序不同。

隱公三年：「夏四月辛卯，尹氏卒。」

光煦按：經師作傳，推説經怡，依釋字義，而字畫年久，不無闕誤，夏五、郭公是其證也。此經《左氏》所据《春秋》本作君氏，謂爲公，故曰君氏。今考全經，君母稱君氏，無此書法，且指爲聲子，又于前後經文無所依據，《公》、《穀》以爲卒，外大夫者，由天王崩，諸侯主之，故魯史于是乎書尹氏卒，是《公》、《穀》所据本爲尹，則《左氏》本君字，誤加口字。(卷 1，11a-11b)

指三傳異同在訛字。

隱公十一年：「冬十有一月壬辰，公薨。」

光煦按：《穀梁》以隱十年無正爲不自正，《公羊》以宋宣公與隱公皆讓之，不得其正者，故以大居正論定之，屬辭比事，《春秋》教也。(卷 1，32b)

言《公羊傳》、《穀梁傳》傳文不盡相同，大義則同。

桓公十年：「冬十有二月丙午齊侯、衛侯、鄭伯來戰于郎。」

光煦：据《公》、《穀》二傳明其義例，《左氏》論其事，於以見三傳

皆《春秋》功臣也。(卷 2，18b)

明言三傳皆《春秋》功臣。

莊公五年：「冬公會齊人、宋人、陳人、蔡人伐衛。」

光煦按：《公羊》辟王之說與《穀梁》逆王命相通，而人諸侯一論更見深微，即《春秋》之文以申明大義，是二傳之相助爲理也。(卷 3，10b)

以上陳氏有意將三傳之關係，闡釋爲相輔助的關係。是文字有異，而大義不乖，實有會通之用心。

遇《左氏》無傳，則錄《公羊傳》、《穀梁傳》傳文，或三傳皆未發傳者，則僅錄經文。如僖公八年：「秋七月，禘于大廟，用致夫人。」

光煦按：三傳原無異義，而說三傳者異之也。其異由夫人不加氏姓而爲立妾之辭也。《左氏》致哀姜，据哀姜，傳曰：莊公夫人，無貶辭也。人子之朝，無貶于君母之道，此必于致廟而後能貶者也。《公羊》謂脅于齊媵女之先至者，言其先有致廟之文姜也。桓十八年公不及夫人，夫人外公，外公非桓公，夫人即齊之女也。齊媵女猶先致于廟，哀姜以莊夫人亦可致也。故《公羊》用蓋以疑之，文、哀罪同一律，而文因生絕于桓，故葬繫于子，已貶之矣。哀則未生絕于莊，葬猶繫君，及此致廟之時。《穀梁》謂以宗廟臨之而後貶，又以外之弗夫人而見正，可謂以會通而得《春秋》微旨矣。(卷 5，19a-19b)

其書末附有《春秋經傳說四則》，其中有一則華陽李文學固基〈論公穀一人書〉，是在考辨古人曾云《公羊傳》、《穀梁傳》二傳作者爲同一人之說，其云：

先儒讀《春秋》二傳，見《公羊》所不足者，《穀梁》補發之，遂謂二傳爲一人作，又以《公羊》、《穀梁》之聲韻，定爲姜姓，似覺臆斷。今考僖公十七年夏滅項。《公羊》、《穀梁》二傳皆云齊滅之，爲桓公諱也。桓公嘗有繼絕存亡之功，故君子爲之諱也。据此二傳語同意同，一人作書，斷無既錄于前，複錄于後者，即此可證各有師承，不得以偶有相同而斷爲一人作也。十五年三月公會諸侯，盟于牡，遂次于匡。公孫敖率師及諸侯之大夫救徐。《公羊》無傳，《穀梁》云盟于牡邱，兵車之會也。遂次于匡。遂，繼事也。次，止也。

有，畏也。公孫敖救徐，善救徐也。尋此見《穀梁》之說爲備，先儒謂能補《公羊》缺，其斯之類與。又文公十一年，叔孫得臣敗狄于鹹。《穀梁傳》引傳曰：長狄也云云。皆與《公羊》同，而其所引傳則非《公羊》，乃先師舊傳也。師承口授，共傳一經，時有先後，雷同固所不免，而補缺亦所應爲，又何必附會牽強而指爲一人之作。至云《公羊》、《穀梁》切韻卜商，亦可不必。弟子固基謹上。

其結論爲《公羊傳》、《穀梁傳》傳文若有相同處，乃先師舊傳，師承口授，共傳一經，故難免會有雷同，但不代表傳者爲一人之手。討論可視爲《公羊傳》、《穀梁傳》作者的考辨。

（三）同一作者，分別作單傳研究

這類的作品，爲同一作者，研究時將《公羊傳》、《穀梁傳》分開討論，不放置於同一處。嚴格說這不是比較的著作，但偶爾作者亦會有比較的論述。筆者以爲可以從讀者的角度來研究這些差異。

1. 武億點評《敦樸堂簡明評點春秋公羊傳鈔》

此書爲清抄本，是武氏《敦樸堂簡明評點三禮春秋三傳鈔》其中一部。評點乃逐字句逗，並於行間以朱筆評點。然並非對經傳全文都有評點，惟部分擇選評之。方式可略分爲句評、段評、總評。例如隱公元年春王正月。武億云：

> 桓貴隱卑，亦當時附會之說，但將隱公愛桓說得深切，則桓公之罪無所逃矣。（1a）
>
> 讀至此處，前長而一段，猶是迷樓。（1b）

此爲段評。即於經傳文字的段落處下文，以指出此段文字之意義。另有句評。如：

> 國人莫知隱長又賢，諸大夫扳隱而立之。隱於是焉而辭立，則未知桓之將必得立也（如此兩折，直說得隱公心事深曲）。且如桓立則恐諸大夫之不能相幼君也。故凡隱之立爲桓（煞明）立也。（1a）
> 隱長又賢，何以不宜立？立適以長不以賢，立子以貴不以長，桓何以貴，母貴也。母貴則子何以貴，子以母貴，母以子貴。（疊二句收矯勁）（1b）

皆在文句中穿插，以數字點明，或彰明大義，或賞析文章之法。末有總評。

如：

元年者何？下解經所有不言即位。下解經所云篇中得勢全在微國、人莫知句。將舊案寫渺茫，則知一篇大文不是爲罪人文過，此爲鐵筆。（1b）

桓母非元妃，隱母亦繼室，非的然有尊卑之辨者，故曰微。然以貴以長、母貴、子貴之說，寔古今立嗣大法，又不嵩論隱、桓也。（1b）

又如桓公二年：「春王正月戊申，宋督弒其君與夷及其大夫孔父。」段評曰：

識用筆輕重之訣，便能作省筆。如孔父生而存句，是重筆。下公知孔父死數句是輕筆。俱是省法，却得力在孔父生而存句。（5a）

孔父生而存，則殤公不可得而弒也。（一身繫社稷之重，說來英氣凜凜）（5a）

總評：

激烈悲壯，文有餘情。（5b）

以上多以文章之法來對經傳之文給與評審。僅少部分會有明言《公羊傳》特殊處，如莊公三十二年：「秋七月癸巳，公子牙卒。」總評：

明立嗣之經，申討賊之義。全隱惡之情，父子、君臣、兄弟之道備矣。《公羊》此等文最是以理勝者。（11b）

此雖未涉及《公羊傳》、《穀梁傳》比較，不過提出《公羊》善理作文的特色，相對來講此便是勝於《穀梁》之處。。

2. 武億點評《敦樸堂簡明評點春秋穀梁傳鈔》

　　此書與《敦樸堂簡明評點春秋公羊傳鈔》皆爲清抄本。武億評點《穀梁傳》與評點《公羊傳》方式相同。如隱公元年：「春王正月雖無事，必舉正月，謹始也。」句評：

補《公羊》不及。（1a）

由此便可知悉武氏是先評《公羊》，後評《穀梁》，因此至評《穀梁》時，會有與《公羊》相對應的評語。又如「君之不取爲公何也？將以讓桓也。讓桓正乎？曰不正。」句評：

較《左》、《公》進一層。（1a）

此語是比較語，說明《穀梁》發明微言大義，較《左》、《公羊傳》進一層。再如「已探先君之邪志」，句評：

盡說先君二字，較《公羊》說諸大夫扳隱者更勝。（1b）

此亦是比較語。除了句評外，武億對《穀梁傳》也有總評的論述：

> 林西仲曰：將成公志及讓桓不正二意，先立兩柱，復以不正之志，不當成既善，不可爲不正二意，層層自駁自解，分爲兩段，其上下啣卸之妙，如天衣無縫，筆力變化之極。（1b）隱、桓名份獨此說得鑿鑿，正乎不正句，翻去《左氏》桓立隱揖，《公羊》隱卑桓貴二說，要之彼爲微言，此爲大義，各相發明。（1b-2a）《公》罪桓、《穀》罪隱，《公》予桓以當立，《穀梁傳》奪桓以不當立。當立而罪反在桓，不當立而罪反在隱，推勘入微，變幻百出，可見文人之心，無所不至。（2a）用意比《公羊》又進，而行文更有離，即縹緲之妙，此見古人讀書爲文，必不肯爲前人所蔀。

以上論述之語都可看到武氏評點時偶涉比較，不過其並未立判孰是孰非，而以兼容的態度相發明，兼容《三傳》。

3. 劉曾騄《公羊約解》

此書爲清刻本，是劉氏《九經約解》中之一部，收在《祥符劉氏叢書》。《約解》並不依《春秋》經傳爲條目，逐條解釋，其分十二公，從中擇一句《公羊》傳文加以疏解。所解也非全是劉氏一人案語，他會選擇清代《公羊》家孔廣森、陳立及俞樾之說，或何休注、徐彥疏、何焯注等，做爲解語。例如《公羊約解》卷一：

> 謂文王也
>
> 孔廣森曰：周之初，蓋頒朔於文王之廟，故曰王正月者，文王之正月也。（1a）

引孔廣森之說爲之訓解。又如卷三：

> 僖公欲久喪，而後不能也。
>
> 孔廣森曰：爲未沒喪納幣故。愚案久即期已久矣。三久謂三年也。（6b）

也是引當時孔廣森之說。

引文中比較特別的是，劉氏亦引《穀梁》家楊士勛的疏解來解釋《公羊傳》。或引《左傳》孔穎達來解釋《公羊》。如卷三：

> 文公道淫也。
>
> 楊士勛曰：單伯是天子命大夫，魯人遣送叔姬，未至而與之淫。（10a）

卷四宣公：「養牲養二，卜帝牲不告。」（1a）

> 孔穎達曰：是二牲皆先卜也。愚案：養牲養二句，卜帝牲不告句。（1b）

足見劉氏對於三傳的解經之說，並未有專主於一家，有會通之意。在此之下，未能見到三傳差異。

4. 劉曾騄《穀梁約解》

此書亦為劉氏所作，體例同於《公羊約解》皆是清刻本。《穀梁約解》引范甯、楊士勛、鍾文烝之注解。亦有引班固、鄭嗣之說。

卷一，「隱公不及事也」：

鍾文烝曰：此不及事，故志。（1b）

卷二，「莊公夜食也」：

班固曰：史推合朔在夜，明旦日食而出，出而解，是為夜食。（4b）

卷三，「僖公棄師之道也」：

鍾文烝曰：潛刃相紿，將棄師不用也。愚案雖兵不厭詐，然非王者之師矣。（1a）

從以上《約解》之文，大抵可以發現，劉氏主要是引前人注疏來為經傳解說，偶有案語穿插其中。

5. 唐琯《公羊穀梁》

此書為清雍正間抄本。書前有〈公羊穀梁自序〉：

齊、魯之不同已若是，又何問其與《左氏》矛盾乎？於是尊齊學者，作《公羊墨守》以難二氏，甚且指為膏肓，為廢疾。尊魯學者，謂《穀梁》晚出于漢，因得監省二傳之違畔而正之，精深遠大，眞得卜氏之傳，殆亦是其所是，非其所非已耳。然則孰為折衷乎？予謂是非以經為斷，斷必舉其義，義必詳其事，不詳其事，其義不可得而知也。《左氏》蒐羅列國之記載，編年繫月，備悉其事之始終本末，不待以己義剖析而義以畢舉。昔人以素臣稱之，非溢美也。《公羊》、《穀梁》大率擬而議之，而未免多駁雜偏僻之見，又或《乘》與《檮杌》諸史未睹其全，而所聞異辭，所傳聞又異辭，其不足為憑者參半矣。且《公羊》當漢景帝時始著於竹帛，是以得免于秦灰，視《穀梁》之晚出，不甚相遠。說者以為歷春秋、戰國、先秦、西京乃克成其書，則意皆由於漢儒之修飾潤色居多唯然，故其義雖不必盡合聖經，而其文則洵足各樹一幟。辭氣清俊，斷決明審，《公羊氏》之所長也。言簡旨該，精嚴爽豁，《穀梁氏》之所長也。是如東西之相反，而不可相無朝之變遷，而不可執著也。奧如曠如，各因其宜，或肥或瘠，唯視其稱也。是故《左氏》則富有日新，諸體全備。《公羊氏》則得其氣之清新。《穀梁氏》則得其骨之陗勁。合爲三傳，非皆足供搀觚家之夏葛而冬裘，渴飲而飢食者乎？而晉劉兆以三傳殊途，諸儒互爲讎敵，乃取其異者，合而通之，使其大義無乖，同於《周官》調人之職者。然是亦可以不必矣。夫古今之文，豈必其一轍哉。……《易繫辭》云：「天下殊途而同歸，一致而百慮。」然與？其不然乎？是更不必存魯學、齊學之見焉，可也。雍正八年庚戌仲冬日，復堂琯序。

序中分別《三傳》的的先後，《左傳》最先，《公羊》次之，《穀梁》最後。並認爲《三傳》不同，各具特色，判別經義，以經爲斷，殊途同歸，故不必以《三傳》不同而相爲讎敵，分彼此殊途。

此書《公羊》與《穀梁》分別討論。其首頁下註青溪唐琯復堂輔評輯。可見其中有評有輯，與明清時期評點小說文學之方法，有相同之處。又其選擇《公羊傳》、《穀梁傳》之傳文句子多不重複。與武億評點同，有句評，亦有段評、總評。如《公羊》隱公元年，春王正月。

段評：

經文於起處逐字分疏後，將不書公即位，而明隱之讓國於桓，出具本心，非由眾議迫之而然，且委曲爲桓情事，以見隱之賢，此經文之不書，所以成其美意也。末復舉立適之義，指出隱之讓，蓋由於此。然桓實非適，不過其母有手文之異，故遂以爲母貴，究其爲尊卑也微，而隱能讓，洵加于人一等矣。

總評：

據《穀梁》所云：以隱爲不當讓，讓乃是成父之惡，而《公羊》則以母貴之說，謂桓爲宜立，則隱之讓，非出於過情。此經不書公即位，所以成公意，而隱之賢，亦從可知矣。且其熟思審處，不直讓以明志，而姑爲桓立，俟其長而授之，此何等苦衷也。即不必讓而讓，更出于心之誠。然不遠過乎起而爭之者乎？假使如《穀梁》之論，必指桓爲非眞嫡，而以父之欲與桓，乃父之失德而不可成也。而亦若鄭莊之與公叔段焉，則其視甘以菟裘老者，賢不肖之相去，必有能辨之者也。

這裡唐琯提出《公羊傳》、《穀梁傳》對隱公即位正當性的討論。又如莊公「紀侯大去其國」總評：

齊之滅紀，不知果出于復讎否？抑貪其土地人民也。《公羊》以爲賢齊侯，而《穀梁》又以爲賢紀侯，即此二者之論致不同矣。將何所折衷與？然其云復讎，國可而家不可，則或議禮者，亦有取於是焉也。

唐氏見二傳之說頗有差異，一云賢齊侯，一云賢紀侯，實難以折衷。

閔公「冬，齊高子來盟」總評：

至後一結乃《公羊》擅長處也，有意無意安頓閒暇，活現出魯人之喜來，此眞神妙之筆。

這段總評以文學章法之妙來稱揚《公羊傳》。以文學方式評述，還有僖公「虞師、晉師滅夏陽」段評：

《左傳》與《穀梁》皆有之。《左氏》則非兩傳，《穀梁》與此大略相似，而此以態致勝，《穀梁》則以筆力勝，二者俱不可沒也。

僖公十有六年「春王正月戊申朔，霣石于宋五，是月六鷁退飛過宋都」段評：

前後以聞見二字作骨，兩相對照，中間以是月作過脉，使文氣略略疎緩，不致太密太促，末用總收爲王者之後記異，亦不致有脱漏之病。

亦是以文氣來爲《公羊傳》評述。

《穀梁》部分，如莊公「紀侯大去其國」總評：

《公》、《穀》見解每多相反，如紀爲齊滅一案，《公羊》以齊襄爲復九世之讎，賢而爲之諱。《穀梁》則賢紀侯，且曰不使小人加乎君子，則所以貶齊侯者至矣。二者之論孰爲當？予則善《穀梁》，蓋齊襄有內亂之行，詩人比之雄狐，豈眞能復讎者，紀侯雖不可知，而襄公之爲小人，不可得而辭矣。

唐氏在這一總評中，提到《公羊傳》、《穀梁傳》見解每多相反，這是會通三傳的學者略過的部分。只是二傳的差異是就文本來說，讀者仍具有選擇的權力，故唐琯說「予則善《穀梁》」，在二傳的詮解中認同某一傳說。

夏四月辛卯，昔恒星不見，夜中星隕如雨。總評：

細極、眞極、新極，可以發人神智。

我們可將此類評點看成是傳統注疏之學的延續，都是以經文爲對象進行疏通文義。並更進一步對經傳文字的章法、句法，作文學性的閱讀。

6. 毛士輯《春秋三傳駁語》

清光緒八年刻本。前有一〈序〉：

靜海毛子輯《春秋》三子傳、諸家解，又取三傳不合於經者，條列駁辨，爲《三傳駁語》，蓋與二書相輔而行者也。《春秋》說始於三傳，《公》、《穀》多推經旨，創日月、爵氏、名字、褒貶例，苛細繳繞，經義以晦。《左氏》敘事採輯繁雜，綴屬不倫，顯與經齟齬者，尤爲說經之蔽。自陸伯沖輯啖、趙說爲《集傳纂例》，辨疑糾正三傳，後儒益加挑剔，《公》、《穀》謬說，刊落無遺。《左氏》事則以爲邱明親見國史，過不敢顯斥，以經證之。閔二年狄入衛，僖三十三年秦人入滑，哀八年宋公入曹，經言「入」而傳作「滅」。襄六年齊侯滅萊，經言「滅」，而傳作「入」。經書「許止弒君」，傳以爲「不嘗藥」。經書「楚公子比、鄭伯頑、齊陽生卒」，傳以爲「弒」。經書「鄭公子歸生弒其君夷吾」、「莒弒其君庶其」，傳以弒者爲公子宋、太子僕等類。據傳解經，則曲生條例，大義難通。本經核傳，則傳聞異辭，記錄失實，不可用以說經者多矣。毛子本比事屬辭義，以經證經，上窺筆削之旨，三傳合於經者用之，其支離謬誣者，排斥駁詰，成爲此書。抵隙蹈瑕，是非昭著。程子曰：「以傳考經之事迹，以經別傳之眞僞。」李伯紀曰：「三傳之說與經違者，正當信經而不信傳。痛刪去之，然後聖人之意明。」此書之旨與二子言，深有合也。……聖人簡易明白之旨，自在人心哉。讀《春秋》者，可擇所從矣。深澤王肇晉。（1a-2a）

依序言所說，此書目的在駁三傳，故毛氏有疑義皆提出來商榷。書分《公穀駁語》與《左氏駁語》兩部分。依經文順序，有不盡意之處，皆發難之。如十有一年九月「宋人執鄭祭仲」：

何以不名？賢也。（公羊子）

其云：賢則書字，經無此例。（卷 1，60a）

其人何也？貶之也。（穀梁子）

其云：以書人爲貶，經無此例。（卷 1，61a-61b）

毛氏對《公羊傳》、《穀梁傳》的條例解經，多以經無此例釋之。《公羊傳》、《穀梁傳》雖放置一起辨疑，不過並未對二傳的差異比較。

又如「公與夫人姜氏遂如齊」：

公何以不言及夫人？夫人外也。夫人外者何？内辭也。其實夫人外公也。

其云公夫人姜氏，不成辭，經無此文法。公羊子所讀經本公下脱與字，不知其脱，遂以爲書法，若此而説之，所説皆非。（卷 1，68b）

這是針對《公羊傳》所發。亦有對《穀梁傳》發的駁論。如：

高者有崩道……攘善也。穀梁子

其云：謂之述一故事則可，謂之傳經則不可。石雖高，無崩道，云有崩道，非。

劉原父曰：尋《穀梁》此文，似云山有崩道，不當書。以晉侯問伯尊，故特書之，是豈《春秋》意邪？（卷 4，33b-34a）

另外，歷來對經文「孔子生」一辭的判讀，究竟爲經文或傳文，尚未有定論，而毛氏則直云《公羊傳》、《穀梁傳》所加。

襄公十有一月庚子孔子生。公羊子所加經文。

庚子孔子生。承上十月。穀梁子所加經文。（卷 5，17b-18a）

孔子之生正令魯史有其文，孔子修時必削之，公、穀二子欲尊聖人，特加此句，尊聖人則可，增益聖人之經而使之失其舊，可乎？當除。據經十月朔庚辰，則二十一日庚子不得入十一月。《公羊》失之矣。《史記》云：「魯襄公二十二年而孔子生。」《公》、《穀》以爲二十一年，所聞不同，未知孰的。《史記》有年無月日，朱子〈論語序〉云：「父叔梁紇、母顏氏以魯襄公二十二年庚戌之歲十一月庚子，生孔子于魯昌平鄉陬邑。」年用《史記》，月日用《公羊》，但未知二十二年十一月，果有庚子日否？然孔子之生既不宜載于《春秋》，其年月日之瑣瑣，亦無足論矣。（卷 5，17b-18a）

又如晉趙鞅帥師，納衛世子蒯聵于戚。

曷爲不言入于衛？父有子，子不得有父也。公羊子。

劉原父曰：本止入戚，未入衛，故不得言衛。父得有子，子不得有父，其言則是。其于説經，則非。

以輒不受父之命，受之王父也。信父而辭王父，則是不尊王父也，其弗受以尊王父也。穀梁子。

程子曰：輒當委國而從父于外，尊王父之説，非是。

江熙曰：若靈公廢蒯聵立輒，則于蒯聵不得以世子書。書蒯聵曰世子，則靈公未嘗命輒，從王父之言，傳失之。

《公》、《穀》所云正當日爲衛君者之邪說，用之以解《春秋》，悖矣。（卷 6，21a-21b）

以毛氏解《春秋》似乎心中已有一度量標準，只是判別的標準不知爲何。對此亦難知《公羊傳》、《穀梁傳》二傳間的差異究竟爲何？

7. 屠用豐纂輯《春秋三傳會纂旁訓》十二卷。

清嘉慶十三年孝感屠氏臥雲堂刻本。書前有〈序〉云：

《春秋》之作，聖人其有憂世之思乎？子曰：「吾志在《春秋》。」蓋所以正人心而維世教者，莫大於是。孟子以爲《春秋》成而亂臣賊子懼，信哉！後之治《春秋》者，專門名家，代各有說，惟《左氏》依經立傳，雖間涉浮誇，而隸事爲詳，確有可據，《公》、《穀》則不免短俗貽譏，幸去聖未遠，尚有師承，故其精義亦不可廢，均麟經之功臣也。先君子輯訂《春秋》，以《三傳》爲主，參諸儒之說而折衷於朱子，仰斷於聖案，絀歧說以翼傳，即融傳以尊經，義舉事該，無失宗旨，亦不朽之業也。學者肆習於兹，得窺全璧，合眾說而會通之，庶幾於時事之深切著明者，有以悟聖人之志也夫。歲嘉慶九年小陽月小雪後五日，男煥識於臥雲堂之梅花書屋。

是書乃屠用豐借山氏纂輯，其子煥華亭氏校刊。其型式分上下兩欄，下欄以經文、三傳爲主，並羅列注疏，偶有案語列於後。上欄則有評語。案語是以完整的舉證來論說，評語是以簡短的文句可以解釋清楚的方式書寫。

例如隱公三年：

辛酉三年，春王二月己巳，日有食之。

《穀梁》：日有食之何也？……

經書日食三十六，去之千有餘歲，而精歷算者所能考也，其行有常度矣。然每食必書，示後世治歷明時之法也。有常度則災，非異也。然每食必書，示後世遇災而懼之意也。

案《公羊》以日食爲異，程子辨之以爲災，是也。先儒又謂德之修明，則當食不食，非也。乃治歷者測之未精也。（卷 1，13b）

又如隱公三年：「冬十有二月，齊侯、鄭伯盟于石門。」上欄註：

石門，齊地。在今濟南府長清縣西南。

此外諸侯特相盟之始。

齊國於青州府臨淄縣之西北，營丘城。（卷 1，16a）

「隱公螟」，上欄註：

蟲災始此。（卷 1，24a）

按語：

《春秋》記災或月或時，皆據實書之，非有義例也。若計其久暫，則時甚於月，乃謂甚則月，不甚則時，何也？《穀梁》之說非也。（卷 1，24b）

隱公，「庚寅我入祊」。下有案：

《公羊》以日爲難，《穀梁》以日爲惡者也，二說皆以日爲例。朱子謂解《春秋》者，專以日月爲褒貶，穿鑿得全無義理，故刪之。（卷 1，31a）

又如隱公：「宋人殤、蔡人宣、衛人宣伐戴，鄭伯伐取之。」案：

《公》、《穀》謂鄭因三國之力以取戴，《胡傳》謂四國已鬭，鄭乘其敝，一舉而兼取之，俱於情似未盡合。獨程子用《左氏》取三師之說，以爲鄭、戴合攻，盡取三國之眾，而趙氏鵬、李氏廉、汪氏克寬互相發明，於經旨爲近。

「桓公乙亥嘗」：

案《公羊》不如勿嘗，乃甚言其嘗之不敬，豈眞以嘗爲可廢乎？趙氏匡、劉氏敞、蘇氏轍並駁之。恐非《公羊》立言之旨也。《穀梁》所謂未易災之餘者，以御廩所藏爲奉祭時既舂之米，故曰甸粟，而納之三宮，三宮米而藏之御廩。劉氏《權衡》駁之云：「壬申之日災，乙亥之日嘗，嘗之粟出廩久矣。乃其未災者，何謂災之餘乎？」此則以御廩所藏爲未舂之粟也。考《周禮》廩人之職曰：「大祭祀則共其接盛。」鄭康成云：「扱以授舂人。」是御廩所藏，固未舂也。《權衡》之說，似較《穀梁》爲勝。然遇災後，不改卜而遽嘗，則無誠敬之心，故不時不敬二義，先儒多兼用之。（卷 2，29b-30a）

定公元年三月，「晉人執宋仲幾于京師」。上欄註：

大夫專執於是始。（卷 10，1b）

僖公，天王狩于河陽。

程子曰：「晉文公欲帥諸侯以朝王，正也。懼其不能，故譎以行之，召天王以就焉。人獨見其召王之非，而不見其欲朝之本心，是以譎而掩其正也。」

案：胡氏安國本啖氏助、蘇氏轍之説，以爲尊周全晉之義甚正，《公羊》謂不與再致天子，則專責晉文，似非經旨。（卷 5，82a-82b）

屠氏上欄評語頗注意經文出現的意義，特別標示出此爲「某某始」，即於經文中的第一次書寫。案語中則多尊宋、明經師的解釋，對《公羊傳》、《穀梁傳》的傳說頗有疑義。

（三）不同作者，分別作單傳研究

這類著作是不同作者，分別作單傳研究，卻是有針對性的書寫，如何休寫《公羊墨守》、《左氏膏肓》、《穀梁廢疾》，鄭玄以回應式的著述《發墨守》、《箴膏肓》、《起廢疾》來討論何休對三傳的看法。二者非直接爲《公羊傳》、《穀梁傳》作比較，但後來者可以從著作中發現，書中的觀點是大相歧異的。

1. 三　闕

據《後漢書．儒林傳下》：

何休……太傅陳蕃辟之，與參政事。蕃敗，休坐廢錮，乃作《春秋公羊解詁》，覃思不闚門，十有七年。又注訓《孝經》、《論語》、《風角》、《七分》，皆經緯典謨，不與守文同說。又以《春秋》駮漢事六百餘條，妙得《公羊》本意。休善歷筭，與其師博士羊弼，追述李育意以難二傳，作《公羊墨守》、《左氏膏肓》、《穀梁廢疾》。

據此言之，三闕大旨主述先儒李育之意，用以詰難二傳。照《公羊疏》作者的說法，「三闕」完成於《春秋公羊解詁》之前，其說云：

疏：往者至其正。

解云：何氏本著作《墨守》以距敵，長義以強義，爲《廢疾》以難《穀梁》，造《膏肓》以短《左氏》，蓋在注傳之前，猶鄭君先作《六藝論》訖，然後注書，故云「往者」也。

《公羊疏》作者解「往者」二字，以爲何休在注《公羊》前，已自三闕詰難二傳，《公羊墨守》及《左氏膏肓》針對賈逵之左氏學與《左氏傳》本身，《穀梁廢疾》則直指《穀梁傳》而來。唐人李賢《後漢書注》釋〈儒林傳下〉「公羊墨守」云：

言《公羊》之義不可攻，如墨翟之守城也。

又注〈鄭玄傳〉「公羊墨守」、「左氏膏肓」云：

言《公羊》義理深遠，不可駁難，如墨翟之守城也。

《說文》曰：「肓，隔也。」心下爲膏，喻《左氏》之疾不可爲也。

袁鈞《鄭氏佚書》，〈箴膏肓敘〉云：

《隋志》：《膏肓》十卷、《墨守》十四卷、《廢疾》二卷，並注「何休撰」，別出《廢疾》三卷，注「鄭元釋，張靖箋」。是時休書具在，鄭釋又別行耳。《舊唐書志》：《膏肓》、《廢疾》卷數同。《隋志》：《墨守》作二卷，並注「鄭元箴」、「鄭元發」、「鄭元釋」，蓋鄭以休攻擊《左》、《穀》已甚，固于箴、釋二書特詳，若墨守之發，不過開休之蔽，非必與《公羊》爲難，其所論說較少。後來爲鄭學者，鄭所不說，便不復載，故十四卷僅存二卷，此後漸就放佚。……《墨守》，鄭有發者，《公羊》休注亦即同《墨守》之文。

又〈發墨守敘〉：

此書唐以前尚存二卷，爲《公羊》之學者不喜焉，故本疏僅存一條，散見諸經疏者，亦寥寥數條而已。

袁氏說鄭玄以何休銳意攻擊二傳，意在幫助何休進一步理解《公羊》，非與《公羊》爲難，故《發墨守》未如《箴膏肓》、《釋廢疾》二書特詳，鄭玄論說內容亦偏少，日後鄭學學者遂不復詳載，且《公羊》學者亦不樂此，《公羊墨守》乃放失至於僅存二卷。

宋世僅《左氏膏肓》見錄於館閣，趙宋以文致太平，祕府藏書卷數爲抄寫增補，著錄三闕竟僅存《左氏膏肓》而已，則《公羊墨守》、《穀梁廢疾》亡於唐、宋之際。宋人陳振孫《直齋書錄解題》卷三：

《左氏膏肓》十卷

何休著《公羊墨守》等三書（盧校注：莊進士述祖抄撮作三編），鄭康成作《鍼膏肓》、《起廢疾》、《發墨守》以排之。休見之曰：「康成入吾室，操吾矛，以伐我乎？」今其書多不存，惟范甯《穀梁集解》載休之說，而鄭君釋之，當是所謂《起廢疾》者。今此書並存二家之言，意亦後人所錄。《館閣書目》闕第七卷，今本亦止（盧校本止爲正）闕宣公。而於第六卷分文十六年以後爲第七卷，當並合之。其十卷止於昭公，亦闕定、哀，固非全書也。而錯誤殆未可讀，未有他本可正。

陳氏以爲「何休其書多不存，今此書並存二家之言，意亦後人所錄」，是知陳氏亦以何休《膏肓》原本殆已亡佚，宋世通行之《左氏膏肓》爲「彙編何鄭異義」之三闕，乃後人所集錄。何休撰成三闕之動機，與先師「守文持論，敗績失據」、賈逵「幾廢公羊」有關。何休三闕之流傳，除何氏所持本，又有鄭玄所駁之本，隋、唐祕書目錄多有著錄，宋時仍得見其一二。〔註5〕

近人張廣慶從劉逢祿「申何難鄭」之著作，指出劉逢祿重申何休《公羊墨守》、《左氏膏肓》、《穀梁廢疾》等書，以論證《公羊傳》深具微言大義，爲《穀梁傳》所不及，也否定《左氏傳》爲傳經之作。這部分涉及《公羊傳》、《穀梁傳》的比較，也是，何、鄭之爭。

從以上諸書的研究成果，可以發現清代以前比較之作多已亡佚，目前可見的多是清人的《公羊傳》、《穀梁傳》研究。這些著作中不難發現，學術傾向並不像現代學者談的清代經學有著漢、宋學壁壘分明的情況，他們會引用啖助、趙匡、程頤、胡安國的解釋，甚至元人《春秋》學的內容，都被他們所參考。引用劉敞的說法者，也不在少數。另外，清人亦會引用非《春秋》學專家的成果，如王念孫、王引之等的說法。只是這些著作還是未具體說出《公羊傳》、《穀梁傳》究竟有何不同，所以筆者重作此一題目，實有其意義。以比較爲目的，並以具體的方式來比較，可以有系統、完整的說明二傳之差異。

第三節　研究範圍與研究方法

《春秋》與三傳的關係，從形式上，一開始是分別刊行，杜預始將《春秋》與《左傳》分年比附於一塊，影響了范甯等注家，也將《春秋》與《穀梁傳》合刊。自此經傳二者的關係日益密切，無法切割。從意義上「傳以釋經」，也將二者的主從關係確立。所以談「春秋學」、「春秋學史」，實際上就是「三傳學」與「三傳學史」。到了唐代、宋代，講《春秋》者，可以不依三傳，以己意解經；三傳亦入於九經、十三經之列，地位由「傳」成爲「經」。這說明三傳有其自身存在的價值，不僅是依附於《春秋》的因素。如此我們可進而探究，假設《春秋》的核心是孔子的微言大義，那《公羊傳》與《穀梁傳》是否有其存在的核心價值。即二者之所以可以成「學」的基礎。

論文研究的範圍以《公羊傳》與《穀梁傳》的文本分析爲主，不涉及三

〔註5〕參見朱生亦：《何休與三闕之研究》（嘉義：中正大學歷史學研究所碩士論文，2003年）

傳間的比較，也儘量不去涉及歷代公羊家與穀梁家對其師門學派義理的闡發，希望藉由經典原本的意義來討論。原因是自《公羊傳》與《穀梁傳》書於竹帛之後，傳世文本大抵穩定，幾乎沒有遭到刪修，唯後來注疏者，或以己意解經，或爲加深傳文的微言大義，進而延伸許多議論與新的議題，這部分應當獨立出來研究，所以這部分筆者就不深加探討了。另外，《公羊傳》與《穀梁傳》經文上的不同，主要是方音記載的習慣不同，這些文字上的異同考辨，前人亦多有研究，〔註 6〕故這部分筆者也不再進行比對。

傳統對於《公羊傳》、《穀梁傳》的研究，主流且正統的方式是注疏之學，注疏者針對經文、傳文的文字加以疏解，將經傳中提及的典章制度詳細說明，或者在注疏文中將事件的始末重新疏導，使讀者能夠明白前因後果。這部分的研究基本上是單傳研究，偶爾會牽涉彼此解說不同，大部分注疏者都不說破其所針對的對象，僅是闡述，故無法說注疏也是一種比較著作。

後來三傳並行於世，讀者爲求《春秋》本意，三傳一起閱讀，以求甚解。或以《公羊傳》、《穀梁傳》解經方式相近，所以特將《左傳》獨立，將二傳置放一起閱讀，這是《公羊傳》、《穀梁傳》比較的開始。這時通常會以經文爲主，並列二傳於後，檢討二傳說法孰是孰非。這種比較方式是以經文爲主，逐條辨疑，所以雖有全面徹底的比較，卻無法呈現一個主題式的問題意識，二傳間的差異也說不清楚，僅能表示二傳確有不同。

宋代以後，講《春秋》者好發微言大義，自程頤作《春秋傳》，已不逐條解釋，他選擇部分經文發傳，雖仍參考三傳之說，不過已有很多解釋是直接闡釋孔子的述作之意，此述作之意不見於三傳，純是程頤自我所理解的孔子之心。又北宋講《春秋》從尊王說，南宋則從攘夷上講，主題式解經儼然成

〔註 6〕沈赤然：《公羊穀梁異同合平》，收入《四庫未收書輯刊》，第 3 輯，第 9 冊（北京：北京出版社，1997 年）。吳壽暘《公羊經傳異文集解》，收入《續修四庫全書》，第 129 冊（上海：上海古籍出版社，1995 年）。朱駿聲：《春秋三家異文覈》，收入《續修四庫全書》，第 148 冊（上海：上海古籍出版社，1995 年）。李調元：《春秋三傳比》，收入《續修四庫全書》，第 144 冊（上海：上海古籍出版社，1995 年）。吳陳琰：《春秋三傳異同考》，收入《叢書集成初編》，第 3707 冊（北京：中華書局，1991 年）。李富孫：《春秋三傳異文釋》，收入《叢書集成初編》，第 3661～3663 冊（北京：中華書局，1985 年）。黃永年：《春秋四傳異同辨》，收入《叢書集成初編》，第 3663 冊（北京：中華書局，1985 年）。趙坦：《春秋異文箋》，收入《重編本皇清經解》，第 12 冊（臺北：漢京文化，1980 年）。陳新雄：《春秋異文考》，收入《嘉新水泥公司文化基金會研究論文》，第 26 種（臺北：嘉新水泥公司文化基金會，1964 年）。

形，此時儒者講經偏尚微言大義，彷彿掌握此一精神，就可貫通整部《春秋》。之後討論二傳或三傳的方式，很多是主題式的討論，例如從征伐、即位、祭祀、儀節上來專門討論。然這類的研究方式，也會有一點問題。它的問題在於若僅從二傳對於君王即位例、祭祀儀節上來說不同，即便證明了二傳的解釋確實不同，也無法代表它具有什麼意義，最多是評斷《公羊傳》說爲是，《穀梁傳》論甚謬等話，除此之外，便無甚可說。

有鑒於此，筆者以爲比較《公羊傳》、《穀梁傳》的目的，不只在於說明不同，更不是要評定彼此優劣，而是要將《公羊傳》、《穀梁傳》解經的不同，所延伸的影響給揭示出來，由是方可見識二者眞正的精神。因此，論文每一章節的討論都會有一個比較的觀點，當結果出來後，再深入討論究竟二傳的差異產生何種不同的影響。

研究方法主要是形式分析與數量統計。如從《公羊傳》、《穀梁傳》的字數，《公羊傳》、《穀梁傳》有傳與無傳，《公羊傳》、《穀梁傳》發傳是否一致，《公羊傳》、《穀梁傳》的卷數，都先進行二傳內容數量的統計，可以得到客觀的數值，再由這些數據來說明背後代表的意義。從《公羊傳》、《穀梁傳》的字數多寡與分佈情形，來討論二傳在解釋上，孰爲詳細，孰爲簡略，或可看出二傳在某議題上，是否有特別的闡發。

第四節　預期成果

預期本文可以說明《公羊傳》與《穀梁傳》二者在形式、結構、傳家意識的介入、文學評價與意義上的差異及二傳的關係。尤其在形式與結構上，《公羊傳》、《穀梁傳》乍看之下，並無相異，所以歷來一直並列討論。透過細部的分析，能夠區別二者的差異。

另外，《公羊傳》的三科九旨說自漢代何休闡述其微言大義後，成爲公羊家著述立說的綱領，並成爲清代今文運動的理論依據。相對而言，《穀梁傳》因爲沒有對應的理論基礎，故無法取得學者的重視，僅能就《穀梁傳》本身傳文的敦厚氣息來稱許。其實《穀梁傳》亦有與之相應的三科九旨說，只是前人未將之歸納整理，今筆者將《穀梁傳》這部分的內容整理出來，可以很清楚的發現或許其述說的對象不同於《公羊傳》，但結構上的安排是有類似之處。因此，這部分的研究，可以進一步提供今後學界對於《穀梁傳》傳授微言大義的參考。

第二章　《公羊傳》、《穀梁傳》傳經系譜的建構

第一節　從文獻上說明《公羊傳》、《穀梁傳》非傳自子夏

傳統以來《春秋》與《三傳》的關係被賦予不可分割的共同體，如加賀榮治認爲《傳》的形成是爲解明《春秋》經的義，其與《經》是一體的。〔註 1〕歷來雖有爭論《傳》傳不傳《經》的問題，基本上主流意見仍是《公羊傳》、《穀梁傳》傳自子夏，先是口傳，然後於漢代書於竹帛。我們從解釋對象上，雖很明白《公羊傳》、《穀梁傳》是傳《春秋》的著作，但不表示二者之間便有師承關係，因爲從先秦典籍至漢代爲止，都沒有明確的證據顯示《公羊傳》、《穀梁傳》與孔子有直接的傳承。

筆者以爲《公羊傳》、《穀梁傳》的內容不可視爲孔子「微言大義」的「純粹轉述者」，它確實是解《經》之作，但它與孔子的關係並非密不可分，也就是說二者之間存在一種「斷裂性」的關係，《公羊傳》、《穀梁傳》是眾多傳《春秋》之義的其中一支脈，解經內容與孔子思想並不一致。如古史辨的論爭中，錢玄同、顧頡剛即指出《公羊傳》、《穀梁傳》與《論語》孔子思想不符之處。

〔註 1〕〔日〕加賀榮治：〈鄭玄の《春秋三傳》解釋について〉，收於《日本中國學會創立五十年記念論文集》（東京：汲古書院，平成 10 年），頁 373。「《春秋經》のもつ義（意味：精神）の解明をめざす《傳》として形成されて來たものであり，《經》と一體をなすものであった。」

毛士輯曾云：

> 問：《公》、《穀》誰所傳？曰：不知其傳授來歷，先儒有云公羊子名高，齊人。穀梁子名赤，魯人，皆受《春秋》于子夏，說未可信，二子解經疵謬百端，絕不類聖門所傳，何言子夏弟子也。
>
> 《春秋》從兩家纔講起，是第一開荒手，其間好處非後人見解所能及，但不好處，十八九。好處大約有本頭，不好處出二子及其門人手，凡迂悶晦塞與極不成詞理者俱是，看《公羊傳》中又引公羊子曰，《穀梁傳》中又引穀梁子曰，知內有門人所說。
>
> 問：何謂本頭？曰：仲尼作《春秋》畢，必以其書指示從學輩，一部《春秋》事，義理不獨子夏，凡門人無不通曉，自然各有所論著發明，及戰國廢學，又經秦火都泯滅無存，間或一枝半節，流傳後世，《公》、《穀》聞而述之，其傳中精當處本此，但所聞僅數十條，甚少堪成書，因以己意補足之，其徒又羣相增益，遂致繆戾叢生，爲經害矣。
>
> 《春秋》意在黜伯，依《公》、《穀》此書，竟爲予伯之書，於大主腦上已差別。
>
> 說日月、說諱、說名字爵號，最《公》、《穀》誤人處。日月中閒有義在，非一概有義，其義亦淺顯。《公》、《穀》于無義中尋義，且又避淺索深，處處都成病痛。《春秋》諱有諱法，《公》、《穀》但知有諱而不知其法，所說無一可。
>
> 《公》、《穀》說經自難自解，大約不用看他解，止看難處已是說不去了。
>
> 經中字句有可以拆解者，有決不可拆解者，《公》、《穀》也要拆解，不必刻求之字，也要刻求，往往失于破碎而難通。
>
> 《公羊》好用世俗口傳之事解經，流于支誕，莫如叔術一條爲尤甚。
>
> 先儒謂康侯傳多以義理穿鑿，看《公》、《穀》中也正不少。此極害事，凡顯然無理話頭，不能惑人，有似理絕非理者，有是理于此句經無用者，又有說向一偏，是此句中理，而非此句中正當道理者，到眼皆須子細，不子細恐爲其蒙昧。（1a-2b）〔註 2〕

〔註 2〕毛士輯：〈公穀駁語總論〉，《春秋三傳駁語》，清刻本。

毛氏認爲《公羊傳》與《穀梁傳》的解釋，僅有少部分是傳承自孔門弟子，其數量甚少，不足以成書，故公羊子與穀梁赤等門生以己意補綴成書。

今可從三個地方說明《公羊傳》、《穀梁傳》與《春秋》是「陌生」的，其一，無傳的部分。即《春秋》有書，《傳》卻不傳其義。其二，《公羊傳》、《穀梁傳》傳文中，有明顯與孔子對話或揣測孔子述作之意的語言。其三，漢代之前未有提及《公羊傳》、《穀梁傳》與孔子弟子師承的記錄。先秦至戰國爲儒家主流的《孟子》、《荀子》都未言及《公羊傳》、《穀梁傳》，也未有傳《春秋》的著作，連孟、荀都未接觸到孔子的《春秋》學。由此可以說明《公羊傳》、《穀梁傳》所傳的內容非爲孔門重要弟子傳承或是沒有直接師承的後學所作，就像今天詮釋一部經典所作的注釋，注者與經典並沒有直接的關係，也不是非得經過傳授才可以進行注釋工作。《公羊傳》、《穀梁傳》因爲作了傳《經》的解釋，而與《經》緊緊的連繫在一起。

《春秋》與《公羊傳》、《穀梁傳》的關係在合刊之後，加上《春秋》的意義無法直接讀懂的情形下，《春秋》與《公羊傳》、《穀梁傳》的關係，更密不可分。但解釋上的需要只能說明二者關係密切，後人常將這個關係直接替代爲傳承上的密切，因此口傳師授的講法讓《公羊傳》、《穀梁傳》不僅爲傳《經》之傳，且代《經》立言。《春秋》與《公羊傳》、《穀梁傳》間有許多的「間隙」，說明二者並非是口傳師授。《公羊傳》、《穀梁傳》只是解釋《春秋》的傳本之一。

一、有關《公羊傳》、《穀梁傳》受經於子夏的說法

東漢戴宏將《公羊傳》師承繫於子夏，《文獻通考．經籍志》引《崇文總目》：

> 戴宏序云：「子夏傳之公羊高，高傳其子平，平傳其子地，地傳其子敢，敢傳其子壽。至漢景帝時，壽乃與弟子胡毋子都著以竹帛。其後傳董仲舒，以《公羊》顯於朝，又四傳至何休，爲經傳集詁，其書遂大傳。」〔註3〕

唐代楊士勛言穀梁子受經子夏，有所傳授。這說法一直以來，就像《公羊傳》傳自子夏一樣，影響甚大，其云：

> 穀梁子名淑，字元始，魯人，一名赤，受《經》于子夏，爲《經》

〔註3〕馬端臨：《文獻通考》，收入《歷代經籍考》（臺北：新興書局，1960年），卷182，頁1565。

作《傳》，故曰：穀梁傳孫卿，孫卿傳魯人申公，申公傳博士江翁，其後魯人榮廣大善《穀梁》，又傳蔡千秋，漢宣帝好《穀梁》，擢千秋爲郎，由是《穀梁》之傳大行於世。〔註4〕

一直到近人顧頡剛也認爲《傳》是孔子傳給弟子的，其云：

《春秋》本是一部魯國的史書，給他（孔子）這樣一修改，就成了他的政治哲學，而且是他爲後來的天子制定的一部法典了。因爲他恐怕觸動了當時有權有勢的人們的怒氣，妨礙了他的安全，所以只把這些意思口傳給弟子們。因爲弟子們口傳的不同，所以後來寫出時就成了幾部不同的《春秋傳》。〔註5〕

另外梁煌儀〔註6〕、司仲敖〔註7〕、常石茂〔註8〕、葛志毅〔註9〕、謝金良〔註10〕

〔註 4〕范甯集解，楊士勛疏：〈春秋穀梁傳注疏序〉，《春秋穀梁傳注疏》（臺北：藝文印書館，1997 年），卷首，頁 1b。

〔註 5〕顧頡剛：《漢代學術史略》（北京：東方出版社，1996 年 1 月），頁 51。

〔註 6〕梁煌儀：「孔門解《春秋》者不只一家，凡沈子、穀梁子（一世）、女子、或曰、傳曰之等，明可考見。其初期或以口傳，及相當期間，漸成家法，遂以所聞，著於竹帛，以事實論之，累積既富，自須形諸文字。職是之故，文義相似者，所在多有。然當不至遲於浮丘伯，吾人疑穀梁子二世已著之竹帛。」「春秋孔子（西元前 551～479 年）——子夏（西元前 507～420 年）——穀梁一世（西元前 470～400 年）、曾子、沈子（西元前 475～405 年）以上爲口傳——穀梁二世（西元前 440～370 年）著之竹帛——穀梁三世（西元前 410～340 年）——穀梁四世（西元前 380～310 年）、尸子（西元前 390～330 年）、女子（西元前 396～344 年）——荀子（西元前 340～245 年）後世每有改益。」〈《春秋穀梁傳》評介〉，《孔孟月刊》18 卷 2 期（1979 年 10 月），頁 35。

〔註 7〕司仲敖：「於史而言係述，於義而言係作，誠得孔子述作之旨。唯以辭寡義隱，故口授弟子時，必有發揮解釋，弟子受其傳，乃有三傳之作。」〈錢大昕之春秋學〉，《木鐸》第十期（臺北：中國文化大學中文系，1984 年 6 月），頁 261～263。

〔註 8〕常石茂、稻田孝：《春秋を讀む》（東京：勁草書房，1988 年 1 月 10 日），頁 1。「《春秋》は孔子の書と言われたり，編纂したとされたりして來ているが，むしろ孔子が弟子たちに供給した教科書と言ったほうが事實に近いようだ。」認爲《春秋》是孔子所編纂，用來作爲弟子的教科書。

〔註 9〕葛志毅：「此口耳授受、誦說講習的傳業治學之法，與其時簡冊繁重難得的情況相關。故欲問學，不得不從師口授。往往僅老師一人有簡冊寫本爲講授之資，弟子只能憑耳受、口誦、心記傳習之。阮元謂：『古人簡冊在國有之，私家已少，何況民間。是以一師有竹帛，而弟子口傳之。』說極有理。當時簡冊寫本僅限於各家學說本文，至於詮釋訓解之義則存於口說流傳之中，不從師受，無由得之。《商君書・定分》：『今先聖人爲書而傳之后世，必師受之，乃知其所謂之名。不師受之，而人以其心意議之，至死不能知其名與其意。』

都認爲《穀梁傳》是子夏傳《經》。

以上是《公羊傳》、《穀梁傳》受《經》於子夏的說法。

二、從現存文獻無法證明《公羊傳》、《穀梁傳》所釋《春秋》，乃傳自子夏

實際上從《史記》、《漢書》記載加以考察，並未發現《公羊傳》、《穀梁傳》傳自子夏的說法。後人會以爲《史記》、《漢書》有《公羊傳》、《穀梁傳》傳自子夏的印象，是直接將史書上所提及申公授瑕邱江公的《春秋》，以爲是《穀梁春秋》，所以有師承關係的浮邱伯一直上推至荀子都是傳《穀梁傳》。這包括兩個問題，荀子傳的是《穀梁傳》嗎？子夏如何傳授《穀梁傳》給弟子？其中可能隱含授受上的想當然爾。司馬遷云：

> 言《春秋》於齊、魯自胡毋生，於趙自董仲舒。……公孫弘以《春秋》白衣爲天子三公，封以平津侯。〔註11〕

此言傳承《春秋》，並未區別《公羊傳》或《穀梁傳》。

班固云：

> 漢興，……言《春秋》，於齊則胡毋生，於趙則董仲舒。〔註12〕

說法與《史記》同，都以《春秋》來談。此或許說明了，漢初傳承《春秋》的經師，並未眞正區分公羊家與穀梁家。或者《公羊傳》與《穀梁傳》並未成書，因此《公羊傳》、《穀梁傳》尚無法說是傳承的主體。

將《穀梁傳》傳承上推至荀子的，是從《漢書．藝文志》中推論出的，班固云：

> 申公（申培公），魯人也。少與楚元王交，俱事齊人浮邱伯受

按『名』指文字。所論即謂欲知書簡文字所宣之義，當從師受其解釋之言。」〈今文經學與口說傳業——試析古代的講學傳業方式及其文化歷史原因〉，《歷史教學》1994年第5期（1994年5月），總第366期，頁4。

〔註10〕謝金良：「根據漢代的文獻記載，《穀梁》和《公羊》一樣，最早只是口耳相傳，至西漢始著於竹帛，成爲定本。既然，二傳都是在傳授和記錄經義的基礎上並經過長期的口耳相傳才寫成定本的，就不只是對第一個解經者言論的實錄，必然雜有歷代傳經者對原有經義重新加以闡釋的成份。」〈穀梁傳的眞僞和寫作時代考辨〉，《福建論壇》（文史哲版）1996年第2期（總第93期）（1996年4月）。收入複印報刊資料《歷史學》1996第7期（1996年9月），頁46。

〔註11〕司馬遷：《史記》（北京：中華書局，1997年），卷121，頁3118。

〔註12〕班固：《漢書》（北京：中華書局，1997年），卷88，頁3593。

《詩》。……

申公卒以《詩》、《春秋》授，而瑕邱江公盡能傳之，徒眾最盛。〔註13〕

而桓寬〈毀學〉云：

李斯與包丘子俱事荀卿。〔註14〕

《鹽鐵論》只言浮邱伯受學於荀子，未言所授爲何；《漢書．儒林傳》前面也只說申公受《詩》浮邱伯。最後卻言「申公卒以《詩》、《春秋》授」，是直接推論申公《春秋》也是浮邱伯所授的。又因爲浮邱伯與李斯俱事荀卿，所以《春秋》來源於荀子。但有關荀子的「春秋學」，《漢書．儒林傳》並未說明。而漢代《公羊傳》的傳承是如司馬遷所云自董仲舒、胡毋生開始的：

漢興至于五世之間，唯董仲舒名爲明於《春秋》，其傳公羊氏也。〔註15〕

此將董仲舒的《春秋》與公羊氏連繫。又云：

胡毋生，齊人也。孝景時爲博士，以老歸教授。齊之言《春秋》者多受胡毋生，公孫弘亦頗受焉。〔註16〕

班固云：

胡毋生字子都，齊人也。治《公羊春秋》，爲景帝博士。與董仲舒同業，仲舒著書稱其德。年老歸於齊，齊之言《春秋》者宗事之，公孫弘亦頗受焉。而董生爲江都相，自有傳。

這說明胡毋生、董仲舒、公孫弘都治《公羊春秋》。而《公羊春秋》之名也正式有別於《春秋》，獨立見於史傳。

《穀梁傳》部分，司馬遷云：

瑕邱江生爲《穀梁春秋》，自公孫弘得用，嘗集比其義，卒用董仲舒。〔註17〕

班固云：

瑕丘江公受《穀梁春秋》及《詩》於魯申公，傳子至孫爲博士。武帝時，江公與董仲舒並。仲舒通五經，……而丞相公孫弘本爲公羊

〔註13〕同前註，卷88，頁3608。
〔註14〕桓寬撰、張敦仁考證：《鹽鐵論》（臺北：世界書局，1955年），頁20。
〔註15〕司馬遷：《史記》，卷121，頁3128。
〔註16〕同前註。
〔註17〕同前註，卷121，頁3129。

學，比輯其義，卒用董生。〔註18〕

二者都說明瑕邱江生的《春秋》爲《穀梁春秋》。自此《穀梁春秋》別於《春秋》以《穀梁春秋》、《穀梁》、《春秋穀梁傳》、《穀梁傳》、「穀梁氏」、《穀梁章句》、「穀梁之學」之名見於史傳。

先秦到漢代的《春秋》傳承，在《史記》、《漢書》中，分別了《公羊春秋》與《穀梁春秋》。《穀梁傳》與《公羊傳》一樣，書名的獨立是漢初的事了。一直到今天，《穀梁傳》的師承問題，皆是承繼《史記》、《漢書》的記載。如章權才說：

> 《春秋》，傳《穀梁》的瑕邱江公是魯申公的弟子，申公師事浮邱伯，而浮邱伯則是荀子的門人。〔註19〕

王熙元〈《穀梁傳》傳授源流考〉：

> 考源流爲孔子作《春秋》傳子夏，子夏傳穀梁子，穀梁子傳荀卿（間有數世相傳），荀卿傳毛亨、浮丘伯，浮丘伯傳申公。〔註20〕

有關《穀梁傳》的師承，後人藉漢代的史書記載，似乎將漢代以前的師承脈絡建立起來，但實際上《史記》、《漢書》記載《春秋》的師承，最早僅到浮伯邱，是後人將《鹽鐵論》提到浮邱伯的老師是荀子，才又上推至荀子的時代。據梁煌儀的推論，當時應已成書，但爲何至瑕邱江生才將《穀梁春秋》分別出來？筆者認爲，《穀梁傳》於戰國雖已書於竹帛，但只是傳承《春秋》的一種說法，隨與孔子年代越來越遠，《穀梁傳》漸漸成爲理解《春秋》的一種固定的說法，所以地位漸漸重要，因此傳承《春秋》以《穀梁春秋》爲名，彰顯傳授師法來自穀梁子。

自瑕邱江公後的《穀梁傳》傳承，因《史記》、《漢書》記載詳明，所以師承關係是清楚的。如：

江藩云：

> 傳《穀梁》者，瑕邱江公受於魯申公，其學寖微，惟榮廣、浩星公二人受焉。蔡千秋、周慶、丁姓皆從廣受《穀梁》，千秋又事浩星公，爲學最篤。宣帝即位，聞衛太子好《穀梁》，乃詔千秋與公羊家並說，

〔註18〕班固：《漢書》，卷88，頁3617。

〔註19〕章權才：《兩漢經學史》（臺北：萬卷樓圖書公司，1995年5月），頁37。

〔註20〕王熙元：〈《穀梁傳》傳授源流考〉，《孔孟月刊》28期（1974年9月），頁219～236。

上善《穀梁》說，後又選郎十人，從千秋受。會千秋病死，徵江公孫爲博士，詔劉向受《穀梁》，欲令助之。〔註 21〕

王國維考證漢代「春秋穀梁博士」：

周慶、丁姓，《漢書・儒林傳》，梁周慶幼君、丁姓子孫皆從榮廣受《穀梁》，慶、姓皆爲博士，姓至中山太傅。〔註 22〕

此外，《漢書・藝文志》記載《春秋》與《三傳》是分別刊行的。

《春秋古經》十二篇，經十一卷。公羊、穀梁二家。

《左氏傳》三十卷。左丘明，魯太史。

《公羊傳》十一卷。公羊子，齊人。

《穀梁傳》十一卷。穀梁子，魯人。

……

古之王者，世有史官，君舉必書，所以愼言行，昭法式也。左史記言，右史記事，事爲《春秋》，言爲《尚書》，帝王靡不同之。周室既微，載籍殘缺，仲尼思存前聖之業，乃稱曰：「夏禮吾能言之，杞不足徵也；殷禮吾能言之，宋不足徵也。文獻不足故也，足則吾能徵之矣。」以魯周公之國，禮文備物，史官有法，故與左丘明觀其史記，據行事，仍人道，因興以立功，就敗以成罰，假日月以定曆數，藉朝聘以正禮樂。有所褒諱貶損，不可書見，口授弟子，弟子退而異言。丘明恐弟子各安其意，以失其眞，故論本事而作《傳》，明孔子不以空言說《經》也。《春秋》所貶損大人當世君臣，有威權勢力，其事實皆形於《傳》，是以隱其書而不宣，所以免時難也。及末世口說流行，故有公羊、穀梁、鄒、夾之傳。四家之中，《公羊》、《穀梁》立於學官，鄒氏無師，夾氏未有書。〔註 23〕

關於《穀梁傳》書於竹帛後，到漢代的史書記載，這段時間的師承，若從典籍的記載，原本傳《春秋》的，到瑕丘江公一變爲《穀梁春秋》。此說明戰國到漢代的「傳學」雖已形成，但身份尚未完全確定，都是傳《春秋》的說法，到了瑕丘江公前後，《穀梁傳》、《公羊傳》才獨立出來。而《史記》、《漢

〔註 21〕江藩：《國朝漢學師承記》（北京：中華書局，1998 年 12 月），頁 143～144。

〔註 22〕王國維：《漢魏博士題名考》（臺北：臺灣商務印書館，1976 年 12 月），頁 42～44。

〔註 23〕班固：《漢書》，卷 30，頁 1712～1715。

書》所記《春秋》的傳承僅上推至浮伯邱，無法證明唐人楊士勛所言穀梁子「受《經》于子夏，爲《經》作《傳》」及「穀梁傳孫卿，孫卿傳魯人申公」〔註 24〕是正確的。

第二節　從傳文說明《公羊傳》、《穀梁傳》非傳自子夏

一、從《公羊傳》、《穀梁傳》「敘述」來探討其與《春秋》的關係

從《公羊傳》、《穀梁傳》的傳文分析其敘述的內容，可以論證其非是「純粹轉述者」的角色，它不似子夏之徒不能「贊一辭」，從傳文中可以發現《公羊傳》、《穀梁傳》有許多不解孔子的《春秋》之義，所以在傳文中有揣測、有補充、有詮釋、有和《春秋》對話的情形。例如《春秋公羊傳》哀公十四年：

> 春，西狩獲麟。
>
> 君子曷爲爲《春秋》？撥亂世、反諸正，莫近諸《春秋》。則未知其爲是與？其諸君子樂道堯、舜之道與？末不亦樂乎堯、舜之知君子也。制《春秋》之義，以俟後聖，以君子之爲，亦有樂乎此也。

《公羊傳》將《春秋》述作之意自設爲一個問題，然後以自答的方式解經。又問：「則未知其爲是與？其諸君子樂道堯、舜之道與？」都像在與孔子對話。

再看《穀梁傳》亦有此類似的傳文。如定公十年，《春秋》：「夏，公會齊侯于頰谷。公至自頰谷。」《穀梁傳》：

> 離會不致，何爲致也？危之也。危之則以地致，何也？爲危之也。其危奈何？
>
> 曰：「頰谷之會，孔子相焉，兩君就壇，兩相相揖，齊人鼓譟而起，欲以執魯君，孔子歷階而上，不盡一等，而視歸乎齊侯。曰：
>
> 『兩君合好，夷狄之民，何爲來爲？』
>
> 命司馬止之。齊侯逡巡而謝曰：
>
> 『寡人之過也。』
>
> 退而屬其二三大夫，曰：
>
> 『夫人率其君與之行古人之道，二三子獨率我而入夷狄之俗，何

〔註 24〕范甯集解，楊士勛疏：《春秋穀梁傳注疏》，卷首，頁 1b。

為？』

罷會，齊人使優施舞於魯君之幕下。孔子曰：

『笑君者，罪當死。』

使司馬行法焉，首足異門而出。

齊人來歸鄆、讙、龜陰之田者，蓋為此也。因是以見，雖有文事，

必有武備，孔子於頰谷之會見之矣。」

《春秋》之義在於魯公會齊侯于頰谷，後齊人來歸田。《穀梁傳》於此中來談為何孔子要「致」此會，因為有「危」。另外，《穀梁》先師敘述了頰谷之會的內容，印證了「危之也」的事實。

筆者從《傳》全文可以確定它為一大敘事，然後判斷，整段《穀梁傳》傳文只有「離會不致，何為致也？危之也。危之則以地致，何也？為危之也」。此三句為孔子授受，以下所談「其危奈何？曰……」至結束，為《穀梁傳》先師為權解清楚此事之脈絡而說出，記入。這部分是為讓讀者對事件發生的過程有清楚的認識。

其中並非否定孔子有頰谷之會，也非否定孔子沒談過頰谷之會，而是可以從敘述者的角度去分別出《傳》文的敘述者為誰。孔子既為敘事者敘事中的角色之一，則孔子非此敘事者。

確定《穀梁傳》有穀梁子的發聲位置，便可確定穀梁子是作者，非只轉述師說，此便像孔子處理《春秋》一般，過程中有實錄，亦有刪削。

《穀梁傳》於頰谷之會底下宣告，後來齊人歸田之事，一般讀此則認為此可理解，因為發《傳》者，本於諸事之後，所以既然一切都已發生，對其而言，一起說明，並不為過。

問題是《傳》的角色為何？當其將感想置放於《春秋》經文之下，作為《傳》時，「齊人來歸鄆、讙、龜陰之田者，蓋為此也。因是以見，雖有文事，必有武備，孔子於頰谷之會見之矣」。這些話便不像是在解《經》，而近於說理。說理式的解經方法並非不可產生於《穀梁傳》，相反的這就是《穀梁傳》多元性的解《經》特徵。說理之中將後事前提，似乎將《春秋》乍看單獨的經文連繫起來，建立起必然性的關係。這樣的形式就在這些文本中獨立出來，形成自己的特色。

又如《穀梁傳》僖公十六年：「是月，六鷁退飛過宋都。」

是月也，決不日而月也。六鷁退飛過宋都，先數，聚辭也，目治也。子曰：「石無知之物，鷁微有知之物。石無知，故日之；鷁微有知之物，故月之。」君子之於物，無所苟而已。石鷁且猶盡其辭，而況於人乎？故五石六鷁之辭，不設，則王道不亢矣。民所聚曰都。

傳文中提到「子曰」，則後面「石無知之物，鷁微有知之物。石無知，故日之；鷁微有知之物，故月之」，確為孔子所說無疑。而接著詮釋「子曰」這段內容的述作之義「君子之於物，無所苟而已。石鷁且猶盡其辭，而況於人乎？故五石六鷁之辭，不設，則王道不亢矣。民所聚曰都。」則是穀梁子所講述的內容，亦是非常明顯。

如此說並非要將《經》、《傳》間的關係切割，相反的，要強調二者的緊密關係，只是要釐清一個「傳統的理解」，即《公羊傳》、《穀梁傳》不是傳自子夏，也不是孔子的再傳弟子所傳，而是一個對孔子景仰，較孔子弟子關係更遠的儒生，在齊國、在趙國、在魯國，如《漢書．藝文志》云左丘明「恐弟子各安其意，以失其眞，故論本事而作《傳》，明孔子不以空言說《經》也」。〔註25〕所以為之作《傳》。

從《公羊傳》哀公十四年的「內心獨白」式的自白性敘述，可以大膽的說《公羊傳》的傳文是公羊子的一家之言，與孔子《春秋》有極大的「差異」。

我們應該重視《漢書．藝文志》及何休〈公羊傳序〉的講法。《漢書．藝文志》「丘明恐弟子各安其意，以失其眞，故論本事而作《傳》」〔註26〕及〈公羊傳序〉「傳《春秋》者非一，本據亂而作，其中多非常異義可怪之論，說者疑惑，至有倍經，任意反傳違戾者，其勢唯問，不得不廣以講誦，師言至於百萬，猶有不解，時加以釀嘲辭，援引它經，失其句讀，以無為有，甚可閔笑者，不可勝記也」。〔註27〕這都說明在孔子歿後，其《春秋》之義的傳播皆是「人各言其志」，莫有一衷，並非後人所言有子夏傳經一事，即沒有所謂的正統師承，那後來繫上譜的荀子、子夏一脈，恐是僞託。

二、《公羊傳》、《穀梁傳》對《春秋》的態度

既然筆者云《公羊傳》、《穀梁傳》非傳自子夏，《春秋》對於《公羊傳》、

〔註25〕班固：《漢書》，卷30，頁1715。
〔註26〕同前註。
〔註27〕何休注，徐彥疏：《春秋公羊傳注疏》（臺北：藝文印書館，1997年），卷首，頁1b～3b。

《穀梁傳》便顯然是一個有距離的解釋對象，而非師承的來源，所以檢視傳文中二家提到《春秋》時的態度為何？便可說明二家與《春秋》的關係。

(一)《公羊傳》的部分

《公羊傳》隱公二年：

無駭帥師入極。

無駭者何？展無駭也。何以不氏？貶。曷爲貶？疾始滅也。始滅昉於此乎？前此矣。前此則曷爲始乎此？託始焉爾。曷爲託始焉爾？《春秋》之始也。此滅也，其言入何？內大惡，諱也。

此處《春秋》為指《春秋》這部書。

《公羊傳》隱公二年：

九月，紀履緰來逆女。

紀履緰者何？紀大夫也。何以不稱使。婚禮不稱主人。然則曷稱？稱諸父兄師友。宋公使公孫壽來納幣，則其稱主人何？辭窮也。辭窮者何？無母也。然則紀有母乎？曰有。有則何以不稱母？母不通也。外逆女不書，此何以書？譏。何譏爾？譏始不親迎也。始不親迎昉於此乎？前此矣。前此則曷爲始乎此？託始焉爾。曷爲託始焉爾。《春秋》之始也。女曷爲或稱女，或稱婦，或稱夫人？女在其國稱女，在塗稱婦，入國稱夫人。

此處《春秋》為指《春秋》這部書。

《公羊傳》隱公六年：

秋七月。

此無事何以書？《春秋》雖無事，首時過則書。首時過則何以書？《春秋》編年，四時具然後爲年。

此處《春秋》為指《春秋》這部書。說明《春秋》的書寫方式。

《公羊傳》隱公七年：

滕侯卒。

何以不名？微國也。微國則其稱侯何？不嫌也。《春秋》貴賤不嫌同號，美惡不嫌同辭。

此處《春秋》為指《春秋》這部書。說明《春秋》的書寫凡例。

《公羊傳》隱公十年：

辛未取郜，辛巳取防。

取邑不日，此何以日？一月而再取也。何言乎一月而再取？甚之也。内大惡諱，此其言甚之何？《春秋》錄内而略外，於外大惡書，小惡不書，於内大惡諱，小惡書。

此處《春秋》爲指《春秋》這部書。說明《春秋》的書寫凡例。

《公羊傳》隱公十一年：

冬十有一月壬辰，公薨。

何以不書葬？隱之也。何隱爾？弒也。弒則何以不書葬？《春秋》君弒，賊不討，不書葬，以爲無臣子也。子沈子曰：「君弒，臣不討賊，非臣也。不復仇，非子也。葬，生者之事也。《春秋》君弒，賊不討，不書葬，以爲不繫乎臣子也。」公薨何以不地？不忍言也。隱何以無正月？隱將讓乎桓，故不有其正月也。

此處《春秋》爲指《春秋》這部書。說明《春秋》的書寫凡例。

《公羊傳》桓公九年：

冬，曹伯使其世子射姑來朝。

諸侯來曰朝，此世子也，其言朝何？《春秋》有譏父老子代從政者，則未知其在齊與？曹與？

此處《春秋》爲指《春秋》這部書。說明《春秋》的書寫凡例。

《公羊傳》桓公十一年：

鄭忽出奔衛。

忽何以名？《春秋》伯、子、男一也，辭無所貶。

此處《春秋》爲指《春秋》這部書。說明《春秋》的書寫凡例。

《公羊傳》莊公元年：

春王正月。

公何以不言即位？《春秋》君弒子不言即位。君弒則子何以不言即位？隱之也。孰隱？隱子也。

此處《春秋》爲指《春秋》這部書。說明《春秋》的書寫凡例。

《公羊傳》莊公四年：

紀侯大去其國。

大去者何？滅也。孰滅之？齊滅之。曷爲不言齊滅之？爲襄公諱也。

《春秋》爲賢者諱。何賢乎襄公？復仇也。何仇爾？遠祖也。哀公亨乎周，紀侯譖之。以襄公之爲於此焉者，事祖禰之心盡矣。盡者何？襄公將復仇乎紀，卜之曰：「師喪分焉。」「寡人死之，不爲不吉也。」遠祖者幾世乎？九世矣。九世猶可以復仇乎？雖百世可也。家亦可乎？曰：「不可。」國何以可？國君一體也。先君之恥，猶今君之恥也。今君之恥，猶先君之恥也。國君何以爲一體？國君以國爲體，諸侯世，故國君爲一體也。今紀無罪，此非怒與？曰：「非也。」古者有明天子，則紀侯必誅，必無紀者。紀侯之不誅，至今有紀者，猶無明天子也。古者諸侯必有會聚之事，相朝聘之道，號辭必稱先君以相接，然則齊、紀無說焉，不可以並立乎天下。故將去紀侯者，不得不去紀也。有明天子則襄公得爲若行乎？曰：「不得也。」不得則襄公曷爲爲之？上無天子，下無方伯，緣恩疾者可也。

此處《春秋》爲指《春秋》這部書。說明《春秋》的書寫凡例。

《公羊傳》莊公七年：

夏四月辛卯，夜，恆星不見，夜中，星隕如雨。

恆星者何？列星也。列星不見何以知？夜之中星反也。如雨者何？如雨者非雨也。非雨則曷爲謂之如雨？不修《春秋》曰：「雨星不及地尺而復。」君子修之曰：「星隕如雨。」何以書？記異也。

此處《春秋》爲指未修《春秋》時的原本面貌。由此處可以很清楚的知道孔子修《春秋》的具體例證。

《公羊傳》莊公二十八年：

春王三月甲寅，齊人伐衛。衛人及齊人戰，衛人敗績。

伐不日，此何以日？至之日也。戰不言伐，此其言伐何？至之日也。《春秋》伐者爲客，伐者爲主，故使衛主之也。曷爲使衛主之？衛未有罪爾。敗者稱師，衛何以不稱師？未得乎師也。

此處《春秋》爲指《春秋》這部書。說明《春秋》的書寫凡例。

《公羊傳》莊公三十年：

齊人伐山戎。

此齊侯也，其稱人何？貶。曷爲貶？子司馬子曰：「蓋以操之爲已蹙矣。」此蓋戰也，何以不言戰？《春秋》敵者言戰，桓公之與戎狄，驅之爾。

此處《春秋》爲指《春秋》這部書。說明《春秋》的書寫凡例。

《公羊傳》閔公元年：

冬，齊仲孫來。

齊仲孫者何？公子慶父也。公子慶父則曷爲謂之齊仲孫？繫之齊也。曷爲繫之齊？外之也。曷爲外之？《春秋》爲尊者諱，爲親者諱，爲賢者諱，子女子曰：「以《春秋》爲《春秋》，齊無仲孫，其諸吾仲孫與？」

此處《春秋》爲指《春秋》這部書。說明《春秋》的書寫凡例。並透過子女子的說法得知孔子有修《春秋》的底本，那「古稱史記」的名稱即爲《春秋》。

《公羊傳》僖公十六年：

春王正月戊申朔，隕石於宋五。是月，六鷁退飛過宋都。

曷爲先言隕而後言石？隕石記聞，聞其磌然，視之則石，察之則五。是月者何？僅逮是月也。何以不日？晦日也。晦則何以不言晦？《春秋》不書晦也。朔有事則書，晦雖有事不書。曷爲先言六而後言鷁？六鷁退飛，記見也，視之則六，察之則鷁，徐而察之則退飛。五石六鷁何以書？記異也。外異不書，此何以書？爲王者之後記異也。

此處《春秋》爲指《春秋》這部書。說明《春秋》的書寫凡例。

《公羊傳》僖公十七年：

夏，滅項。

孰滅之？齊滅之。曷爲不言齊滅之？爲桓公諱也。《春秋》爲賢者諱。此滅人之國，何賢爾？君子之惡惡也疾始，善善也樂終。桓公嘗有繼絕存亡之功，故君子爲之諱也。

此處《春秋》爲指《春秋》這部書。說明《春秋》的書寫凡例。

《公羊傳》僖公十八年：

五月戊寅，宋師及齊師戰於甗，齊師敗績。

戰不言伐，此其言伐何？宋公與伐而不與戰，故言伐。《春秋》爲客，伐者爲主。曷爲不使齊主之？與襄公之征齊也。曷爲與襄公之征齊？桓公死，豎刁、易牙爭權不葬，爲是故伐之也。

此處《春秋》爲指《春秋》這部書。說明《春秋》的書寫凡例。

《公羊傳》僖公二十二年：

冬十有一月己巳朔，宋公及楚人戰於泓，宋師敗績。

偏戰者日爾，此其言朔何？《春秋》辭繁而不殺者，正也。何正爾？宋公與楚人期戰於泓之陽。楚人濟泓而來。有司復曰：「請迨其未畢濟而擊之。」宋公曰：「不可。吾聞之也，君子不厄人，吾雖喪國之餘，寡人不忍行也。」既濟未畢陳，有司復曰：「請迨其未畢陳而擊之。」宋公曰：「不可。吾聞之也，君子不鼓不成列。」已陳，然後襄公鼓之，宋師大敗。故君子大其不鼓不成列，臨大事而不忘大禮，有君而無臣，以爲雖文王之戰，亦不過此也。

此處《春秋》爲指《春秋》這部書。說明《春秋》的書寫凡例。

《公羊傳》僖公二十八年：

晉人執衛侯歸之於京師。

歸之於者何？歸於者何？歸之於者罪已定矣，歸於者罪未定也。罪未定，則何以得爲伯討？歸之於者，執之於天子之側者也，罪定不定，已可知矣。歸於者，非執之於天子之側者也，罪定不定，未可知也。衛侯之罪何？殺叔武也。何以不書？爲叔武諱也。《春秋》爲賢者諱。何賢乎叔武？讓國也。其讓國奈何？文公逐衛侯而立叔武，叔武辭立而他人立，則恐衛侯之不得反也，故於是己立，然後爲踐土之會，治反衛侯。衛侯得反曰：「叔武篡我。」元咺爭之曰：「叔武無罪。」終殺叔武，元咺走而出。此晉侯也，其稱人何？貶。曷爲貶？衛之禍，文公爲之也。文公爲之奈何？文公逐衛侯而立叔武，使人兄弟相疑，放乎殺母弟者，文公爲之也。

此處《春秋》爲指《春秋》這部書。說明《春秋》的書寫凡例。

《公羊傳》成公十五年：

冬十有一月，叔孫僑如會晉士燮、齊高無咎、宋華元、衛孫林父、鄭公子鰌、邾婁人，會吳於鍾離。

曷爲殊會吳？外吳也。曷爲外也？《春秋》內其國而外諸夏，內諸夏而外夷狄。王者欲一乎天下，曷爲以外內之辭言之？言自近者始也。

此處《春秋》爲指《春秋》這部書。說明《春秋》的書寫凡例。

《公羊傳》襄公二十九年：

吳子使札來聘。

吳無君無大夫，此何以有君有大夫？賢季子也。何賢乎季子？讓國也。其讓國奈何？謁也、余祭也、夷昧也與季子同母者四，季子弱而才，兄弟皆愛之，同欲立之以爲君，謁曰：「今若是迮而與季子國，季子猶不受也，請無與子而與弟，弟兄迭爲君，而致國乎季子。」皆曰：「諾。」故諸爲君者，皆輕死爲勇，飲食必祝，曰：「天苟有吳國，尚速有悔於予身。」故謁也死，余祭也立。余祭也死，夷昧也立。夷昧也死，則國宜之季子者也。季子使而亡焉。僚者，長庶也即之，季子使而反至而君之爾。闔廬曰：「先君之所以不與子國而與弟者，凡爲季子故也。將從先君之命與，則國宜之季子者也；如不從先君之命與，則我宜立者也，僚惡得爲君乎？」於是使專諸刺僚，而致國乎季子。季子不受曰：「爾弒吾君，吾受爾國，是吾與爾爲篡也。爾殺吾兄，吾又殺爾，是父子兄弟相殺，終身無已也。」去之延陵，終身不入吳國。故君子以其不受爲義，以其不殺爲仁。賢季子則吳何以有君有大夫？以季子爲臣，則宜有君者也。札者何？吳季子之名也。《春秋》賢者不名，此何以名？許夷狄者，不壹而足也。季子者所賢也，曷爲不足乎季子？許人臣者必使臣，許人子者必使子也。

此處《春秋》爲指《春秋》這部書。說明《春秋》的書寫凡例。

《公羊傳》昭公元年：

叔孫豹會晉趙武、楚公子圍、齊國豹、宋向戌、衛石惡、陳公子招、蔡公孫歸生、鄭軒虎、許人、曹人於漷。

此陳侯之弟招也，何以不稱弟？貶。曷爲貶？爲殺世子偃師貶，曰陳侯之弟招殺陳世子偃師。大夫相殺稱人，此其稱名氏以殺何？言將自是弒君也。今將爾，詞曷爲與親弒者同？君親無將，將而必誅焉。然則曷爲不於其弒焉貶？以親者弒，然後其罪惡甚，《春秋》不待貶絕，而罪惡見者，不貶絕以見罪惡也。貶絕然後罪惡見者，貶絕以見罪惡也。今招之罪已重矣，曷爲復貶乎此？著招之有罪也。何著乎招之有罪？言楚之託乎討招以滅陳也。

此處《春秋》爲指《春秋》這部書。說明《春秋》的書寫凡例。

《公羊傳》昭公十二年：

春，齊高偃帥師納北燕伯於陽。

伯於陽者何？公子陽生也。子曰：「我乃知之矣。」在側者曰：「子苟知之，何以不革。」曰：「如爾所不知何？《春秋》之信史也，其序則齊桓、晉文，其會則主會者爲之也，其詞則丘有罪焉耳。」

此處《春秋》爲指《春秋》這部書。孔子自己提到《春秋》的性質爲信史。

《公羊傳》昭公二十年：

夏，曹公孫會自鄸出奔宋。

奔未有言自者，此其言自何？畔也。畔則曷爲不言其畔？爲公子喜時之後諱也，《春秋》爲賢者諱。何賢乎公子喜時？讓國也。其讓國奈何？曹伯廬卒於師，則未知公子喜時從與，公子負芻從與，或爲主於國，或爲主於師。公子喜時見公子負芻之當主也，逡巡而退。賢公子喜時則曷爲爲會諱？君子之善善也長，惡惡也短，惡惡止其身，善善及子孫，賢者子孫，故君子爲之諱也。

此處《春秋》爲指《春秋》這部書。說明《春秋》的書寫凡例。

《公羊傳》哀公三年：

五月辛卯，桓宮、僖宮災。

此皆毀廟也，其言災何？復立也。曷爲不言其復立？《春秋》見者不復見也。何以不言及？敵也。何以書？記災也。

此處《春秋》爲指《春秋》這部書。說明《春秋》的書寫凡例。

《公羊傳》哀公十四年：

春，西狩獲麟。

何以書？記異也。何異爾？非中國之獸也。然則孰狩之？薪采者也。薪采者則微者也，曷爲以狩言之？大之也。曷爲大之？爲獲麟大之也。曷爲爲獲麟大之？麟者，仁獸也。有王者則至，無王者則不至。有以告者曰：「有麕而角者。」孔子曰：「孰爲來哉！孰爲來哉！」反袂拭面涕沾袍。顏淵死，子曰：「噫！天喪予。」子路死，子曰：「噫！天祝予。」西狩獲麟，孔子曰：「吾道窮矣。」《春秋》何以始乎隱？祖之所逮聞也，所見異辭，所聞異辭，所傳聞異辭。何以終乎哀十四年？曰：「備矣！」君子曷爲爲《春秋》？撥亂世，反諸

> 正，莫近諸《春秋》。則未知其爲是與？其諸君子樂道堯、舜之道與？末不亦樂乎堯、舜之知君子也？制《春秋》之義，以俟後聖，以君子之爲，亦有樂乎此也。

此處《春秋》爲指《春秋》這部書。

由以上《公羊傳》傳文中提到的《春秋》可知其用意。

第一，《公羊傳》中提《春秋》主要是說明《春秋》書寫的凡例。

第二，將《春秋》視爲孔子的著作。

第三，將《春秋》區分爲古史未修的史書，及孔子修之後的《春秋》，二者皆名爲《春秋》。

第四，《春秋》是一部信史。

故在《公羊傳》其所闡述出來的《春秋》一辭，並非是要說明《春秋》的微言大義，而是當作一本著作名稱，然後說明其書寫凡例。且《公羊傳》又將孔子所修的《春秋》與未修前的《春秋》作一比較，用意在說明孔子確實有修《春秋》，同時《春秋》的底本就是古代的史書記錄。

（二）《穀梁傳》的部分

《穀梁傳》隱公元年：

> 元年春，王正月。
>
> 雖無事，必舉正月，謹始也。公何以不言即位？成公志也。焉成之？言君之不取爲公也。君之不取爲公何也？將以讓桓也。讓桓正乎？曰不正。《春秋》成人之美，不成人之惡。隱不正而成之，何也？將以惡桓也。其惡桓何也？隱將讓而桓弒之，則桓惡矣。桓弒而隱讓，則隱善矣。善則其不正焉何也？《春秋》貴義而不貴惠，信道而不信邪。孝子揚父之美，不揚父之惡。先君之欲與桓，非正也，邪也。雖然，既勝其邪心以與隱矣，已探先君之邪志而遂以與桓，則是成父之惡也。兄弟，天倫也。爲子受之父，爲諸侯受之君，已廢天倫而忘君父以行小惠，曰小道也。若隱者可謂輕千乘之國，蹈道則未也。

此處《穀梁傳》以《春秋》之名闡釋《春秋》之義。

《穀梁傳》隱公四年：

> 冬，十有二月，衛人立晉。
>
> 衛人者，眾辭也。立者，不宜立者也。晉之名，惡也。其稱人以立

之，何也？得眾也。得眾則是賢也。賢則其曰不宜立，何也？《春秋》之義，諸侯與正而不與賢也。

此處《穀梁傳》以《春秋》之名闡釋《春秋》之義。

《穀梁傳》桓公元年：

冬，十月。

無事焉，何以書？不遺時也。《春秋》編年，四時具而後爲年。

此處《穀梁傳》以《春秋》之名闡釋《春秋》述作方式。

《穀梁傳》桓公二年：

二年春，王正月戊申，宋督弒其君與夷。

桓無王，其曰：王何也？正與夷之卒也。

及其大夫孔父。

孔父先死，其曰及何也？書尊及卑，《春秋》之義也。孔父之先死何也？督欲弒君而恐不立，於是乎先殺孔父，孔父閑也。何以知其先殺孔父也？曰子既死，父不忍稱其名，臣既死，君不忍稱其名。以是知君之累之也。孔，氏，父，字謚也。或曰其不稱名，蓋爲祖諱也，孔子故宋也。

此處《穀梁傳》以《春秋》之名闡釋《春秋》之義。

《穀梁傳》桓公五年：

五年春，正月甲戌、己丑，陳侯鮑卒。

鮑卒，何爲以二日卒之？《春秋》之義，信以傳信，疑以傳疑。陳侯以甲戌之日出，己丑之日得。不知死之日，故舉二日以包也。

此處《穀梁傳》以《春秋》之名闡釋《春秋》之義。

《穀梁傳》莊公七年：

夏，四月辛卯昔，恆星不見。

恆星者，經星也。日入至於星出，謂之昔。不見者，可以見也。

夜中星隕如雨。

其隕也如雨，是夜中與？《春秋》著以傳著，疑以傳疑。中之幾也，而曰夜中，著焉爾。何用見其中也？失變而錄其時，則夜中矣。其不曰恆星之隕何也？我知恆星之不見，而不知其隕也；我見其隕而接於地者，則是雨說也。著於上，見於下，謂之雨；著於下，不見於上，謂之隕，豈雨說哉？

此處《穀梁傳》以《春秋》之名闡釋《春秋》之義。

《穀梁傳》僖公二十二年：

冬，十有一月己巳朔，宋公及楚人戰于泓。宋師敗績。

日事遇朔曰朔。《春秋》三十有四戰，未有以尊敗乎卑，以師敗乎人者也。以尊敗乎卑，以師敗乎人，則驕其敵。襄公以師敗乎人，而不驕其敵何也？責之也。泓之戰，以爲復雩之恥也。雩之恥，宋襄公有以自取之。伐齊之喪，執滕子，圍曹，爲雩之會，不顧其力之不足而致楚成王，成王怒而執之。故曰：禮人而不答，則反其敬；愛人而不親，則反其仁；治人而不治，則反其知。過而不改，又之，是謂之過。襄公之謂也。古者被甲嬰冑，非以興國也，則以征無道也，豈曰以報其恥哉？宋公與楚人戰於泓水之上。司馬子反曰：「楚眾我少，鼓險而擊之，勝無幸焉。」襄公曰：「君子不推人危，不攻人厄。須其出。」既出，旌亂於上，陳亂於下。子反曰：「楚眾我少，擊之，勝無幸焉。」襄公曰：「不鼓不成列。」須其成列而後擊之，則眾敗而身傷焉，七月而死。倍則攻，敵則戰，少則守。人之所以爲人者，言也。人而不能言，何以爲人？言之所以爲言者，信也。言而不信，何以爲言？信之所以爲信者，道也。信而不道，何以爲道？道之貴者時，其行勢也。

此處《穀梁傳》以《春秋》之名說明《春秋》之中記載有關「戰」的書寫凡例。

《穀梁傳》文公二年：

八月丁卯，大事於大廟，躋僖公。

大事者何？大是事也，著祫、嘗。祫祭者，毀廟之主，陳於大祖，未毀廟之主，皆升合祭於大祖。躋，升也，先親而後祖也，逆祀也。逆祀，則是無昭穆也。無昭穆，則是無祖也。無祖，則無天也。故曰：文無天。無天者，是無天而行也。君子不以親親害尊尊，此《春秋》之義也。

此處《穀梁傳》以《春秋》之名闡釋《春秋》之義。

《穀梁傳》宣公十五年：

王札子殺召伯、毛伯。

王札子者，當上之辭也。殺召伯、毛伯，不言其何也？兩下相殺也。兩下相殺，不志乎《春秋》，此其志何也？矯王命以殺之，非忿怒相殺也，故曰以王命殺也。以王命殺則何志焉？爲天下主者天也，繼天者君也，君之所存者命也。爲人臣而侵其君之命而用之，是不臣也；爲人君而失其命，是不君也。君不君，臣不臣，此天下所以傾也。

此處《穀梁傳》以《春秋》之名闡釋《春秋》書寫凡例。

《穀梁傳》宣公十七年：

冬，十有一月壬午，公弟叔肹卒。

其曰公弟叔肹。賢之也。其賢之何也？宣弒而非之也。非之，則胡爲不去也？曰兄弟也，何去而之？與之財，則曰：「我足矣。」織屨而食，終身不食宣公之食。君子以是爲通恩也，以取貴乎《春秋》。

此處《穀梁傳》以《春秋》之名闡釋《春秋》具有褒揚的書寫。

《穀梁傳》襄公十九年：

十有九年春，王正月，諸侯盟於祝柯。

晉人執邾子。公至自伐齊。《春秋》之義：已伐而盟復伐者則以伐致，盟不復伐者則以會致。祝柯之盟，盟復伐齊與？曰非也。然則何爲以伐致也？曰與人同事，或執其君，或取其地。

此處《穀梁傳》以《春秋》之名闡釋《春秋》書寫凡例。

《穀梁傳》襄公二十七年：

衛侯之弟專出奔晉。

專，喜之徒也。專之爲喜之徒何也？己雖急納其兄，與人之臣謀弒其君，是亦弒君者也。專其曰弟何也？專有是信者。君賂不入乎喜而殺喜，是君不直乎喜也。故出奔晉，織約邯鄲，終身不言衛。專之去，合乎《春秋》。

此處《穀梁傳》以《春秋》之名闡釋《春秋》之義。不過《穀梁傳》提到「合乎《春秋》」，是以傳者的身份來判斷衛專的行爲，此便不是由孔子角度的敘述，而是《穀梁傳》認爲衛專的行爲「應該」是孔子《春秋》所認可的。

《穀梁傳》昭公四年：

秋，七月，楚子、蔡侯、陳侯、許男、頓子、胡子、沈子、淮夷伐吴。執齊慶封，殺之。

此入而殺，其不言入何也？慶封封乎吳鍾離。其不言伐鍾離何也？不與吳封也。慶封其以齊氏何也？爲齊討也。靈王使人以慶封令於軍中，曰：「有若齊慶封弒其君者乎？」慶封曰：「子一息，我亦且一言。」曰：「有若楚公子圍弒其兄之子而代之爲君者乎？」軍人粲然皆笑。慶封弒其君而不以弒君之罪罪之者，慶封不爲靈王服也，不與楚討也。《春秋》之義：用貴治賤，用賢治不肖，不以亂治亂也。孔子曰：「懷惡而討，雖死不服。」其斯之謂與！

此處《穀梁傳》以《春秋》之名闡釋《春秋》之義。

《穀梁傳》昭公八年：

八年春，陳侯之弟招殺陳世子偃師。

鄉曰陳公子招，今曰陳侯之弟招何也？曰盡其親，所以惡招也。兩下相殺，不志乎《春秋》，此其志何也？世子云者，唯君之貳也。云可以重之存焉，志之也。諸侯之尊，弟兄不得以屬通。其弟云者，親之也。親而殺之，惡也。

此處《穀梁傳》以《春秋》之名闡釋《春秋》書寫凡例。

《穀梁傳》昭公十三年：

楚公子棄疾殺公子比。

當上之辭也。當上之辭者，謂不稱人以殺，乃以君殺之也。討賊以當上之辭，殺，非弒也。比之不弒有四。取國者稱國以弒，楚公子棄疾殺公子比，比不嫌也。《春秋》不以嫌代嫌。棄疾主其事，故嫌也。

此處《穀梁傳》以《春秋》之名闡釋《春秋》之義。

《穀梁傳》定公十四年：

天王使石尚來歸脤。

脤者何也？俎實也，祭肉也。生曰脤，熟曰膰。其辭石尚，士也。何以知其士也？天子之大夫不名。石尚欲書《春秋》，諫曰：「久矣周之不行禮於魯也！請行脤。」貴復正也。

此處《穀梁傳》以《春秋》之名說明古史爲《春秋》之名，因爲此時孔子未開始寫《春秋》，石尚不是欲其行爲被寫於孔子的《春秋》，而是當時的史書，便稱《春秋》

《穀梁傳》哀公四年：

四年春，王二月庚戌，盜弒蔡侯申。

稱盜以弒君，不以上下道道也。內其君而外弒者，不以弒道道也。《春秋》有三盜：微殺大夫謂之盜，非所取而取之謂之盜，辟中國之正道以襲利謂之盜。

此處《穀梁傳》以《春秋》之名闡釋《春秋》書寫凡例。

《穀梁傳》哀公七年：

八月己酉，入邾，以邾子益來。

以者，不以者也。益之名，惡也。《春秋》有臨天下之言焉，有臨一國之言焉，有臨一家之言焉。其言來者，有外魯之辭焉。

此處《穀梁傳》以《春秋》之名闡釋《春秋》書寫方式。

由以上《穀梁傳》於傳文中提到《春秋》一詞，其內容是比《公羊傳》複雜一些。

第一，《穀梁傳》言《春秋》主要是作爲闡釋孔子的《春秋》大義，將微言大義置於《春秋》之下，很明顯是直接將此大義指孔子所言。

第二，《穀梁傳》言《春秋》亦有像《公羊傳》是爲說明書寫的凡例。

第三，《穀梁傳》言《春秋》亦有提到與《公羊傳》所言，在孔子修《春秋》之前，已有一本亦名謂《春秋》的史書。

第四，《穀梁傳》還有一次是將《春秋》作爲一個標準，即以《穀梁傳》來判斷衛專的行爲，合乎《春秋》。但這非是就孔子立場言之，而是由《穀梁傳》的判斷來說明。

《公羊傳》、《穀梁傳》於傳文中都提到《春秋》之名，相同的是都將《春秋》的書寫凡例置於下，且認爲孔子修《春秋》之前還有一本《春秋》，那便是古史。另外《穀梁傳》比較特別的是，還將《春秋》的微言大義透過《春秋》之名下說明。但《公羊傳》、《穀梁傳》對《春秋》此「符號」的使用，並沒有特別的情感，似乎就是客觀的處理這一詞句。

三、《公羊傳》、《穀梁傳》對孔子的態度

世稱《春秋》爲孔子所作，則《公羊傳》與《穀梁傳》發傳解經時，傳文提「孔子」這部分可以來分析，其一，此「孔子」是否爲孔子所言，或是《公羊傳》、《穀梁傳》藉孔子名而來解經。其二，《公羊傳》、《穀梁傳》於傳

文中引用「孔子」的意義。其三，《公羊傳》、《穀梁傳》若受經於子夏，何以不沿襲《論語》「子曰」尊稱，而言「孔子曰」。其四，《公羊傳》在引他人說法時，對其稱謂極爲尊敬，如稱「子沈子曰」、「子司馬子曰」、「子女子曰」、「子北宮子曰」，另外有「高子」、「魯子」、「季子」、「管子」、「曹子」則只稱子。《穀梁傳》稱「尸子曰」、「沈子曰」，其原因何在？

查「孔子」，《公羊傳》出現七次，《穀梁傳》出現十二次。

《公羊傳》宣公元年：

晉放其大夫胥甲父於衛。

放之者何？猶曰無去是云爾。然則何言爾？近正也。此其爲近正奈何？古者大夫已去，三年待放。君放之非也，大夫待放正也。古者臣有大喪，則君三年不呼其門。已練可以弁冕，服金革之事。君使之非也，臣行之禮也。閔子要絰而服事。既而曰：「若此乎古之道，不即人心。」退而致仕。孔子蓋善之也。

此處《公羊傳》「孔子蓋善之也」作爲這段的定論之語，然其語氣似乎是先由《公羊傳》來解釋《春秋》經文的意思，然後引孔子對此事的評價來肯定解經的正確性，這等方式，便不似此傳文內容爲孔子所傳承下來。

《公羊傳》襄公二十一年：

十有一月庚子，孔子生。

此「孔子生」，解經者多推論爲弟子所記，但爲尊孔子而視爲經。顯然孔子不會自稱孔子，這是後人所添。

《公羊傳》昭公二十五年：

齊侯唁公於野井。

唁公者何？昭公將弒季氏，告子家駒曰：「季氏爲無道，僭於公室久矣，吾欲弒之何如？」子家駒曰：「諸侯僭於天子，大夫僭於諸侯久矣。」昭公曰：「吾何僭矣哉？」子家駒曰：「設兩觀，乘大路，朱干，玉戚，以舞《大夏》，八佾以舞《大武》，此皆天子之禮也。且夫牛馬維婁，委己者也，而柔焉。季氏得民眾久矣，君無多辱焉。」昭公不從其言，終弒而敗焉。走之齊，齊侯唁公於野井，曰：「奈何君去魯國之社稷？」昭公曰：「喪人不佞，失守魯國之社稷，執事以羞。」再拜顙，慶子家駒曰：「慶子免君於大難矣。」子家駒曰：「臣不佞，陷君於大難，君不忍加之以鈇鑕，賜之以死。」再拜顙。高

> 子執箪食與四脡脯，國子執壺漿，曰：「吾寡君聞君在外，餕饔未就，敢致糗於從者。」昭公曰：「君不忘吾先君，延及喪人錫之以大禮。」再拜稽首以衽受。高子曰：「有夫不祥，君無所辱大禮。」昭公蓋祭而不嘗。景公曰：「寡人有不腆先君之服，未之敢服。有不腆先君之器，未之敢用，敢以請。」昭公曰：「喪人不佞，失守魯國之社稷，執事以羞，敢辱大禮，敢辭。」景公曰：「寡人有不腆，先君之服，未之敢服，有不腆先君之器，未之敢用，敢固以請。」昭公曰：「以吾宗廟之在魯也，有先君之服，未之能以服，有先君之器，未之能以出，敢固辭。」景公曰：「寡人有不腆先君之服，未之敢服，有不腆先君之器，未之敢用，請以饗乎從者。」昭公曰：「喪人其何稱？」景公曰：「孰君而無稱。」昭公於是曒然而哭，諸大夫皆哭。既哭以人爲菑，以幦爲席，以鞍爲幾，以遇禮相見。孔子曰：「其禮與其辭足觀矣！」

此段與宣公元年「孔子蓋善之也」發傳方式相同，先由《公羊傳》敘述解經之文，最後引用孔子的話來肯定這段解經的內容。

《公羊傳》定公十年：

> 齊人來歸運、讙、龜陰田。
>
> 齊人曷爲來歸運、讙、龜陰田？孔子行乎季孫，三月不違，齊人爲是來歸之。

此段解經之文，提到「孔子行乎季孫三月不違」，很明顯不是從孔子自己的角度敘述，而是後人來解釋孔子於此次齊人歸田的角色。

《公羊傳》定公十二年：

> 季孫斯、仲孫何忌帥師墮費。
>
> 曷爲帥師墮郈、帥師墮費？孔子行乎季孫，三月不違，曰：「家不藏甲，邑無百雉之城。」於是帥師墮郈、帥師墮費。雉者何？五板而堵，五堵而雉，百雉而城。

此段與定公十年發傳方式相同，提到孔子是爲此次墮城的執行者，並未從孔子的角度來解釋此事。

《公羊傳》哀公十四年：

> 春，西狩獲麟。

何以書？記異也。何異爾？非中國之獸也。然則孰狩之？薪采者也。薪采者則微者也，曷為以狩言之？大之也。曷為大之？為獲麟大之也。曷為為獲麟大之？麟者，仁獸也。有王者則至，無王者則不至。有以告者曰：「有麕而角者。」孔子曰：「孰為來哉！孰為來哉！」反袂拭面涕沾袍。顏淵死，子曰：「噫！天喪予。」子路死，子曰：「噫！天祝予。」西狩獲麟，孔子曰：「吾道窮矣。」《春秋》何以始乎隱？祖之所逮聞也，所見異辭，所聞異辭，所傳聞異辭。何以終乎哀十四年？曰：「備矣！」君子曷為為《春秋》？撥亂世，反諸正，莫近諸《春秋》。則未知其為是與？其諸君子樂道堯、舜之道與？末不亦樂乎堯、舜之知君子也？制《春秋》之義，以俟後聖，以君子之為，亦有樂乎此也。

這段提到兩次孔子，其一是「孔子曰：『孰為來哉！孰為來哉！』」其二是「顏淵死，子曰：『噫！天喪予。』子路死，子曰：『噫！天祝予。』西狩獲麟，孔子曰：『吾道窮矣。』」第一次提到孔子不知麟為何要來，既然其不知，所以《公羊傳》：「何以書？記異也。何異爾？非中國之獸也。然則孰狩之？薪采者也。薪采者則微者也，曷為以狩言之？大之也。曷為大之？為獲麟大之也。曷為為獲麟大之？麟者，仁獸也。有王者則至，無王者則不至。」不是孔子所教授的內容。第二次提到孔子，內容襲用《論語．先進》：「顏淵死，子曰：『噫！天喪予。天喪予』」的文字，不過有一點問題，就是顏淵死於哀公十三年，子路死於哀公十五年，西狩獲麟在哀公十四年，何以《公羊傳》會將子路之死置放在西狩獲麟之前，顯然是為突顯西狩獲麟對於孔子絕筆《春秋》的意義，不過卻也說明此為後人所虛構出來的解釋。

以上《公羊傳》中的「孔子」與《公羊傳》的敘述形成兩個敘述者，未像《穀梁傳》像是同一個敘述者的發傳，因為《公羊傳》的發傳內容自成一個體系，然後加入「孔子」，彷彿只是作一個旁證，不是替孔子代言。另外《公羊傳》所引的「孔子」不像是由孔子自己所表達的意思，像似由《公羊傳》透過客觀的觀察而評論孔子在這之中的意義。

《穀梁傳》部分。

《穀梁傳》桓公二年：

二年春，王正月戊申，宋督弒其君與夷。

桓無王，其曰：王何也？正與夷之卒也。

及其大夫孔父。

孔父先死，其曰及何也？書尊及卑，《春秋》之義也。孔父之先死何也？督欲弒君而恐不立，於是乎先殺孔父，孔父閑也。何以知其先殺孔父也？曰子既死，父不忍稱其名，臣既死，君不忍稱其名。以是知君之累之也。孔，氏，父，字謚也。或曰其不稱名，蓋爲祖諱也，孔子故宋也。

此處《穀梁傳》解釋孔子作《春秋》時爲何不稱名，是因爲孔父爲孔子的先祖，孔子祖先爲宋國人，以此爲避諱。從意義上《穀梁傳》雖然是發傳的敘述者，但其解經內容是從孔子的述作之意來發傳。

《穀梁傳》桓公二年：

夏，四月，取郜大鼎於宋，戊申納於太廟。

桓內弒其君，外成人之亂，受賂而退，以事其祖，非禮也。其道以周公爲弗受也。郜鼎者，郜之所爲也。曰宋，取之宋也，以是爲討之鼎也。孔子曰：「名從主人，物從中國。」故曰「郜大鼎」也。

此處《穀梁傳》引「孔子曰」是當作《春秋》書寫的凡例。「名從主人，物從中國」，在《穀梁傳》除桓公二年外，在襄公五年、昭公元年、昭公五年也都提過，只是前面未加「孔子曰」。

《穀梁傳》桓公三年：

九月，齊侯送姜氏於讙。

禮，送女，父不下堂，母不出祭門，諸母兄弟不出闕門。父戒之曰：「謹愼從爾舅之言！」母戒之曰：「謹愼從爾姑之言！」諸母般，申之曰：「謹愼從爾父母之言！」送女逾竟，非禮也。公會齊侯於讙。無譏乎？曰爲禮也。齊侯來也，公之逆而會之可也。夫人姜氏至自齊。其不言翬之以來何也？公親受之於齊侯也。子貢曰：「冕而親迎，不已重乎？」孔子曰：「合二姓之好，以繼萬世之後，何謂已重乎？」

此處《穀梁傳》將孔子與子貢的對話採入，以孔子的話來解釋魯侯冕而親迎有過禮之嫌。這樣的對話也出現過在《禮記．哀公問》：

公曰：「寡人雖無似也，願聞所以行三言之道，可得聞乎？」孔子對曰：「古之爲政，愛人爲大，所以治愛人。禮爲大，所以治禮。敬爲大，敬之至矣。大昏爲大，大昏至矣。大昏既至，冕而親迎，親之也。親之也者，親之也，是故君子興敬爲親，舍敬是遺親也，弗愛不親，弗敬不正，愛與敬其政之本與。」公曰：「寡人願有言。然，冕而親迎，不已重乎？」孔子愀然作色而對曰：「合二姓之好，以繼先聖之後，以爲天地宗廟社稷之主，君何謂已重乎？」

這兩則談的內容都是對「冕而親迎」此事持以正面的肯定，不同的是一個是與子貢談魯桓公三年魯公迎齊女，一則是孔子與哀公論大昏冕而親迎是否過禮。另外《禮記．義》亦有一段提到：

禮者，將合二姓之好，上以事宗廟，而下以繼後世也，故君子重之。

這部分有三點可以注意，其一是桓公二年，「齊侯送姜氏于讙」，《穀梁傳》中有孔子與子貢的對話，這呈現孔子作《春秋》後，在與弟子講授《春秋》時，會有弟子提出問難，孔子回應的情形。這部分的內容就有極高的可信度來說明此經義是孔子所傳。其二，在《公羊傳》、《穀梁傳》中形式多爲問答體，是否就是弟子所問，夫子所答呢？而傳之後世，問者姓名不一，傳者爲嫌混雜，故將問者姓氏一律刪去，或者有些問答非孔子與弟子間的問難，而是穀梁先師與弟子的答問，故略不記名？這仍需探究。其三，「合二姓之好」此一婚禮的概念是當時孔子對於此事的看法，故孔子談到相關問題時，皆以此概念說明。

《穀梁傳》桓公十四年：

夏，五。鄭伯使其弟御來盟。

諸侯之尊，弟兄不得以屬通。其弟雲者，以其來我舉其貴者也。來盟，前定也。不日，前定之盟不日。孔子曰：「聽遠音者，聞其疾而不聞其舒；望遠者，察其貌而不察其形。立乎定、哀以指隱、桓，隱、桓之日遠矣。夏五，傳疑也。」

《穀梁傳》將孔子對「夏五」的說明全文採入。

《穀梁傳》成公五年：

梁山崩。

不日，何也？高者有崩道也。有崩道，則何以書也？曰梁山崩，壅遏河三日不流。晉君召伯尊而問焉。伯尊來，遇輦者，輦者不辟。使車右下而鞭之。輦者曰：「所以鞭我者，其取道遠矣。」伯尊下車而問焉，曰：「子有聞乎？」對曰：「梁山崩，壅遏河三日不流。」伯尊曰：「君爲此召我也。爲之奈何？」輦者曰：「天有山，天崩之。

天有河，天壅之。雖召伯尊如之何？」伯尊由忠問焉，輦者曰：「君親素縞，帥群臣而哭之，既而祠焉，斯流矣。」伯尊至。君問之，曰：「梁山崩，壅遏河三日不流。爲之奈何？」伯尊曰：「君親素縞，帥群臣而哭之，既而祠焉，斯流矣。」孔子聞之，曰：「伯尊其無績乎，攘善也！」

《穀梁傳》用孔子的話來對整段故事的敘述作一結論。此是將孔子的話當作解釋的定論。

《穀梁傳》襄公二十一年：

庚子，孔子生。

《穀梁傳》昭公四年：

秋，七月，楚子、蔡侯、陳侯、許男、頓子、胡子、沈子、淮夷伐吳。執齊慶封，殺之。

此入而殺，其不言入何也？慶封封乎吳鍾離。其不言伐鍾離何也？不與吳封也。慶封其以齊氏何也？爲齊討也。靈王使人以慶封令於軍中，曰：「有若齊慶封弒其君者乎？」慶封曰：「子一息，我亦且一言。」曰：「有若楚公子圍弒其兄之子而代之爲君者乎？」軍人粲然皆笑。慶封弒其君而不以弒君之罪罪之者，慶封不爲靈王服也，不與楚討也。《春秋》之義：「用貴治賤，用賢治不肖，不以亂治亂也。」孔子曰：「懷惡而討，雖死不服。」其斯之謂與！

此處的「孔子曰」與「《春秋》之義」相互補充，而《春秋》之義是否就是「孔子之義」呢？《穀梁傳》在此以「孔子曰」來作爲此段敘述的定論，由是證明經文不言「入」，不言「伐鍾離」的原因。

《穀梁傳》定公十年：

夏，公會齊侯於頰谷。公至自頰谷。

離會不致，何爲致也？危之也。危之，則以地致何也？爲危之也。其危奈何？曰頰谷之會，孔子相焉。兩君就壇，兩相相揖。齊人鼓噪而起，欲以執魯君。孔子歷階而上，不盡一等，而視歸乎齊侯，曰：「兩君合好，夷狄之民何爲來？」命司馬止之。齊侯逡巡而謝曰：「寡人之過也。」退而屬其二三大夫曰：「夫人率其君與之行古人之道，二三子獨率我而入夷狄之俗，何爲？」罷會，齊人使優施舞於魯君之幕下。孔子曰：「笑君者罪當死！」使司馬行法焉，首足異門而出。齊人來歸鄆、讙、龜、陰之田者，蓋爲此也。因是以見雖有文事，必有武備，孔子於頰谷之會見之矣。

《穀梁傳》將孔子當作一個典範來描述。

《穀梁傳》哀公十三年：

公會晉侯及吳子於黃池。

黃池之會，吳子進乎哉！遂子矣。吳，夷狄之國也，祝髮文身，欲因魯之禮，因晉之權，而請冠、端而襲其藉於成周，以尊天王。吳進矣！吳，東方之大國也，纍纍致小國以會諸侯，以合乎中國。吳能爲之，則不臣乎？吳進矣！王，尊稱也。子，卑稱也。辭尊稱而居卑稱，以會乎諸侯，以尊天王。吳王夫差曰：「好冠來！」孔子曰：「大矣哉！夫差未能言冠而欲冠也。」

《穀梁傳》將孔子作爲這段敘述的結論。

由以上《穀梁傳》所提到「孔子」的部分，與《公羊傳》不同，《穀梁傳》中的「孔子」其多是對於經義的解釋，因此讓《穀梁傳》的傳文本身就像是將孔子書寫《春秋》之義的原因轉述出來，雖然還是一個「轉述者」。但《穀梁傳》這部分相較於《公羊傳》更像授於孔子的師說。

從這些傳文可以發現，這些發傳方式並不同於《穀梁傳》其他普遍性的解經方式，故筆者推論，這部分與孔子所傳有關，另外大部分則是《穀梁傳》所解釋出來的，其目的是解經，但對於未有傳的經義部分，其只好以系統性的義例來作統一的解釋。

另外《公羊傳》、《穀梁傳》除了言「孔子」，也有三次提到「子曰」。

《公羊傳》昭公十二年：

春，齊高偃帥師納北燕伯於陽。

伯於陽者何？公子陽生也。子曰：「我乃知之矣。」在側者曰：「子苟知之，何以不革。」曰：「如爾所不知何？《春秋》之信史也，其序則齊桓、晉文，其會則主會者爲之也，其詞則丘有罪焉耳。」

此處「子曰」爲弟子與孔子間的答問，此答問非是爲解釋經義，而是討論《春秋》的書寫問題。

《公羊傳》哀公十四年：

春，西狩獲麟。

何以書？記異也。何異爾？非中國之獸也。然則孰狩之？薪采者也。薪采者則微者也，曷爲以狩言之？大之也。曷爲大之？爲獲麟大之也。曷爲爲獲麟大之？麟者，仁獸也。有王者則至，無王者則不至。有以告者曰：「有麕而角者。」孔子曰：「孰爲來哉！孰爲來哉！」反袂拭面涕沾袍。顏淵死，子曰：「噫！天喪予。」子路死，子曰：「噫！天祝予。」西狩獲麟，孔子曰：「吾道窮矣。」《春秋》何以始乎隱？祖之所逮聞也，所見異辭，所聞異辭，所傳聞異辭。何以終乎哀十四年？曰：「備矣！」君子曷爲爲《春秋》？撥亂世，反諸正，莫近諸《春秋》。則未知其爲是與？其諸君子樂道堯、舜之道與？末不亦樂乎堯、舜之知君子也？制《春秋》之義，以俟後聖，以君子之爲，亦有樂乎此也。

此處一條傳文之內有「子曰」，亦有「孔子曰」，而「顏淵死，子曰：『天喪予！』」這段文字又見《論語．先進》。說明孔子面對西狩獲麟而興起對顏淵死的連繫。

《穀梁傳》僖公十六年：

十有六年春，王正月戊申朔，隕石於宋五。

先隕而後石何也？隕而後石也。於宋四竟之內曰宋。後數，散辭也。耳治也。

是月，六鶂退飛過宋都。

是月也，決不日而月也。六鶂退飛過宋都，先數，聚辭也，目治也。子曰：「石，無知之物，鶂，微有知之物。」石無知，故日之；鶂微有知之物，故月之。君子之於物，無所苟而已。石鶂且猶盡其辭，而況於人乎？故五石六鶂之辭不設，則王道不亢矣。民所聚曰都。

此處「子曰」是以說明「石」與「鶂」的不同。

《公羊傳》、《穀梁傳》二傳的「子曰」，就其敘述內容來看，是與當時弟子的答問，因此弟子稱「孔子曰」爲「子曰」，並不稱「孔子曰」，這是反映當時師生對答的實錄。

經過以上分析發現：

第一，《公羊傳》提到「孔子」的部分，顯示出《公羊傳》的解經內容不是孔子所傳下的。其提「孔子」是爲了增加閱讀者對《公羊傳》解釋的正統性，即其解釋內容與孔子意義一致。

第二，《穀梁傳》的提到「孔子」的部分，顯示出《穀梁傳》解經的內容像是來自於孔子的本義，因爲在《穀梁傳》的發傳中，與孔子的意見是一致的，是用孔子的意見來帶出傳文，而不是像《公羊傳》先講述完解經之語後，才利用引用「孔子」來堅實自己的論點，這像是兩套不完全相同的意見。另外《公羊傳》有從旁觀者的角度來敘述孔子在事件中的意義，這是就一個後來者的角度在檢視，故說此部分不會是孔子所傳下的。

第三，《公羊傳》、《穀梁傳》二傳解經傳文，寫定時間爲戰國之後至漢代，因爲其對孔子、季子、尸子等先秦人物，皆直接稱名，似年代久遠而尊敬之心略減，反倒是較近於其世者如沈子、司馬子、女子、北宮子，則尊稱「子沈子曰」、「子司馬子曰」、「子女子曰」、「子北宮子曰」。《穀梁傳》中雖沒有子在前的尊稱，但其亦云「孔子曰」、「尸子曰」、「沈子曰」，對其來說皆是久遠前的人，故列爲一說。據《公羊傳》稱公羊高爲「子公羊子」。

《公羊傳》桓公六年：

> 九月丁卯，子同生。
>
> 子同生者孰謂？謂莊公也。何言乎子同生？喜有正也。未有言喜有正者，此其言喜有正何？久無正也。子公羊子曰：「其諸以病桓與？」

《公羊傳》宣公五年：

> 冬，齊高固及子叔姬來。
>
> 何言乎高固之來？言叔姬之來而不言高固之來則不可。子公羊子曰：「其諸爲其雙雙而俱至者與。」

《公羊傳》書於竹帛之傳者，對於傳授《公羊》的經師有敬重的稱謂，比較之下更甚遠時的孔子、季子、尸子。由是可說明《公羊傳》經師書寫下的時代已經是戰國之時了。《穀梁傳》有提過一次穀梁子：

《穀梁傳》隱公五年：

> 九月，考仲子之宮。
>
> 考者，何也？考者，成之也，成之爲夫人也。禮，庶子爲君，爲其母築宮，使公子主其祭也。於子祭，於孫止。仲子者，惠公之母。隱孫而修之，非隱也。
>
> 初獻六羽。
>
> 初，始也。穀梁子曰：「舞《夏》，天子八佾，諸公六佾，諸侯四佾。

初獻六羽，始僭樂矣。」《尸子》曰：「舞《夏》，自天子至諸侯皆用八佾。初獻六羽，始厲樂矣。」

第四，二傳有言「孔子曰」部分，是否其他未言「孔子曰」的部分就不是孔子所傳的呢？

第五，《公羊傳》、《穀梁傳》二傳中有「子公羊子曰」、「穀梁子曰」，推究其原因，是二傳先師所傳，書於竹帛，後弟子復將《公羊傳》、《穀梁傳》經師之語添加上去，由是可知，今所見之《公羊傳》、《穀梁傳》二傳，有後人添入之內容。

四、《公羊傳》、《穀梁傳》對撰經者的態度

傳文中除直稱《春秋》與孔子之外，尚有對「撰經者」的稱呼，如「君子」、「其謂」，皆是傳者對經文書寫者的稱道方式。他認爲的撰經對象是孔子嗎？爲何在直稱孔子之外猶有一對象？可能是孔子在戰國時尚未神聖化，故如此稱呼。

在《公羊傳》中提到「君子」的部分有 27 次：

1. **《公羊傳》隱公三年「癸未，葬宋繆公。」**

葬者曷爲或日或不日？不及時而日，渴葬也。不及時而不日，慢葬也。過時而日，隱之也。過時而不日，謂之不能葬也。當時而不日，正也。當時而日，危不得葬也。此當時，何危爾？宣公謂繆公曰：「以吾愛與夷，則不若愛女，以爲社稷宗廟主，則與夷不若女。盍終爲君矣？」宣公死，繆公立。繆公逐其二子，莊公馮與左師勃曰：「爾爲吾子，生毋相見，死毋相哭。」與夷復曰：「先君之所爲不與臣國，而納國乎君者，以君可以爲社稷宗廟主也。今君逐君之二子，而將致國乎與夷？此非先君之意也。且使子而可逐，則先君其逐臣矣。」繆公曰：「先君之不爾逐，可知矣。吾立乎此，攝也。終致國乎與夷。」莊公馮弒與夷，故君子大居正。宋之禍，宣公爲之也。

此「君子」不知所指何人？有可能是指孔子，亦可能指有德性可判斷是非之人。

2. **《公羊傳》桓公五年：「五年春正月甲戌、己丑，陳侯鮑卒。」**

曷爲以二日卒之？怴也。甲戌之日亡，己丑之日死，而得，君子疑焉，故以二日卒之也。

此「君子」是指孔子，假設《公羊傳》認爲此經文的「二日卒」理由是君子疑焉，所以將經文書二日卒，那這位「君子」所指便是孔子，然《公羊傳》是有在傳文之中直稱孔子或子曰名諱的，爲何此處不直言「孔子」疑焉，而以「君子」二字代之？

3.《公羊傳》桓公八年：「八年春正月己卯，烝。」

> 烝者何？冬祭也。春曰祠、夏曰礿、秋曰嘗、冬曰烝。常事不書，此何以書？譏。何譏爾？譏亟也。亟則黷，黷則不敬。君子之祭也，敬而不黷，疏則怠，怠則忘。士不及茲四者，則冬不裘，夏不葛。

此「君子」所指非指孔子，而是泛指知禮之君子，有德性之君子，他們知禮故知祭需敬而不黷。

4.《公羊傳》桓公十一年：「秋七月，葬鄭莊公。九月，宋人執鄭祭仲。」

> 祭仲者何？鄭相也。何以不名？賢也。何賢乎祭仲？以爲知權也。其爲知權奈何？古者鄭國處于留，先鄭伯有善于鄶公者，通乎夫人，以取其國而遷鄭焉，而野留，莊公死，已葬。祭仲將往省于留，塗出于宋，宋人執之。謂之曰：「爲我出忽而立突。」祭仲不從其言，則君必死，國必亡。從其言，則君可以生易死，國可以存易亡。少遼緩之，則突可故出，而忽可故反，是不可得則病，然後有鄭國。古人之有權者，祭仲之權是也。權者何？權者反於經，然後有善者也。權之所設，舍死亡無所設。行權有道，自貶損以行權，不害人以行權。殺人以自生，亡人以自存，君子不爲也。

此「君子」指一般有知之人也。此君子不是直指孔子，且其引一段論述「行權有道，自貶損以行權。不害人以行權，殺人以自生，亡人以自存，君子不爲也」來說明「君子行」當如何！此「君子」之用法，筆者認爲是公羊高等經師將「當時約定俗成的對的事」來作爲解經的輔證。由是可以很清楚的體認出來公羊高便是在此種解經處，將自身的理解置入解釋《春秋》的脈絡之中，常人讀此或以爲「君子」便是孔子，然此數處皆可證明此「君子」非孔子，而是公羊高心中的一個「借以言說」的「角色」。

5.《公羊傳》桓公十八年：「冬十有二月己丑，葬我君桓公。」

> 賊未討，何以書葬？讎在外也。讎在外，則何以書葬？君子辭也。

此「君子」指孔子，因爲此處直接反應的是經文何以如此書，故前提於《公羊傳》以作《春秋》者爲孔子時，此「書法」者便是孔子。

6. **《公羊傳》莊公七年：「夏四月辛卯夜，恆星不見。夜中，星霣如雨。」**

恆星者何？列星也。列星不見，何以知？夜之中星反也。如雨者何？如雨者，非雨也。非雨，則曷爲謂之如雨？「不脩《春秋》」曰：「雨星不及地，尺而復。」君子脩之曰：「星霣如雨」何以書？記異也。

此「君子」指孔子，因爲此處直接反應的是經文何以如此書，故前提於《公羊傳》以修《春秋》者爲孔子時，此「書法」者便是孔子。只是《公羊傳》何以於此不直言孔子，則不得而知。

7. **《公羊傳》莊公二十四年：「冬，戎侵曹。曹羈出奔陳。」**

曹羈者何？曹大夫也。曹無大夫，此何以書？賢也。何賢乎曹羈？戎將侵曹，曹羈諫曰：「戎眾以無義，君請勿自敵也。」曹伯曰：「不可。」三諫不從，遂去之。故君子以爲得君臣之義也。

此「君子」指孔子，因爲《公羊傳》將賢曹羈的德性之判斷歸之於「君子」。然而在《公羊傳》的傳文脈絡中，亦可讀到另外一種語境，就是《公羊傳》認爲《春秋》是「君子」所作，然而「君子」只是書：「冬，戎侵曹，曹羈出奔陳。」底下傳文說明爲何曹無大夫而書曹羈的理由，《公羊傳》認爲這是賢曹羈的褒揚之意。以上是《公羊傳》的解釋。爲了讓此說法更具說服力，所以又加一段「君子」是這麼認爲的，然《公羊傳》用「故」字，似乎將前段本來是理由的敘述，變成揣想的理由，反倒證明「君子」什麼都沒說，他只是書：「冬，戎侵曹，曹羈出奔陳。」而《公羊傳》認爲這段經文的意思就是「君子以爲曹羈得君臣之義也」。

8. **《公羊傳》莊公二十七年：「秋，公子友如陳，葬原仲。」**

原仲者何？陳大夫也。大夫不書葬，此何以書？通乎季子之私行也。何通乎季子之私行？辟內難也。君子辟內難，而不辟外難。

此「君子」指孔子，因爲此處直接反應的是經文何以如此書，故前提於《公羊傳》以作《春秋》者爲孔子時，此「書法」者便是孔子。

9. **《公羊傳》莊公二十八年：「臧孫辰告糴于齊。」**

告糴者何？請糴也。何以不稱使？以爲臧孫辰之私行也。曷爲以臧孫辰之私行？君子之爲國也，必有三年之委，一年不熟，告糴，譏也。

此「君子」指有德性的國君。

10. 《公羊傳》僖公十七年：「夏滅項。」

　　孰滅之？齊滅之。曷爲不言齊滅之？爲桓公諱也。《春秋》爲賢者諱。此滅人之國，何賢爾？君子之惡惡也疾始，善善也樂終。桓公嘗有繼絕存亡之功，故君子爲之諱也。

此二次提到「君子」，前指一般有知之人，後指修《春秋》之孔子。

11. 《公羊傳》僖公二十二年：「冬十有一月己巳朔，宋公及楚人戰于泓，宋師敗績。」

　　偏戰者日爾。此其言朔何？《春秋》辭繁而不殺者，正也。何正爾？宋公與楚人期戰于泓之陽，楚人濟泓而來，有司復曰：「請迨其未畢濟而擊之。」宋公曰：「不可。吾聞之也，君子不厄人。吾雖喪國之餘，寡人不忍行也。」既濟未畢陳，有司復曰：「請迨其未畢陳而擊之。」宋公曰：「不可。吾聞之也，君子不鼓不成列。」已陳，然後襄公鼓之，宋師大敗。故君子大其不鼓不成列，臨大事而不忘大禮，有君而無臣，以爲雖文王之戰，亦不過此也。

此「君子」指有德性之人。

12. 《公羊傳》文公十二年：「秦伯使遂來聘。」

　　遂者何？秦大夫也。秦無大夫，此何以書？賢繆公也。何賢乎繆公？以爲能變也。其爲能變奈何？惟諓諓善竫言，俾君子易怠，而況乎我多有之，惟一介斷斷焉無他技，其心休休，能有容，是難也。

此「君子」指有德性之人。

13. 《公羊傳》文公十四年：「晉人納接菑于邾婁，弗克納。」

　　納者何？入辭也。其言弗克納何？大其弗克納也。何大乎其弗克納？晉郤缺帥師，革車八百乘，以納接菑于邾婁。力沛若有餘，而納之。邾婁人言曰：「接菑，晉出也。貜且，齊出也。子以其指，則接菑也四，貜且也六。子以大國壓之，則未知齊、晉孰有之也。貴則皆貴矣。雖然貜且也長。」郤缺曰：「非吾力不能納也，義實不爾克也。」引師而去之。故君子大其弗克納也。

此「君子」指孔子。

14.《公羊傳》宣公十二年：「十有二年春，葬陳靈公。」

　　討此賊者，非臣子也。何以書葬？君子辭也。楚已討之矣，臣子雖欲討之，而無所討也。

此「君子」指孔子。

15. 《公羊傳》宣公十二年：「夏六月乙卯，晉荀林父帥師及楚子戰于邲，晉師敗績。」

莊王曰：「古者杅不穿，皮不蠹，則不出於四方，是以君子篤於禮而薄于利，要其人而不要其土。」

此「君子」指有德性之人。

16. 《公羊傳》宣公十五年：「夏五月，宋人及楚人平。」

外平不書，此何以書？大其平乎已也。何大乎其平乎已？莊王圍宋，軍有七日之糧爾，盡此不勝，將去而歸爾。於是使司馬子反乘堙而闚宋城。宋華元亦乘堙而出見之。司馬子反曰：「子之國何如？」華元曰：「憊矣。」曰：「何如？」曰：「易子而食之，析骸而炊之。」司馬子反曰：「嘻！甚矣憊。雖然吾聞之也，圍者柑馬而秣之，使肥者應客，是何子之情也？」華元曰：「吾聞之君子見人之厄，則矜之。小人見人之厄，則幸之，吾見子之君子也，是以告情于子也。」司馬子反曰：「諾！勉之矣。吾軍亦有七日之糧爾，盡此不勝，將去而歸爾。」揖而去之，反于莊王。莊王曰：「何如？」司馬子反曰：「憊矣。」……司馬子反曰：「然則，君請處于此，臣請歸爾。」莊王曰：「子去我而歸，吾孰與處于此？吾亦從子而歸爾。」引師而去之。故君子大其平乎已也。

此三處「君子」，前兩次指有德性之人，後指孔子。

17. 《公羊傳》宣公十五年：「六月癸卯，晉師滅赤狄潞氏，以潞子嬰兒歸。」

潞何以稱子？潞子之爲善也，躬足以亡爾。雖然君子不可不記也。離于夷狄，而未能合于中國，晉師伐之，中國不救，狄人不有，是以亡也。

此「君子」指孔子。但是《公羊傳》的傳文語氣似乎從與孔子的對面來看待孔子書此經文的原因，其說「雖然君子不可不記也」，此說他在揣測孔子書寫的原因，因此後面的傳文「離于夷狄，而未能合于中國，晉師伐之，中國不救，狄人不有，是以亡也」，訴說的理由，很能證明這是公羊高的說法。

18. 《公羊傳》襄公二十九年：「閽弒吳子餘祭。」

> 閽者何？門人也，刑人也。刑人則曷為謂之閽？刑人非其人也。君子不近刑人，近刑人則輕死之道也。

此「君子」指有德性之人。

19. 《公羊傳》襄公二十九年：「吳子使札來聘。」

> 曰：「爾弒吾君，吾受爾國，是吾與爾為篡也。爾殺吾兄，吾又殺爾，是父子兄弟相殺，終身無已也。」去之延陵，終身不入吳國。故君子以其不受為義，以其不殺為仁，賢季子。

此「君子」指孔子。這處傳文亦有公羊高代孔子立言的情形，因為其前面傳文已提了吳子季札的有賢之事，然後下一結語，再次強調賢季子的原因，「故」字有肯定的意思，公羊高確信孔子經文一定是「故君子以其不受為義，以其不殺為仁，賢季子」，這個原因所以如此書。然其判斷的來源是經文書「吳子使札來聘」。

20. 《公羊傳》襄公三十年：「冬十月，葬蔡景公。」

> 賊未討，何以書葬？君子辭也。

此「君子」指孔子。

21. 《公羊傳》昭公元年：「夏，秦伯之弟鍼出奔晉。」

> 秦無大夫，此何以書？仕諸晉也。曷為仕諸晉？有千乘之國，而不能容其母弟，故君子謂之出奔也。

此「君子」指孔子。這條傳文筆者認為同前的情形類似，凡「君子」之前加一「故」字者，此傳文全是公羊高所敘述的。原因在於，傳文一開始：「秦無大夫，何以書？」這一個提問與回答「仕諸晉也」，這回答假設公羊高受經於子夏，則這一回答便應代表孔子的理解，即傳文若只有：「秦無大夫，此何以書？仕諸晉也。曷為仕諸晉？有千乘之國，而不能容其母弟。」完全不會有問題，因為他是一個完整的問答。但因為後面加了一個「故君子謂之出奔也」導致前面傳文所說的內容變成不是在解經，而是揣測說明經文之所以如此書的原因。這是有差別的，假設傳文全是受授而來，「君子謂」就應該擺置在傳文之初，如「子曰」後面的話是出自孔子，而《公羊傳》將「君子謂」放在後面，就表示前面的理解是公羊高的解釋。又其加一「故」字，使原來「君子謂」是孔子說的，也變成是一種「理所當然」孔子也是這麼理解的，實際上這不是孔子傳授的，只是公羊高認爲孔子一定是如此理解，這就是公羊高代孔子立言的例證。我們就可以證明《公羊傳》傳文非傳自孔子這一懸案。

22. 《公羊傳》昭公十一年：「**夏四月丁巳，楚子虔誘蔡侯般，殺之于申。**」

楚子虔何以名？絕。曷爲絕之？爲其誘討也。此討賊也，雖誘之，則曷爲絕之？懷惡而討不義，君子不予也。

此「君子」指孔子。

23. 《公羊傳》昭公十三年：「**秋，公會劉子、晉侯、齊侯、宋公、衛侯、鄭伯、曹伯、莒子、邾婁子、滕子、薛伯、杞伯、小邾婁子于平丘。八月甲戌，同盟于平丘，公不與盟。晉人執季孫隱如以歸，公至自會。**」

公不與盟者何？公不見與盟也。公不見與盟，大夫執，何以致會？不恥也。曷爲不恥？諸侯遂亂，反陳、蔡，君子恥不與焉。

此「君子」指孔子。

24. 《公羊傳》昭公十六年：「**楚子誘戎曼子殺之。**」

楚子何以不名？夷狄相誘，君子不疾也。曷爲不疾，若不疾，乃疾之也。

此「君子」指孔子。

25. 《公羊傳》昭公十九年：「**冬，葬許悼公。**」

止進藥而藥殺，是以君子加弒焉爾。曰：「許世子止弒其君買，是君子之聽止也。葬許悼公，是君子之赦止也。」赦止者，免止之罪辭也。

此三處「君子」皆指孔子。

26. 《公羊傳》昭公二十年：「**夏，曹公孫會，自鄸出奔宋。**」

奔未有言自者，此其言自何？畔也。畔則曷爲不言其畔？爲公子喜時之後諱也。《春秋》爲賢者諱，何賢乎？公子喜時讓國也。其讓國奈何？曹伯廬卒于師，則未知公子喜時從與？公子負芻從與？或爲主于國，或爲主于師。公子喜時見公子負芻之當主也，逡巡而退。賢公子喜時，則曷爲爲會諱？君子之善善也長，惡惡也短，惡惡止其身，善善及子孫。賢者子孫，故君子爲之諱也。

此二處「君子」前指有德性之人，後指孔子。

27. 《公羊傳》哀公十四年：「十有四年春，西狩獲麟。」

何以終乎哀十四年？曰：「備矣。」君子曷爲爲《春秋》？撥亂世，反諸正，莫近諸《春秋》，則未知其爲是與？其諸君子樂道堯、舜之道與，末不亦樂乎。堯、舜之知君子也，制《春秋》之義，以俟後聖，以君子之爲，亦有樂乎此也。

此四處「君子」二指孔子，一指有知之士，一指有知之士。

由以上所舉例證，我們可以發現《公羊傳》中的「君子」是有重義的：

指孔子：有 23 次

指有德性之人：有 12 次

指有德之國君：有 1 次

並且最重要的發現不是《公羊傳》其以「君子」代稱「孔子」，而是在其以「君子」代「孔子」時，發現其傳文的敘述是揣測孔子作《春秋》的理解，簡單的說就是傳文是公羊高自身理解經文的解釋，尤其當傳文用「故君子」時，更能說明。如《公羊傳》昭公元年「夏，秦伯之弟鍼出奔晉」

秦無大夫，此何以書？仕諸晉也。曷爲仕諸晉？有千乘之國，而不能容其母弟，故君子謂之出奔也。

凡「君子」之前加一「故」字者，此傳文全是公羊高所敘述的。原因在於，傳文一開始「秦無大夫，何以書？」這一個提問與回答「仕諸晉也」，這回答假設公羊高受經於子夏，則這一回答便應代表孔子的理解，即傳文若只有：「秦無大夫，此何以書？仕諸晉也。曷爲仕諸晉，有千乘之國，而不能容其母弟。」完全不會有問題，因爲他是一個完整的問答。但因爲後面加了一個「故君子謂之出奔也」，導致前面傳文所說的內容變成不是在解經，而是揣測說明經文之所以如此書的原因。這是有差別的，假設傳文全是受授而來，「君子謂」就應該擺置在傳文之初，如「子曰」後面的話是出自孔子，而《公羊傳》將「君子謂」放在後面，就表示前面的理解是公羊高的解釋。又其加一「故」字，使原來「君子謂」是孔子說的，也變成是一種「理所當然」孔子也是這麼理解的，實際上這不是孔子傳授的，只是公羊高認爲孔子一定是如此理解，這就是公羊高代孔子立言的例證。類似這樣的例證，便可說明其他傳文亦是此種情形。

我們再來看一下《穀梁傳》的情形：

1. 《穀梁傳》隱公元年：「秋七月，天王使宰咺來歸惠公仲子之賵。」

   母以子氏，仲子者何？惠公之母，孝公之妾也。禮賵人之母則可，賵人之妾則不可。君子以其可辭受之，其志，不及事也。

   此「君子」指孔子。

2. 《穀梁傳》隱公二年：「九月，紀履緰來逆女。」

   逆女，親者也。使大夫，非正也。以國氏者，爲其來交接於我，故君子進之也。

   此「君子」指孔子。

3. 《穀梁傳》桓公二年：「三月，公會齊侯、陳侯、鄭伯于稷，以成宋亂。」

   以者，內爲志焉爾。公爲志乎？成是亂也。此成矣，取不成事之辭而加之焉。於內之惡，而君子無遺焉爾。

   此「君子」指孔子。

4. 《穀梁傳》莊公四年：「紀侯大去其國。」

   大去者，不遺一人之辭也。言民之從者，四年而後畢也。紀侯賢而齊侯滅之，不言滅，而曰大去其國者，不使小人加乎君子。

   此「君子」指紀侯。

5. 《穀梁傳》莊公二十八年：「臧孫辰告糴于齊。」

   古者稅什一，豐年補敗，不外求而上下皆足也。雖累凶年，民弗病也。一年不艾而百姓饑，君子非之。

   此「君子」指孔子。

6. 《穀梁傳》莊公三十一年：「秋，築臺于秦。」

   不正罷民三時，虞山林藪澤之利，且財盡則怨，力盡則懟，君子危之，故謹而志之也。

   此「君子」指孔子。

7. 《穀梁傳》僖公十二年：「夏，楚人滅黃。」

   貫之盟。管仲曰：「江、黃遠齊而近楚，楚爲利之國也。若伐而不能救，則無以宗諸侯矣。」桓公不聽，遂與之盟。管仲死，楚伐江，滅黃。桓公不能救，故君子閔之也。

   此「君子」指孔子。

8. 《穀梁傳》僖公十六年：「是月，六鷁退飛，過宋都。」

　　六鶂退飛過宋都，先數，聚辭也，目治也。子曰：「石無知之物，鶂微有知之物。石無知，故日之。鶂微有知之物，故月之。」君子之於物，無所苟而已。

　此「君子」指孔子。

9. 《穀梁傳》僖公十七年：「夏，滅項。」

　　孰滅之？桓公也。何以不言桓公也？爲賢者諱也。項國也，不可滅而滅之乎？桓公知項之可滅也，而不知己之不可以滅也。既滅人之國矣，何賢乎？君子惡惡疾其始，善善樂其終，桓公嘗有存亡繼絕之功，故君子爲之諱也。

　此「君子」指孔子。並且從「故君子爲之諱也」這句話，我們可以知道這句話是出自於穀梁子之口，因爲他已將孔子作爲一個「他者」，來作爲敘述的內容之一。

10. 《穀梁傳》僖公二十二年：「冬十有一月己巳朔，宋公及楚人戰于泓，宋師敗績。」

　　襄公曰：「君子不推人危，不攻人厄。」

　此「君子」指有德性之人。

11. 《穀梁傳》文公二年：「八月丁卯，大事于大廟，躋僖公。」

　　逆祀，則是無昭穆也。無昭穆，則是無祖也。無祖，則無天也。故曰：「文，無天。」無天者，是無天而行也。君子不以親親害尊尊，此《春秋》之義也。

　此「君子」指孔子。

12. 《穀梁傳》宣公十七年：「冬十有一月壬午，公弟叔肸卒。」

　　其曰：「公弟叔肸，賢之也。」其賢之，何也？宣弒而非之也，非之則胡爲不去也。曰：「兄弟也。何去而之？與之財，則曰：『我足矣。』織屨而食，終身不食宣公之食。」君子以是爲通恩也，以取貴乎《春秋》。

　此「君子」指孔子。

13. 《穀梁傳》成公二年：「秋七月，齊侯使國佐如師。己酉，及國佐盟于爰婁。」

窶，去國五百里。爰婁，去國五十里。壹戰緜地五百里，焚雍門之茨，侵車東至海。君子聞之曰：「夫甚甚之辭焉。」

此「君子」指孔子。

14. **《穀梁傳》昭公七年：「秋八月戊辰，衛侯惡卒。」**

鄉曰「衛齊侯」，今曰「衛侯惡」，此何爲君臣同名也？君子不奪人名，不奪人親之所名，重其所以來也，王父名子也。

此「君子」指孔子。

15. **《穀梁傳》昭公十九年：「夏五月戊辰，許世子止弒其君買。」**

日弒，正卒也。正卒，則止不弒也。不弒而曰弒，責止也。止曰：「我與夫弒者，不立乎其位。」以與其弟虺，哭泣歠飦粥，嗌不容粒，未踰年而死。故君子即止自責而責之也。

此「君子」指孔子。

由上面《穀梁傳》的例子中我們發現：

指孔子：14 次

指敘事中的主角：1 次

指有德性的人：1 次

則《穀梁傳》是將傳中的「君子」意指孔子，然爲何不直言孔子云云等，筆者亦不知其所以，不過可以證明的一件事，便是《穀梁傳》在運用「君子」的情形，是將孔子作爲一個「他者」來敘述，《穀梁傳》與《公羊傳》不同之處在於《穀梁傳》有讓孔子即「君子」參與傳文的解釋，如《穀梁傳》成公二年：

窶，去國五百里。爰婁，去國五十里。壹戰緜地五百里，焚雍門之茨，侵車東至海。君子聞之曰：「夫甚甚之辭焉。」

這樣的例子就是將「君子」完全參與在傳文之中，彷彿君子也是傳文敘事的主角之一，而穀梁子就是這位講故事的敘述者。我的意思是假設孔子眞的有說過些什麼，就只有「夫甚甚之辭焉」這幾個字，那其他的內容就都是穀梁子所欲解經所闡釋出來的。

以上從傳世文獻與《公羊傳》、《穀梁傳》內在的傳文敘述，來考察《公羊傳》、《穀梁傳》與孔子、子夏的關係，都無法證明《公羊傳》、《穀梁傳》傳承自子夏。相反的，從《公羊傳》、《穀梁傳》傳文中對《春秋》、孔子的態度都存有一份距離感，依此筆者認爲《公羊傳》、《穀梁傳》傳經非傳自子夏。

第三節　唐代學者建立的傳承系譜

上一節將《公羊傳》、《穀梁傳》與《春秋》之間的關係做了梳理，不過顯然後世的經師並不是如此看待的。

漢代《公羊傳》、《穀梁傳》傳經系譜只上溯至漢初，面對這樣的結果，並無法滿足經師對《公羊傳》、《穀梁傳》解釋《春秋》的傳承上得到完整的譜系。所以這未完成的「事業」，留待後人完成。至少在唐代才達到一個解決。

一、唐代《公羊傳》、《穀梁傳》傳經系譜

《欽定四庫全書總目．春秋公羊傳注疏》：

> 徐彥疏引戴宏序曰：「子夏傳與公羊高，高傳與其子平，平傳與其子地，地傳與其子敢，敢傳與其子壽。至漢景帝時，壽乃與齊人胡毋子都著以竹帛。」〔註28〕

提到唐代的徐彥引漢戴宏的說法，認爲《公羊傳》的傳承爲子夏所傳。

唐代楊士勛亦言《穀梁傳》受經子夏，有所傳授。這說法一直以來，就像《公羊傳》傳自子夏一樣，影響甚大，其云：

> 穀梁子名淑，字元始，魯人，一名赤，受《經》于子夏，爲《經》作《傳》，故曰：穀梁傳孫卿，孫卿傳魯人申公，申公傳博士江翁，其後魯人榮廣大善《穀梁》，又傳蔡千秋，漢宣帝好《穀梁》，擢千秋爲郎，由是《穀梁》之傳大行於世。〔註29〕

《公羊傳》、《穀梁傳》都不約而同的在唐代的注疏中將傳承上溯至子夏，不能說只是個巧合。

巧合的是唐代玄宗命徐堅作《初學記》，增《五經》爲《九經》，即《禮》與《春秋》各爲三禮與三傳。此乃唐代科舉「明經科」取士中以三禮《周禮》、《儀禮》、《禮記》，三傳《左傳》、《公羊傳》、《穀梁傳》與《易》、《書》、《詩》合作九經。

更巧合的是唐貞觀二十一年（647），公羊高、穀梁赤都以傳經之儒得以配享孔子。見《唐會要》：

> 該年二月，唐太宗詔以左丘明、卜子夏、公羊高、穀梁赤、伏勝、

〔註28〕何休注、徐彥疏：《春秋公羊傳注疏》，卷首，頁1a。

〔註29〕范甯集解，楊士勛疏：《春秋穀梁傳注疏》，卷首，頁1b。

> 高堂生、戴聖、毛萇、孔安國、劉向、鄭眾、杜子春、馬融、盧植、鄭玄、服虔、何休、王肅、王弼、杜預、范甯、賈逵等二十二人並爲先師，配享孔子。〔註30〕

說是巧合，是因爲在此之前，孔廟的從祀只有孔子的七十二弟子。如在東漢永平十五年（72），明帝過魯，到孔子故宅，記載中只祀孔子並其七十二弟子。〔註31〕加上唐代極力推廣，見唐貞觀四年（630）太宗要求州、縣皆立孔廟，貫徹「廟學制」，令得孔廟遍佈全國州縣行政單位。中唐時，全國孔廟估計約有七百至一千座。〔註32〕此孔廟已普遍設立於全國，再將公羊高、穀梁赤等配享於孔廟，則公羊高與穀梁赤的地位，深入知識份子與尋常百姓的意識之中，可說不在話下。

唐代一方面在學者注經的過程中，將傳承的系譜理所當然的陳述，一方面又在官方的考試上，給予《公羊傳》、《穀梁傳》正式的「名份」。一方面在孔廟的祭祀上將傳經儒者納入。至此《公羊傳》、《穀梁傳》與《春秋》之間的關係得到一種巧妙的平衡。即透過傳承上血統的保證，《公羊傳》、《穀梁傳》「傳」的地位公然的與《春秋》「經」的地位達到平起平坐的態勢，甚至取代了《春秋》。這麼說或許乍聽之下，有點危言聳聽，不過我們若翻看唐末啖助學派的《春秋》學，與宋代《春秋》學的反省唐注疏的弊病，就不難體會這些學者對於《公羊傳》、《穀梁傳》，包括《左傳》的解釋，何以持懷疑的態度。即《春秋》「經」的地位的撼動，徹底影響了儒學向來重視聖人孔子的一貫立場。這場學術方向的轉變，在時間中看似簡單的擺動，卻花了漫長的時間。可說唐代將《公羊傳》與《穀梁傳》的重要性推到了一個巔峰。

二、《公羊傳》、《穀梁傳》傳《經》對孔廟入祀的影響

唐代將傳經之儒配享孔子，是一大突破。在唐之前，孔廟所祭祀的對象是孔子及其七十二位弟子。司馬遷說：

> 孔子布衣，傳十餘世，學者宗之，自天子王侯，中國言六藝者，折中於夫子，可謂至聖矣。〔註33〕

〔註30〕王溥：《唐會要》（京都：中文出版社，1978年），卷35，頁636。

〔註31〕范曄：《後漢書》（臺北：鼎文書局，1983年），卷2，頁118。

〔註32〕黃進興：《聖賢與聖徒》（臺北：允晨文化實業股份有限公司，2001年），頁97。

〔註33〕司馬遷：《史記》，卷47，頁1947。

孔子是至聖，理當宗之。又云：

> 孔子以《詩》、《書》、《禮》、《樂》教，弟子蓋三千焉，身通六藝者七十有二人。〔註34〕

七十二弟子則是因爲「身通六藝」，形成與孔子爲相同儒學體系的群體關係。

黃進興認爲「七十二弟子身通六藝」這是一種對智性學術成就的強調。此觀點與唐代擇選從祀的傳經之儒的標準基本一致。〔註35〕所謂能「佐其師（孔子），衍斯世之道統」、「代用其書，垂於國胄，自今有事於太學，並令配享尼父廟堂」。〔註36〕而宋、元、明「新學」與「道學」強調德性成就爲配享的條件，是之後的事了。在此之前，公羊高與穀梁赤早已入祀孔廟，根深柢固，無法排除了。在歷史上，至今爲止，皆無公羊高與穀梁赤的人格描述，卻一位位居東廡先賢之首，一位位西廡先賢之首。所依憑的就是二人傳經之貢獻。

第四節　小　結

本章的研究重點認爲《公羊傳》、《穀梁傳》的內容大義並非傳自孔子或子夏，乃是經師自己對《春秋》經文的認識與解釋。後人之所以會將《公羊傳》、《穀梁傳》的師承與子夏連繫，乃是「誤解」所造成。一開始漢代只是尊崇能讀懂《春秋》大義的解釋，將《公羊傳》、《穀梁傳》視爲一說，他們從未說過《公羊傳》、《穀梁傳》傳自子夏。後來學者讀《春秋》必以《三傳》爲輔助的工具書，無法擺脫不採用《三傳》的讀法，故只好轉而相信《公羊傳》、《穀梁傳》，在此心理因素之下，既然無法與其切割，另一極端則是將《春秋》與《三傳》的關係，使之成爲無法切割的一體。爲加強《公羊傳》與《穀梁傳》對《春秋》解釋的可信度，故將《公羊傳》、《穀梁傳》的師承上溯到孔子，自此《公羊傳》、《穀梁傳》解釋的正統性便不能被質疑，也才有唐代將之立爲《經》的事。

同時漢代僅將傳承的系譜譜寫至漢初，此舉無法滿足經師對經典「至高無上」地位的要求，所以在唐代進行了徹底的改造《公羊傳》、《穀梁傳》身

〔註34〕同前註，卷47，頁1938。
〔註35〕黃進興：《聖賢與聖徒》，頁104。
〔註36〕王溥：《唐會要》，卷35，頁636。

份的行動。這行動包括唐人徐彥在注疏中引用漢代衛宏的說法「公羊高傳自子夏」。唐人楊士勛也說穀梁赤傳自子夏。將漢人未連繫的空白補足。第二的行動是將《公羊傳》、《穀梁傳》由「傳」的身份提昇爲「經」的地位。第三的行動是將公羊高與穀梁赤配享於孔子。

這些改變導致了《公羊傳》、《穀梁傳》的地位，也確立了二書在中國經學史中的影響力。雖然宋代起有許多《春秋》學者並不採信《公羊傳》、《穀梁傳》，卻也無法將之完全排除。

另外宋代起以「傳」爲「經」的趨勢是延續唐代的，並以爲「十三經」。不過同時唐末啖助學派與宋代新興的《春秋》學，不但不以《公羊傳》、《穀梁傳》爲「經」，甚至讀《春秋》不依其本。這不同的理解同時存在，並且形成兩條脈絡。由於有這樣不同的看法，延伸出「傳」是否眞的已經爲「經」的思考？在名目上，形式上，《公羊傳》、《穀梁傳》並未眞正的取代《春秋》而爲「經」。眞正在意義上取代《春秋》，筆者以爲，在晚清《公羊》學經世致用的操作下，《公羊傳》的微言大義等同於《春秋》大義。這時《春秋》才眞正的被「視而不見」，其自身的意義全然被取代。

第三章　《公羊傳》、《穀梁傳》的形式

第一節　《公羊傳》、《穀梁傳》字數的比較

進行《公羊傳》、《穀梁傳》經傳字數統計，所採用的本子爲新興書局校永懷堂本。爲什麼不用《四部叢刊》或阮刻《十三經注疏》本？原因在於《經》、《傳》本是分別刊行，經注疏者重新釐訂，分年比附，《經》、《傳》合刊時會產生文字錯雜的情形。而此書出版形式已經區分了《經》、《傳》，因此進一步處理文字時，較不會產生《經》、《傳》認定上的困擾。當然《春秋》經文應該是要能確定下來的，但不同的處理方式，有時《傳》的內容會切割《經》文而強附於下，後人又很難判定《經》文是一或是二。《四部叢刊》所刊行出來的樣貌，雖說其底本爲優，但他似乎無意識於《經》、《傳》形式上的區別是重要的，或者他以「經」、「傳」皆爲《經》。他只注意到注疏之文需與《經》、《傳》區別，故以小字或打○作爲區別之符號，意在提醒讀者「○」下文字爲注疏之文。綜合上述原因，所以筆者在此採用新興書局的版本。

一、《公羊傳》、《穀梁傳》經傳字數的統計

將《公羊傳》、《穀梁傳》的經、傳字數統計後，結果如下：

魯公稱謂		隱公	桓公	莊公	閔公	僖公	文公	宣公	成公	襄公	昭公	定公	哀公	合計
即位年數		11	18	32	2	33	18	18	18	31	32	15	14	242
公羊	經傳	3166	3034	5286	640	7105	3529	3807	3381	4976	4880	2460	2021	44285
	平均	288	169	165	320	215	196	212	188	161	153	164	144	183
穀梁	經傳	2678	3032	5107	300	6909	3130	2512	3545	4673	4182	2933	1864	40865
	平均	243	168	160	150	209	174	140	197	151	131	196	133	169
魯公稱謂		隱公	桓公	莊公	閔公	僖公	文公	宣公	成公	襄公	昭公	定公	哀公	合計
即位年數		11	18	32	2	33	18	18	18	31	32	15	14	242
公羊	經	639	1020	1472	101	2130	1351	1168	1699	2866	2154	1181	887	16668
	平均	58	57	46	51	65	75	65	94	92	67	79	63	69
穀梁	經	637	1011	1468	100	2122	1353	1163	1690	2811	2188	1171	877	16591
	平均	58	56	46	50	64	75	65	94	91	68	78	63	69
魯公稱謂		隱公	桓公	莊公	閔公	僖公	文公	宣公	成公	襄公	昭公	定公	哀公	合計
即位年數		11	18	32	2	33	18	18	18	31	32	15	14	242
公羊	傳	2527	2014	3814	539	4975	2178	2639	1682	2110	2726	1279	1134	27617
	平均	230	112	119	270	151	121	147	93	68	85	85	81	114
穀梁	傳	2041	2021	3639	200	4787	1777	1349	1855	1862	1994	1762	987	24274
	平均	186	112	114	100	145	99	75	103	60	62	117	71	100

由上述結果，我們發現《公羊傳》經傳共有 44285 字，多於《穀梁傳》經傳 40865 字。而二《傳》經文字數大抵相當，其中差異僅在於《公羊傳》、《穀梁傳》對於《春秋》記載的文字略有齊、魯方音之別，若《穀梁》稱「邾子」，《公羊》則稱「邾婁子」。而在傳文的字數上差異較多，《公羊傳》為 27617 字；《穀梁傳》為 24274 字。

魯公即位的年數是不可限制的，也非孔子所能左右，所以即位久者，其經文、傳文便會有較多的敘述，因此我們在討論《公羊傳》、《穀梁傳》對《春秋》經文的解釋內文，必須再細於每一年底下的傳文字數，比較能夠看出差異。我們發現《春秋》於二百二十四年中，經文每一年的平均使用字數是 69 字，也就是說孔子在作《春秋》時是有經過考量的，將每一公每一年欲記載的字數，調整至差不多，不會有遠略近詳的情形。在此以前，研究者多說孔子據魯史而作《春秋》，或言孔子修《春秋》，指的都是賦予微言大義，但未提過作《春秋》的「作」，包含了什麼樣的動作，從《春秋》字數的平均分配來看，我們可說孔子在字數上有經過考量，為了取得平均字數而進行修正。

現在我們來看看《公羊傳》、《穀梁傳》發傳的情形：

《公羊傳》單年發傳字數最多的是閔公，每年發傳字數達 270 字，
最少的是襄公，每年發傳字數只有 68 字。

《穀梁傳》單年發傳字數最多的是隱公，每年發傳字數是 184 字，
最少的是襄公，每年發傳字數只有 60 字。

從字數上，我們看到《公羊傳》、《穀梁傳》二傳字數的差異，主要在隱公、閔公、宣公，在這三公中《公羊傳》比《穀梁傳》多了許多字。

二、《公羊傳》的發揮

當筆者將傳文瀏覽過後，舉出《公羊傳》遠多於《穀梁傳》的傳文作例子，從這些例子就可以發現，《公羊傳》於此處有大量的敘事與經義的闡發，換個方式來說，便是《公羊傳》於此些經文發揮了許多《穀梁傳》所未發之事。假設我們眞的要說《公羊傳》、《穀梁傳》有何不同，那以下這些傳文正表示出，除了一般針對性的立場不同，如對齊桓公、或對楚莊王、夷狄觀等不同，就是這些發傳的解釋內容有所不同了。

（一）隱公元年春王正月

先從隱公元年春王正月一條來看，雖說二傳傳文字數差距不大，但由於此條傳文的字數不少，又可明顯的看出二者的差異，故提出來討論。

《公　羊　傳》	《穀　梁　傳》
隱公元年春王正月	隱公元年春王正月
元年者何？君之始年也。春者何？歲之始也。王者孰謂？謂文王也。曷爲先言王而後言正月？王正月也。何言乎王正月？大一統也。公何以不言即位？成公意也。何成乎公之意？公將平國而反之桓。曷爲反之桓？桓幼而貴，隱長而卑，其爲尊卑出微，國人莫知。隱長又賢，諸大夫扳隱而立之。隱於是焉而辭立，則未知桓之將必得立也。且如桓立，則恐諸大夫之不能相幼君也，故凡隱之立爲桓立也。隱長又賢，何以不宜立？立適以長不以賢，立子以貴不以長。桓何以貴？母貴也。母貴則子何以貴？子以母貴，母以子貴。	雖無事，必舉正月，謹始也。公何以不言即位？成公志也。焉成之？言君之不取爲公也。君之不取爲公何也？將以讓桓也。讓桓正乎？曰不正。《春秋》成人之美，不成人之惡。隱不正而成之，何也？將以惡桓也。其惡桓何也？隱將讓而桓弒之，則桓惡矣。桓弒而隱讓，則隱善矣。善則其不正焉何也？《春秋》貴義而不貴惠，信道而不信邪。孝子揚父之美，不揚父之惡。先君之欲與桓，非正也，邪也。雖然，既勝其邪心以與隱矣，已探先君之邪志而遂以與桓，則是成父之惡也。兄弟，天倫也。爲子受之父，爲諸侯受之君，已廢天倫而忘君父以行小惠，曰小道也。若隱者可謂輕千乘之國，蹈道則未也。

此條《公羊傳》的重點在於「賢與貴」,《穀梁傳》的重點在於「善與惡」。《公羊傳》從魯隱公的年歲長並其人賢來說明此人之特色，而魯桓公則是因爲其母親之故而爲尊貴之人，所以魯惠公欲立太子時，應以魯桓公爲首選。《穀梁傳》從魯隱公是魯國即位之首選，不過魯隱公因知魯惠公有意將王位傳與魯桓公，因此有退讓之意，但魯桓公卻弒了魯隱公，由此來說明「隱善桓惡」。

二傳對於隱公與桓公即位的正統性，有不一樣的解釋,《公羊傳》以桓公爲貴，故應立其爲魯君，而《穀梁傳》以隱公爲長，應爲魯國即位之君。且《穀梁傳》並提出魯惠公於歿之前，已改變原先將王位傳與桓公的意願，而正式傳與隱公,所以隱公即位實際上是正也。當後來發生桓公弒隱公之事,《穀梁傳》則大加撻伐,此可見《穀梁傳》桓公元年提到的「桓弟弒兄,臣弒君」。《公羊傳》雖於桓公二年三月提到「隱賢而桓賤」，但這是指其後來弒隱公之事，故貶之，這「桓賤」是就其品格言，不是就其出生言，因爲《公羊傳》在隱公元年便說桓公爲貴，本宜即位，後魯隱公仿周公攝政當國，以輔成王之舉,希望國之大臣能先安定下來,待桓公長,再將王位還與桓公。《公羊傳》未讓魯惠公是否協調過此事的過程完全未提，彷彿是從魯惠公的過世後，未事先安排接班事宜，故魯國陷入混亂，隱公出來平息。而《穀梁傳》則是將魯惠公表示過其對於立太子事的曲折，給說明出來。筆者見《春秋》各國即位情形，發現春秋時期立太子爲一慣例，除非由臣弒君，或者竄位者臨時改變繼承制度,之外皆是當國君有子嗣之後,就會確定下來的。故從《公羊傳》、《穀梁傳》所言貴而立，或長而立，其實是一個完全相對立的看法，原因在於通常元配夫人所生爲嫡長子,其既貴又長,除非是妾先生,大於元配之子,《公羊傳》、《穀梁傳》對於隱公、桓公的即位優先權，便是在此有不同的認定，且對於隱公之母或桓公之母，誰爲正室，並未討論，便直接說明孰貴、孰長、孰爲即位者，二傳雖未明說，但從他們的結論來看，也可判定他們對於隱、桓之母身份的認識。不可諱言，隱、桓之世距孔子本是二百年前事，後至公羊高、穀梁赤時代更久，二者有不同見解，在所難免。只是所謂歷史的眞相不是詮釋，它只會有一個眞正的情形，因此我們見到《公羊傳》、《穀梁傳》的傳文解釋，都是一種解釋，而不是去考證事實爲何。回過來說二傳還是有一相通之處，就是二者都認爲制度的穩定是更重要的事。如《公羊傳》說隱公雖長又賢，但因其身份不貴，所以仍不得當太子；《穀梁傳》說隱善而桓惡，但最後從制度上來說，隱公仍需超越個人情感上的好惡，需回歸制度，就是應該去承擔身份賦予國之大事的重擔，這才是大道。

（二）葬宋繆公

《公　羊　傳》	《穀　梁　傳》
隱公三年，癸未，葬宋繆公。	隱公三年，癸未，葬宋繆公。
葬者曷爲或日或不日？不及時而日，渴葬也。不及時而不日，慢葬也，過時而日，隱之也。過時而不日，謂之不能葬也。當時而不日，正也。當時而日，危不得葬也。此當時何危爾？宣公謂繆公曰：「以吾愛與夷，則不若愛女。以爲社稷宗廟主，則與夷不若女，盍終爲君矣。」宣公死，繆公立，繆公逐其二子莊公馮與左師勃，曰：「爾爲吾子，生毋相見，死毋相哭。」與夷復曰：「先君之所爲不與臣國而納國乎君者，以君可以爲社稷宗廟主也。今君逐君之二子而將致國乎與夷，此非先君之意也，且使子而可逐，則先君其逐臣矣。」繆公曰：「先君之不爾逐可知矣，吾立乎此，攝也，終致國乎與夷。」莊公馮弒與夷。故君子大居正，宋之禍，宣公爲之也。	日葬，故也，危不得葬也。

《公羊傳》提到「葬例」有六種，「不即時而日」、「不及時而不日」、「過時而日」、「過時而不日」、「當時而不日」、「當時而日」，此一情形爲「當時而日」，所蘊藏的例義爲「危不得葬」。則此葬例《公羊》有，而《穀梁》無也。

再來《公羊傳》這段敘事爲倒敘，其內容提到宋繆公即位時之事，且此事件《公羊傳》之闡述大義與隱公元年公即位有關，皆有攝政當國之意，此亦《穀梁傳》所無。

又《公羊傳》於傳末提到「故君子大居正，宋之禍，宣公爲之也」，顯然故事的敘事非《公羊傳》所要強調的內容，其重點在於，撰寫此事的「君子」看事情的清晰，一針見血的指出此事除了使與夷被弒，更導致宋國的繼承制度的破壞，這是最嚴重的。《公羊傳》於此事件所引發的義理詮釋，可說是非常完整的，除在傳文中交待經文書寫的「葬例」標準，又將事件始末說明清楚，最後將傳文所要闡釋的重點挑明。

只是有一件事仍存在疑問，《公羊傳》、《穀梁傳》對於日葬皆有「危不得葬」的說法，此語句幾乎完全一樣，也唯有這一傳文與經文「癸未，葬宋繆公」，有直接關係。爲什麼《公羊傳》、《穀梁傳》的傳文中有如此相似的文句？

筆者以爲在《公羊傳》、《穀梁傳》解釋經文的內容中，有一部分相互重疊的傳文，應該是二者間有某種關係的證明。

《公羊傳》所言「宋之禍，宣公爲之」，是指導因，而會將此事件置放在「葬宋繆公」底下，是因爲宋繆公眞的將其二子逐開，準備讓與夷來繼承王位，導致其子莊公馮的不滿，而弒與夷。雖宋宣公有意傳位於與夷，其最後還是將王位傳與宋繆公，並未眞的破壞制度，而宋繆公的做法則眞正的破壞了制度。相信此是公羊高經師將此事繫於宋繆公底下的用意，而舉「君子大居正」來貶斥宋宣公之偏心，則是三貶，既貶宋宣公、宋繆公，亦貶莊公馮。只是這些貶語《穀梁傳》都無。筆者以爲《穀梁傳》以此非魯國事，故不詳述。

（三）毛伯來求金

《公　羊　傳》	《穀　梁　傳》
文公九年春，毛伯來求金。	九年春，毛伯來求金。
毛伯者何？天子之大夫也。何以不稱使？當喪未君也。逾年矣，何以謂之未君？即位矣而未稱王也。未稱王何以知其即位？以諸侯之逾年即位，亦知天子之逾年即位也。以天子三年然後稱王，亦知諸侯於其封內三年稱子也，逾年稱公矣。則曷爲於其封內三年稱子？緣民臣之心，不可一日無君，緣終始之義，一年不二君，不可曠年無君。緣孝子之心，則三年不忍當也。毛伯來求金何以書？譏。何譏爾？王者無求，求金非禮也。然則是王者與？曰：「非也。」非王者則曷爲謂之王者？王者無求，曰：「是子也。繼文王之體，守文王之法度，文王之法無求而求。故譏之也。」	求車猶可，求金甚矣！夫人姜氏如齊。

《穀梁傳》以毛伯求金之事爲過，不合於禮也。《公羊傳》首先對於毛伯身份作出解釋，因爲周天子崩，新即位之君未稱王，所以其派出使之臣未封爲大夫。不過《公羊傳》所發議論關於天子、諸侯即位時間的內容，細讀之下，似推測之語，如其云「以諸侯之逾年即位，亦知天子之逾年即位也」，則關於天子之即位例，是其以《春秋》中諸侯即位例，來推測天子之即位例亦應當如此。然我們仍不知天子即位例確實爲逾年即位否。另外，《公羊傳》：「以天子三年然後稱王，亦知諸侯於其封內三年稱子也。」亦是以同理來概括。而《公羊傳》爲現實上的天子、諸侯逾年即位稱王、稱公作出解釋，其云：「緣民臣之心，不可一日無君，緣終始之義，一年不二君，不可曠年無君。緣孝子之心，則三年不忍當也。」是國不可一日無君，故雖未即位，猶君也。另

「一年不二君」，以《春秋》的記載來看，便可知悉，《春秋》記載如魯公十月卒，其至十二月記事，猶繫於原公底下，至過新年才是新君即位。

通過以上的論述之後，《公羊傳》回到原來經文的解釋，針對毛伯來求金之事，以其求金非禮，加以譏貶，《公羊傳》認爲天子無求，求之則非禮也。

關於天子可求否？《公羊傳》、《穀梁傳》意見不一，《公羊傳》認爲王者無求，而《穀梁傳》則認爲「求車猶可，求金甚矣」。是周天子舉行喪事，諸侯參與時，應主動提出幫助，以示哀悼之意，若天子來求金錢或物質的資助，則有貪慕錢財之心，其心不哀於喪，則於禮不正，是爲非禮。

然則《公羊傳》何以於此有所發揮？筆者以爲《公羊傳》以「王者無求」此一概念來討論毛伯來求金之事，爲使其論說更具說服性，故從周天子之王道談起，並以君臣之即位例來說明周天子與諸侯間的關係，使得毛伯來求金一事，似乎確爲非禮。然筆者從《公羊傳》的傳文來判斷，覺得《公羊傳》此條所據，非當時禮制，而是從公羊高當時所擁有的禮的概念來討論此事，既而有天子如何，諸侯亦應如此的語言。

（四）世室屋壞

《公　羊　傳》	《穀　梁　傳》
文公十三年，世室屋壞	文公十三年，大室屋壞
世室者何？魯公之廟也。周公稱大廟，魯公稱世室，群公稱宮。此魯公之廟也，曷爲謂之世室？世室猶世室也，世世不毀也。周公何以稱大廟於魯？封魯公以爲周公也。周公拜乎前，魯拜乎後。曰：「生以養周公，死以爲周公主。」然則周公之魯乎？曰：「不之魯也。封魯公以爲周公主。」然則周公曷爲不之魯？欲天下之一乎周也。魯祭周公何以爲牲？周公用白牲，魯公用騂犅。群公不毛。魯祭周公何以爲盛？周公盛，魯公燾，群公廩。世室屋壞何以書？譏。何譏爾？久不修也。	大室屋壞者，有壞道也，譏不修也。大室，猶世室也。周公，曰大廟；伯禽，曰大室；群公，曰宮。禮，宗廟之事，君親割，夫人親舂，敬之至也。爲社稷之主，而先君之廟壞，極稱之，志不敬也。

《公羊傳》於傳文中闡述了周公與魯國的關係，又說明祭祀時周公、魯公、群公之別。不過如就世室屋壞此事，《公羊傳》、《穀梁傳》皆表示廟壞不修，此爲不敬，所以譏之。由其二傳對於周公爲大廟，魯公爲世室，群公爲宮的說法一致，原因爲此禮制爲固定之法，所以得見魯國宗廟禮制的文獻，就會知悉。

（五）晉人納接菑於邾婁

《公　羊　傳》	《穀　梁　傳》
文公十四年，晉人納接菑於邾婁，弗克納。	文公十四年，晉人納捷菑於邾。弗克納。
納者何？入辭也。其言弗克納何？大其弗克納也。何大乎其弗克納？晉郤缺帥師，革車八百乘，以納接菑於邾婁，力沛若有餘而納之。邾婁人言曰：「接菑，晉出也；貜且，齊出也。子以其指，則接菑也四，貜且也六。子以大國壓之，則未知齊、晉孰有之也。貴則皆貴矣。雖然貜且也長。」郤缺曰：「非吾力不能納也，義實不爾克也。」引師而去之，故君子大其弗克納也。此晉郤缺也，其稱人何？貶。曷為貶？不與大夫與廢置君也。曷為不與？實與而文不與。文曷為不與？大夫之義不得專廢置君也。	是郤克也，其曰人何也？微之也。何為微之也？長轂五百乘，綿地千里，過宋、鄭、滕、薛，夐入千乘之國，欲變人之主；至城下然後知，何知之晚也！弗克納，未伐而曰弗克何也？弗克其義也。捷菑，晉出也。貜且，齊出也。貜且，正也。捷菑，不正也。

《穀梁傳》以捷菑不正為由，指出晉郤克欲變邾國之主，為不正。

《公羊傳》於此發接菑小於貜且故不正之論，不過其特別有意思的地方，在於《公羊傳》以「實與文不與」來說明郤缺的行為，就大夫之義來說，大夫不得專廢置君，所以郤缺該被貶，但從郤缺知道接菑不正之後，並未強而納之，反而引師而去，故就此君子大其弗克納，這是實與的部分，《公羊傳》在此褒貶兼有之。這種區分「實與」與「文與」的不同層面，卻可以在一條經文上面，同時存在，是《公羊傳》此條所看得見的。

（六）趙盾弒其君

《公　羊　傳》	《穀　梁　傳》
宣公六年春，晉趙盾、衛孫免侵陳。	宣公二年六年春，晉趙盾、衛孫免侵陳。
趙盾弒君，此其復見何？親弒君者，趙穿也。親弒君者趙穿，則曷為加之趙盾？不討賊也。何以謂之不討賊？晉史書賊，曰「晉趙盾弒其君夷□。」趙盾曰：「天乎無辜！吾不弒君，誰謂吾弒君者乎？」史曰：「爾為仁為義，人弒爾君，而復國不討賊，此非弒君如何？」趙盾之復國奈何？靈公為無道，使諸大夫皆內朝，然後處乎台上，引彈而彈之，已趨而辟丸，是樂而已矣。趙盾已朝而出，與諸大夫立於朝，有人荷畚，自閨而出者。	此帥師也，其不言帥師何也？不正其敗前事，故不與帥師也。 秋，九月乙丑，晉趙盾弒其君夷皋。 穿弒也，盾不弒，而曰盾弒何也？以罪盾也。其以罪盾何也？曰靈公朝諸大夫，而暴彈之，觀其辟丸也。趙盾

趙盾曰：「彼何也，夫畚曷爲出乎閨？」呼之不至，曰：「子大夫也，欲視之，則就而視之。」趙盾就而視之，則赫然死人也。趙盾曰：「是何也？」曰：「膳宰也，熊蹯不熟，公怒以斗摮而殺之，支解，將使我棄之。」趙盾曰：「嘻！」趨而入。靈公望見趙盾訴而再拜。趙盾逡巡北面再拜稽首，趨而出，靈公心怍焉，欲殺之。於是使勇士某者往殺之，勇士入其大門，則無人門焉者；入其閨，則無人閨焉者；上其堂，則無人焉。俯而窺其戶，方食魚飧。勇士曰：「嘻！子誠仁人也！吾入子之大門，則無人焉；入子之閨，則無人焉；上子之堂，則無人焉；是子之易也。子爲晉國重卿而食魚飧，是子之儉也。君將使我殺子，吾不忍殺子也。雖然，吾亦不可復見吾君矣。」遂刎頸而死。靈公聞之怒，滋欲殺之甚，眾莫可使往者。於是伏甲於宮中，召趙盾而食之。趙盾之車右祁彌明者，國之力士也，仡然從乎趙盾而入，放乎堂下而立。趙盾已食，靈公謂盾曰：「吾聞子之劍，蓋利劍也，子以示我，吾將觀焉。」趙盾起將進劍，祁彌明自下呼之曰：「盾食飽則出，何故拔劍於君所？」趙盾知之，躇階而走。靈公有周狗，謂之獒，呼獒而屬之，獒亦躇階而從之。祁彌明逆而唆之，絕其頷。趙盾顧曰：「君之獒不若臣之獒也！」然而宮中申鼓而起，有起於甲中者，抱趙盾而乘之。趙盾顧曰：「吾何以得此於子？」曰：「子某時所食活我於暴桑下者也。」趙盾曰：「子名爲誰？」曰：「吾君孰爲介？子之乘矣，何問吾名？」趙盾驅而出，眾無留之者。趙穿緣民眾不說，起弑靈公，然後迎趙盾而入，與之立於朝，而立成公黑臀。	入諫，不聽，出亡，至於郊。趙穿弑公而後反趙盾，史狐書賊，曰：「趙盾弑公。」盾曰：「天乎天乎！予無罪。孰爲盾而忍弑其君者乎？」史狐曰：「子爲正卿，入諫不聽，出亡不遠，君弑，反不討賊則志同，志同則書重，非子而誰？故書之。」曰晉趙盾弑其君夷皐者，過在下也。曰於盾也，見忠臣之至，於許世子止，見孝子之至。

《穀梁傳》於六年春，晉趙盾、衛孫免侵陳。此經文底下僅發傳：「此帥師也，其不言帥師何也？不正其敗前事，故不與帥師也。」未有言趙盾弑君之事。其實《穀梁傳》在宣公二年「秋，九月乙丑，晉趙盾弑其君夷皐。」經文底下就有傳文敘述趙盾弑君之事，此事之敘述本應置於此經文下。反倒是《公羊傳》於宣公二年「秋九月乙丑，晉趙盾弑其君夷皐」下無傳。

《公羊傳》之所以在宣公二年「晉趙盾弑其君夷皐」下不發傳文，是有原因的，因爲《公羊傳》要突顯的是趙盾爲國之重卿，復國後有能力偕衛孫免侵陳，則有爲晉君夷皐報仇之義務。趙盾無殺趙穿之意，僅立晉成公，故《公羊傳》於此經文下發傳，以突顯之。由此還可以知道《公羊傳》：「晉史書賊，曰：『晉趙盾弒其君夷皋。』趙盾曰：『天乎無辜！吾不弒君，誰謂吾弒君者乎？』史曰：『爾爲仁爲義，人弒爾君，而復國不討賊，此非弒君如何？』」其中提到的晉史是與趙盾同時人，此弒君之論非孔子獨言，在當時史官已是如此看待。

《穀梁傳》則是把經文書寫「趙盾弒其君」之案例，作爲判定忠臣的最高標準，君弒反不討賊，則志與賊同。這等議論是《公羊傳》所無的。

（七）戰於邲

《公　羊　傳》	《穀　梁　傳》
宣公十二年夏六月乙卯，晉荀林父帥師及楚子戰於邲，晉師敗績。	宣公十二年夏六月乙卯，晉荀林父帥師，及楚子戰於邲。晉師敗績。
大夫不敵君，此其稱名氏以敵楚子何？不與晉而與楚子爲禮也。曷爲不與晉而與楚子爲禮也？莊王伐鄭，勝乎皇門，放乎路衢。鄭伯肉袒，左執茅旌，右執鸞刀，以逆莊王曰：「寡人無良，邊垂之臣，以干天禍，是以使君王沛焉，辱到敝邑。君如矜此喪人，錫之不毛之地，使帥一二耋老而綏焉，請唯君王之命。」莊王曰：「君之不令臣交易爲言，是以使寡人得見君之玉面，而微至乎此。」莊王親自手旌，左右撝軍退舍七里。將軍子重諫曰：「南郢之與鄭相去數千里，諸大夫死者數人，廝役扈養，死者數百人，今君勝鄭而不有，無乃失民臣之力乎？」莊王曰：「古者杅不穿皮不蠹，則不出於四方。是以君子篤於禮而薄於利，要其人而不要其土，告從，不赦不詳，吾以不詳道民，災及吾身，何日之有？」既則晉師之救鄭者至，曰：「請戰。」莊王許諾。將軍子重諫曰：「晉，大國也，王師淹病矣，君請勿許也。」莊王曰：「弱者吾威之，強者吾辟之，是以使寡人無以立乎天下？」令之還師而逆晉寇。莊王鼓之，晉師大敗，晉眾之走者，舟中之指可掬矣。莊王曰：「嘻！吾兩君不相好，百姓何罪？」令之還師而佚晉寇。	績，功也。功，事也。日，其事敗也。

《穀梁傳》：「績，功也。功，事也。日，其事敗也。」僅言經文書日是指事敗之意。

《公羊傳》則將事件之原委詳細敘述，傳文論述不只是所敘述的故事詳於《穀梁傳》，重點是《公羊傳》在褒揚楚莊王，這是《公羊傳》、《穀梁傳》之間最大的差異，原因在於楚國一直是中原各國的邊患，從齊桓公、宋襄公、晉文公等都是因爲在重要的戰役上勝楚，免於中原爲楚所侵，因此《春秋》記楚之事多與戰伐有關，而《穀梁傳》首尾皆對楚國以夷狄論之，反觀《公羊傳》於此彷彿爲楚莊王之德業大加頌揚，且比鄭、晉中原之師，更有風度，此書寫非常特別。若我們說前面《公羊傳》提到魯有周公之廟是與「公羊大義」的「王魯」有關，則此又似有「王楚」之味道。

（八）宋人及楚人平

《公　羊　傳》	《穀　梁　傳》
宣公十五年夏五月，宋人及楚人平。	宣公十五年夏，五月，宋人及楚人平。
外平不書。此何以書？大其平乎已也。何大乎其平乎已？莊王圍宋，軍有七日之糧爾，盡此不勝，將去而歸爾。於是使司馬子反乘堙而窺宋城，宋華元亦乘堙而出見之。司馬子反曰：「子之國何如？」華元曰：「憊矣。」曰：「何如？」曰：「易子而食之，析骸而炊之。」司馬子反曰：「嘻！甚矣憊！雖然，吾聞之也，圍者柑馬而秣之，使肥者應客，是何子之情也。」華元曰：「吾聞之，君子見人之厄則矜之，小人見人之厄則幸之。吾見子之君子也，是以告情於子也。」司馬子反曰：「諾，勉之矣！吾軍亦有七日之糧爾，盡此不勝，將去而歸爾。」揖而去之，反於莊王。莊王曰：「何如？」司馬子反曰：「憊矣！」曰：「何如？」曰：「易子而食之，析骸而炊之。莊王曰：「嘻！甚矣憊！雖然，吾今取此然後而歸爾。」司馬子反曰：「不可。臣已告之矣，軍有七日之糧爾。」莊王怒曰：「吾使子往視之，子曷爲告之？」司馬子反曰：「以區區之宋，猶有不欺人之臣，可以楚而無乎？是以告之也。」莊王曰：「諾。捨而止。雖然，吾猶取此然後歸爾。」司馬子反曰：「然則君請處於此，臣請歸爾。」莊王曰：「子去我而歸，吾孰與處於此？吾亦從子而歸爾。」引師而去之，故君子大其平乎已也。此皆大夫也，其稱人何？貶。曷爲貶？平者在下也。	平者成也，善其量力而反義也。人者，眾辭也。平稱眾，上下欲之也。外平不道，以吾人之存焉道之也。

《公羊傳》除將故事敘述詳細之外，重點是將司馬子反的有德之大夫突顯出來，由是楚莊王同見其肯聽大夫諫言，亦是有德之君的表現，如同前一例證，《公羊傳》對於楚莊王之事不以爲外國之事，而加以記載，同時應將楚莊王之賢德之貌給清楚描繪出來，雖後世對於春秋五霸之起因爲何有楚莊王一事，不得其解，或許就是從《公羊傳》中有「王楚」的敘述中得到啓示。

以上從《公羊傳》、《穀梁傳》的字數差異中，筆者發現在《春秋》十二公中，有幾公是《公羊傳》傳文很明顯多於《穀梁傳》的地方，這些地方《公羊傳》有提出特別之論，不僅《公羊傳》會將事件之始末詳細交代，重點是《公羊傳》會在此傳文中提出其見解，如魯桓公貴於魯隱公，王者無求、王魯、實與文不與、王楚等都是在這些大論述中所提出的。

三、《公羊傳》、《穀梁傳》發傳字數皆是遞減

《公羊傳》與《穀梁傳》在十二公的敘述字數上，皆是明顯的前多後少。《公羊傳》很明顯在隱公、桓公、莊公、閔公、僖公、文公、宣公平均每年發傳字數達 100 多字，而成公、襄公、昭公、定公、哀公時皆少於 100 字。

就《公羊傳》的敘述文字多寡，可以說明其於前七公敘述較詳細而多，後五公敘述的文字減少。因爲《公羊傳》認爲孔子的著述原則是「無事不書」，在前部分要將《春秋》的微言大義加以解釋，而後半部分發生的事件與前數公意義相同，唯人物不同，故從前傳文可以知鑑於後，不需重發傳，自然傳文需要發傳字數會減少。

《穀梁傳》也是前詳後略，不過分配比例略不同於《公羊傳》。《穀梁傳》在宣公、襄公、昭公、哀公時，字數明顯的少了許多。

第二節　《公羊傳》、《穀梁傳》有傳與無傳的比較

一、《公羊傳》、《穀梁傳》有傳與無傳的次數統計

《春秋》二百四十二年中，以獨立經文計算，《公羊傳》的《春秋》有 1865 條；《穀梁傳》的《春秋》有 1810 條。通常經文底下會有傳文發傳，但並非每條經文底下皆會發傳，當《公羊傳》、《穀梁傳》底下無發傳時，稱爲無傳。統計《公羊傳》、《穀梁傳》有傳與無傳的數量，結果如下：

魯公稱謂		隱公	桓公	莊公	閔公	僖公	文公	宣公	成公	襄公	昭公	定公	哀公	合計
即位年數		11年	18年	32年	2年	33年	18年	18年	18年	31年	32年	15年	14年	242年
公羊	經	78	117	179	14	231	157	146	183	277	236	139	108	1865
	平均	7	7	6	7	7	9	8	10	9	7	9	8	8
	有傳	50	55	92	7	93	48	33	34	45	50	25	20	552
	平均	5	3	3	4	3	3	2	2	1	2	2	1	2
	無傳	28	62	87	7	138	109	113	149	232	186	114	88	1313
	平均	3	3	3	4	4	6	6	8	7	6	8	6	5

魯公稱謂		隱公	桓公	莊公	閔公	僖公	文公	宣公	成公	襄公	昭公	定公	哀公	合計
即位年數		11年	18年	32年	2年	33年	18年	18年	18年	31年	32年	15年	14年	242年
穀梁	經	79	122	88	14	243	165	152	183	280	239	142	103	1810
	平均	7	7	3	7	7	9	8	10	9	7	9	7	7
	有傳	62	64	52	12	127	62	46	53	69	74	33	19	673
	平均	6	4	2	6	4	3	3	3	2	2	2	1	3
	無傳	17	58	36	2	116	103	106	130	211	165	109	84	1137
	平均	2	3	1	1	4	6	6	7	7	5	7	6	5

由《公羊傳》、《穀梁傳》有傳與無傳的統計表中，非常明顯的看到二傳皆在前五公時，有傳的多，無傳的少；在後七公時，有傳的少，無傳的部分增多。有趣的是《春秋》對於 242 年中，每一年的事件數量是很平均的。這說明孔子當初在處理材料時，是經過考慮的。何事收錄，何事不予收錄，而達到十二公中的每一年平均記載的事件是一致的，並沒有遠者略，近世詳錄的情形。但《公羊傳》、《穀梁傳》在解釋經文的時候，卻會有越來越少解釋的情形。為什麼呢？一方面是與前面大義相同者，不再重發傳；另一方面可能是因為《公羊傳》、《穀梁傳》覺得不需要解釋；再則亦可能是孔子於後面的微言大義傳承的較少。

二、《公羊傳》、《穀梁傳》發傳是否一致比較

前面提到《公羊傳》、《穀梁傳》發傳的字數是遞減的，同時後面七公無傳的比例增多。筆者進一步檢索比較《公羊傳》、《穀梁傳》於發傳的經文是否相同，這對於二傳間是否有相同傳承可以作為其中之一的參考。怎麼說呢？因為如果二傳的傳承是出於一家，則傳授《春秋》大義的內容條目會一致，

解釋對象的選擇會說明二者是否系出同源。

魯公稱謂	隱公	桓公	莊公	閔公	僖公	文公	宣公	成公	襄公	昭公	定公	哀公	合計
即位年數	11年	18年	32年	2年	33年	18年	18年	18年	31年	32年	15年	14年	242年
皆有傳	48	47	80	7	83	40	29	29	32	40	19	14	468
一有一無	15	26	50	5	49	30	17	30	50	45	21	11	349
皆無傳	14	45	46	2	100	86	97	117	195	149	101	79	1031

推算比例：

「皆有傳」468 次，佔 25.32%；

「一有一無」349 次，佔 18.88%；

「皆無傳」1031 次，佔 55.79%。

若《公羊傳》、《穀梁傳》有相同的傳承，則面對所解釋的對象「經文」，會有相同的「傳授內容」。似不應一傳有傳，一傳無傳。我們將「皆有傳」與「皆無傳」視爲相同的話，見其比例：

相同（皆有傳、皆無傳），1499 次，佔 81.1%；

不同（一有傳，一無傳），349 次，佔 18.9%。

二傳有相同的發傳情形佔八成，尚有二成不同。這樣分析先不考慮二傳解釋的內容差異，僅就二傳有傳/無傳的情形來作考量。

藉由《公羊傳》、《穀梁傳》二傳的「皆有傳」、「一有傳一無傳」、「皆有傳」的形式分析，這樣的結果似乎亦很難來判斷，究竟二傳的傳承是否出於一源。我們只能說他們之間對於選擇經文進行解釋或不解釋的看法，有八成相似。

或許我們可從另一面向來考慮，二傳之所以會對經文的選擇有「英雄所見略同」的情形，這樣的原因可能是二傳在成爲《公羊傳》、《穀梁傳》之前，還在公羊家說、穀梁家說的時候，二傳就有過「辯論」，即針對孔子原意究竟爲何進行「論述／各自表述」，即公羊家與穀梁家都有意識到自己的解釋並非是解釋《春秋》的唯一說法，其弟子亦會就他說來問難老師，在這過程中，自然會將二傳選擇解釋的對象慢慢的統一。這是在漢代石渠閣之前便有的《公羊傳》、《穀梁傳》之爭。雖然公羊高、穀梁赤，或其弟子並未將這樣的過程記載於傳文中，因爲他們只將老師的解釋作爲理解《春秋》的唯一途徑。這種情形也是我們需要考量其可能性的。

第三節　《公羊傳》、《穀梁傳》卷數的比較

《漢書・藝文志》載《公》、《穀》經十一卷，傳十一卷。意指漢初《經》、《傳》本為分別刊行。目前我們看到的經傳合本是杜預、范甯、徐彥等注疏者，將《經》、《傳》併合。然自宋代《十三經》注疏本，《公羊傳》、《穀梁傳》卷數則已見變化，不再是以即位魯公作為分卷之依據，《公羊傳》分二十八卷，《穀梁傳》分為二十卷。

目前所見卷次：

公羊傳	範圍（年）	經傳字數	注疏本	穀梁傳	範圍（年）	經傳字數	注疏本
卷 1	隱公 1	665	25 頁	卷 1	隱公 1-3	1259	5 頁
卷 2	隱公 2-4	1197	15 頁	卷 2	隱公 4-11	1417	13 頁
卷 3	隱公 5-11	1304	17 頁	卷 3	桓公 1-7	1515	13 頁
卷 4	桓公 1-6	1284	18 頁	卷 4	桓公 8-18	1517	13 頁
卷 5	桓公 7-18	1771	20 頁	卷 5	莊公 1-18	2832	22 頁
卷 6	莊公 1-7	1598	21 頁	卷 6	莊 19-閔 2	2586	21 頁
卷 7	莊公 8-17	1443	19 頁	卷 7	僖公 1-5	1939	15 頁
卷 8	莊公 18-27	1289	18 頁	卷 8	僖公 6-18	2174	18 頁
卷 9	莊 28-閔 2	1602	18 頁	卷 9	僖公 19-33	2806	18 頁
卷 10	僖公 1-7	2185	20 頁	卷 10	文公 1-8	1463	13 頁
卷 11	僖公 8-21	2510	23 頁	卷 11	文公 9-18	1659	13 頁
卷 12	僖公 22-33	2412	24 頁	卷 12	宣公 1-18	2512	19 頁
卷 13	文公 1-9	1778	19 頁	卷 13	成公 1-8	1764	13 頁
卷 14	文公 10-18	1750	18 頁	卷 14	成公 9-18	1778	14 頁
卷 15	宣公 1-9	1889	22 頁	卷 15	襄公 1-15	1959	14 頁
卷 16	宣公 10-18	1915	20 頁	卷 16	襄公 16-31	2699	15 頁
卷 17	成公 1-10	1774	20 頁	卷 17	昭公 1-13	1987	16 頁
卷 18	成公 11-18	1606	16 頁	卷 18	昭公 14-32	2199	15 頁
卷 19	襄公 1-11	1722	19 頁	卷 19	定公 1-15	2912	18 頁
卷 20	襄公 12-24	1556	16 頁	卷 20	哀公 1-14	1857	16 頁
卷 21	襄公 25-31	1699	17 頁				
卷 22	昭公 1-12	1570	21 頁				
卷 23	昭公 13-22	1352	17 頁				
卷 24	昭公 23-32	1960	22 頁				
卷 25	定公 1-5	1052	19 頁				
卷 26	定公 6-15	1408	20 頁				
卷 27	哀公 1-10	1392	18 頁				
卷 28	哀公 11-14	629	15 頁				
共 28 卷	共 242 年	共 44285 字	共 537 頁	共 20 卷	共 242 年	共 40865 字	共 304 頁
平均 1 卷	8.64 年	1581.6 字	19.2 頁	平均 1 卷	12.1 年	2043.3 字	15.2 頁

由上面的數據結果，我們可以清楚知道，《公羊傳》、《穀梁傳》二傳本於經傳文字數僅差距 3420 字，不至於會使得二傳之卷數有八卷差距。

卷數之變化，從漢代說起，當時經傳分別刊行，《漢書‧藝文志》記載：《公》、《穀》經十一卷，傳十一卷。是《經》、《傳》依魯國十二公，將只有二年的閔公併入莊公，〔註 1〕因此有十一卷，《公羊傳》、《穀梁傳》二傳皆同。當時非以卷之字數作爲分卷之依據，所以除了《春秋》每卷之字數較平均，所以卷軸之大小會平均外，《公羊傳》、《穀梁傳》的卷軸大小是不一樣的。

另外前人研究認爲唐代以前的典籍多以冊、簡、木牘，唐代之後（帛、紙）卷才盛行。不過筆者這裏所討論的不在書寫的媒介，而是討論典籍被編纂的過程中，編纂者對形式的處理。

後來注疏者爲《公羊傳》、《穀梁傳》注疏，其時爲單疏本，不影響《公羊傳》、《穀梁傳》的卷次，故至唐代《公羊傳》、《穀梁傳》的卷次是一樣的。〔註 2〕

今天我們常用之重刊刻宋本的《春秋公羊傳注疏》與《春秋穀梁傳注疏》是將經、傳與注、疏文字合刊，而注疏文字的多寡影響了宋人對於卷數的安排。見上面表格之《公羊傳》平均 1 卷的經傳文字有 1581.6 字，《穀梁傳》平均 1 卷的經傳文字有 2043.3 字，其乘以卷數，恰爲《公羊傳》、《穀梁傳》的經傳字數，可見二者分卷之原因非是《公羊傳》傳文比《穀梁傳》多。我們再從宋刊本中將注、疏文字合刊之後，所佔的篇幅納入比較，就可發現，《公

〔註 1〕喬衍琯在〈漢書藝文志中的篇與卷〉，曾云：「《春秋》十二公，每公一篇。《公羊傳》閔公二年：繫閔公篇于莊公下。今文《公》、《穀》二家《傳》，因閔公事短，不必自成一篇，所以合併成一卷。何休明云閔公篇，莊公的篇字承前省略，再參考《釋文》，可知十二篇是以內容分的。」《國立中央圖書館館刊》，新 27 卷，第 2 期（1994 年 12 月），頁 95。

〔註 2〕考慮《公羊傳》、《穀梁傳》卷數的變異，主要從《十三經注疏》本來討論，是因爲隋、唐《經籍志》、《藝文志》所錄《公羊傳》、《穀梁傳》研究著作雖多，但都亡佚，無法眞正檢視《公羊傳》、《穀梁傳》二傳卷數的變化，唯有被宋人選入《十三經》的注疏，才能清楚的看到變化的差異。《漢書‧藝文志》：「《公羊傳》十一卷。《穀梁傳》十一卷。」（卷 30，頁 1712）《隋書‧經籍志》：「《春秋公羊解詁》十一卷，漢諫議大夫何休注。《春秋穀梁傳》十二卷，范甯集解。」（北京：中華書局，1995 年，卷 32，頁 930、931）《舊唐書‧經籍志》：「《春秋公羊經傳》十三卷，何休注。《春秋穀梁傳疏》十三卷，楊士勛撰。」（北京：中華書局，1995 年，卷 46，頁 1978）《新唐書‧藝文志》：「楊士勛《穀梁疏》十二卷。」（北京：中華書局，1995 年，卷 57，頁 1437）。

羊傳》卷數比《穀梁傳》卷數多，且其單卷佔的篇幅平均 1 卷，有 19.2 頁，《穀梁傳》平均 1 卷，只有 15.2 頁。可見《公羊傳》的注疏文字是遠多於《穀梁傳》的，因此宋人爲使每卷的字數平均，且書卷的大小能夠儘量一致，才從原來依魯公分卷的方式，改爲依字數分卷的分式，因此我們見到重刊宋本的注疏本，《公羊傳》、《穀梁傳》卷次分配會有如此大的差異。

卷數的差別，代表宋代對於《公羊傳》、《穀梁傳》的關係有另一層的看法，就是宋人認爲《公羊傳》、《穀梁傳》是個別獨立的典籍，二者可分別閱讀。二者不但可以獨立典籍看待，同時將經、傳、注、疏全部整合在一起，形成「公羊學」、「穀梁學」的體系，不再是「春秋學」的體系。因此，讀者面對同體系不同的著作，如經、公羊傳、公羊注、公羊疏，需相互參照時，它們都被編排在一起，所以不需靠卷次來作爲檢索的依據，分卷失去它原本的目的，也就不需以魯公來分卷，而依字數的多寡來平均分配。

不過筆者在翻閱《公羊傳》、《穀梁傳》不同版本時，覺得宋人將檢索經傳的方式改成「卷」後，不僅不方便，亦徒增困擾。因爲《春秋》本身的十二公、四時、十二月、天干地支記日，就是最方便的檢索方式。讀者只需知道是那一公，幾月，就可以很快的找到經文、傳文。即便是注疏之文，只要找到經文，基本上就找得到注疏文，所以目前《公羊傳》、《穀梁傳》卷次的分法，是一個無甚幫助的檢索方式。

第四節　小　結

《公羊傳》字數多於《穀梁傳》，表示《公羊傳》有較多發揮的空間。筆者發現《公羊傳》確實在字數多的地方，闡述《春秋》的獨特解經語言。

從《公羊傳》、《穀梁傳》二傳對於選擇《春秋》經文解釋的對象來分析的話，可以發現二傳同樣都發傳或同樣都無傳的比例達到八成。這樣的結果，除了可從相同傳承來源來解釋之外，筆者傾向認爲《公羊傳》、《穀梁傳》二傳在傳播經書大義的過程，至書於竹帛成爲固定文本的《公羊傳》、《穀梁傳》之前，二傳有過直接或間接的接觸，導致公羊家經師與穀梁家經師面對不同家派的異說時，必須直接面對，並加以解釋。在這樣的過程中，《公羊傳》、《穀梁傳》二傳所解釋的經文對象，才會有統一化的傾向，而有傳無傳的相同之處，才會有這麼高的比例。

第四章　《公羊傳》、《穀梁傳》的結構

第一節　《公羊傳》、《穀梁傳》問答形式

《春秋》經文的結構爲「人、事、時、地、物」，順序略有不同，爲「時、人、事、物、地」。起頭便是時間，然後是誰？做了什麼事？在何地點？這個結構非常完整，挑不出有什麼毛病或未盡之意，可見孔子確實設想周詳。不過《公羊傳》、《穀梁傳》的傳文卻不是模仿孔子《春秋》，它自有一套結構，如設問與回答，二傳幾乎都是問答，難怪《公羊傳》、《穀梁傳》會被歸爲一類，若將二傳蔽去書名，讀者竟無法分辨究竟爲《公羊》或爲《穀梁》。

《公羊傳》、《穀梁傳》有相同的傳文形式，幾乎每一條傳文都是以「問答」作爲發傳之形式。問答形式對讀者而言，它已是如此。然而《公羊傳》、《穀梁傳》形式相仿，是否仍存在差異？是須進一步討論的。

一、《公羊傳》、《穀梁傳》問答次數的差異

針對《公羊傳》、《穀梁傳》問答形式進行檢索，得以下數據：

魯公稱謂		隱公	桓公	莊公	閔公	僖公	文公	宣公	成公	襄公	昭公	定公	哀公	合計
即位年數		11年	18年	32年	2年	33年	18年	18年	18年	31年	32年	15年	14年	242年
?提問	公羊	164	146	255	31	270	145	109	80	110	120	57	65	1552
	平均	15	8	8	16	8	8	6	4	4	4	4	5	6
?提問	穀梁	47	8	72	1	90	34	21	27	28	29	44	15	416
	平均	4	0	2	0	3	2	1	2	1	1	3	1	2

經計算：

《公羊傳》二百四十二年中提問1552次，平均一年提問6次。且《公羊傳》27617字，平均18字就會有一次提問。

《穀梁傳》二百四十二年中提問416次，平均一年提問2次。且《穀梁傳》24274字，平均58字就會有一次提問。

二、《公羊傳》、《穀梁傳》問答次數差異的原因

我們發現《公羊傳》採用問答形式作爲解經方法，其次數遠多於《穀梁傳》，幾近四倍之多。爲何《公羊傳》的問答次數會遠多於《穀梁傳》的傳文？

（一）《公羊傳》傳文比《穀梁傳》多

如就二傳字數上的差異，我們可以說《公羊傳》較《穀梁傳》多了3343字，因此具有問答的次數會多於《穀梁傳》。

（二）《公羊傳》於單條經文底下多次問答多於《穀梁傳》

《公羊傳》字數雖然比《穀梁傳》字數多，但我們發現《穀梁傳》無傳的次數卻比《公羊傳》少。通常問答只會出現在有傳文的經文之下，也就是說《傳》每多解釋一條經文，其產生問答形式的機會就會增加。我們看二傳的發傳次數《公羊傳》552次，《穀梁傳》673次。照理說，《穀梁傳》的問答應多於《公羊傳》，但事實不是如此。從二傳傳文數目，《公羊傳》27617字，《穀梁傳》24274 字。可知《穀梁傳》雖然發傳的次數多於《公羊傳》，但因爲《穀梁傳》每條傳文下的字數少於《公羊傳》，因此可能產生多次問答的機會便少了。因此可以判斷，《公羊傳》的問答常在一條經文底下，有多次的問答出現；而《穀梁傳》在一條經文底下重複問答的次數少於《公羊傳》。

例如《公羊傳》隱公元年春王正月：

> 元年者何？君之始年也。春者何？歲之始也。王者孰謂？謂文王也。曷爲先言王而後言正月？王正月也。何言乎王正月？大一統也。公何以不言即位？成公意也。何成乎公之意？公將平國而反之桓。曷爲反之桓？桓幼而貴，隱長而卑，其爲尊卑出微，國人莫知。隱長又賢，諸大夫扳隱而立之。隱於是焉而辭立，則未知桓之將必得立也。且如桓立，則恐諸大夫之不能相幼君也，故凡隱之立爲桓立也。隱長又賢，何以不宜立？立適以長不以賢，立子以貴不以長。桓何以貴？母貴也。母貴則子何以貴？子以母貴，母以子貴。

《公羊傳》這一段傳文中便提了 11 次的問題，然後自答之。又如僖公二十八年春，晉侯侵曹，晉侯伐衛。《公羊傳》：

> 曷爲再言晉侯？非兩之也。然則何以不言遂？未侵曹也。未侵曹則其言侵曹何？致其意也。其意侵曹，則曷爲伐衛？晉侯將侵曹，假塗於衛，衛曰不可得，則固將伐之也。

此段亦提了 4 次問答。而《穀梁傳》的例子，如隱公元年九月，及宋人盟於宿：

> 及者何？內卑者也。宋人外卑者也。卑者之盟不日。宿，邑名也。

僅提了一次問答，其他爲陳述句。又如桓公十一年九月，宋人執鄭祭仲。《穀梁傳》：

> 宋人者，宋公也。其曰人何也？貶之也。突歸於鄭。曰突，賤之也。曰歸，易辭也。祭仲易其事，權在祭仲也。死君難，臣道也。今立惡而黜正，惡祭仲也。鄭忽出奔衛。鄭忽者，世子忽也。其名，失國也。柔會宋公、陳侯、蔡叔，盟於折。柔者何？吾大夫之未命者也。公會宋公於夫鐘。

此段傳文中只有 2 次問答。

這麼比較當然不是說《穀梁傳》沒有重複問答的句法形式，而是從相對的比例來比較，《穀梁傳》傳文中重複兩次以上的問答情形，確實是比較少的。

三、《公羊傳》、《穀梁傳》問答次數差異的影響

（一）問答形式限定讀者意識

通常問答的形式是限定讀者閱讀角度的一種有效方式。讀者很容易依循《公羊傳》所提出的問答來理解《春秋》，一旦傳文沒有問答之處，往往讀者也無法確定自己的理解是否正確。如襄公二年冬，仲孫蔑會晉荀罃、齊崔杼、宋華元、衛孫林父、曹人、邾婁人、滕人、薛人、小邾婁人於戚，遂城虎牢。《公羊傳》：

> 虎牢者何？鄭之邑也。其言城之何？取之也。取之則曷爲不言取之？爲中國諱也。曷爲爲中國諱？諱伐喪也。曷爲不繫乎鄭？爲中國諱也。大夫無遂事，此其言遂何？歸惡乎大夫也。

面對經文，讀者可能只會問「戚」、「虎牢」在哪？或爲何有這麼多位的大夫會盟。而《公羊傳》卻將問題焦點放在爲中國諱，並進一步說明，諱伐喪。

這便是傳文通過問答的方式，限定了讀者的讀經方向。

（二）問答形式與經文更密不可分

問答形式一問一答之間，所針對的都是《春秋》經文，如「何以不書」、「公何以不書即位」、「何以不日」等等。這樣的問答將《春秋》與《傳》之間的關係，形成更緊密的關係。當《傳》與《經》的關係越緊密時，二者的依存便更無法切割。也就是爲何《左傳》一直以來可以被部分經師學者認爲是獨立的作品。從《公羊傳》、《穀梁傳》來說，《公羊傳》的問答多於《穀梁傳》，因此它與《春秋》之間的依存關係更緊密，無法獨立作爲一部經典閱讀。當沒有了《春秋》，《公羊傳》便有很大的部分無法閱讀。如襄公六年十有二月，齊侯滅萊。《公羊傳》：

> 曷爲不言萊君出奔？國滅君死之正也。

若此傳文不與《春秋》合併參讀，則此《公羊傳》並無法自己獨立成爲一個文本，因前後都不完整，不知所云。但當此傳文與《春秋》一起閱讀時，便很清楚傳文指「萊君出奔」是因爲萊國被齊國所滅，經文不書「萊君出奔」，是《春秋》書法之正例。由是可知問答句法使得《春秋》與《公羊傳》之間，形成不可分割的緊密關係。

（三）問題明確化

《公羊傳》限定讀者意識的同時，其實是預先將許多問題意識給點撥出來，讓讀者能夠快速掌握《春秋》經文的重點。這種方式是利弊互見的。問答形式將讀者心中最容易產生疑問的部分預先提出來，除了上述所言，會對讀者產生閱讀時的限定之外，它其實是將《春秋》所欲傳達給讀者的內容，清楚明白的傳達。作爲《傳》，除了解釋文意之外，最重要的是將《經》所要傳達的宗旨，傳達出來。這也就是《傳》與注、疏最大的不同。注、疏多流於名詞、人物、制度上的解釋，對於《經》文的意義則較少闡釋。因此，我們可說《公羊傳》比《穀梁傳》更多意義上的闡發，因爲每條經文都有清楚的規範，所以反而比較不需要「傳例」的使用。「傳例」是透過歸納傳文的解經模式，來對相同經文，卻沒有傳文解釋的部分，進行理解的手段。如果傳文的解釋對於經文都是限定式的解釋，那傳文彼此之間的「例的形成」，便無此需要。反之如《穀梁傳》，因爲單一經文底下的限定式問答較少，則《穀梁傳》本身必須建立一套能夠貫串前後的「傳例」，以便在解經上能夠一以貫之。所以「傳例」的使用《穀梁傳》比《公羊傳》更發展得完備，對於解經來說，重要性更高於《公羊傳》。

四、《公羊傳》、《穀梁傳》問答次數對解經的影響

問答形式對於解經會產生不同的影響，一般以有問有答、有問無答、無問無答、無問有答來作區分。〔註1〕然而眞正在問答上會產生解經的差異，是縱向問答與橫向問答的差異。

縱向問答：是指同一條經文底下，有兩次以上問答發生，它的問答是追問一個問題，一層又一層的追問，進一步的追問。

橫向問答：是指同一條經文底下，有兩次以上問答發生，它的問答是針對經文每一字所作的問答。橫式問答並不追問問題的深度，它僅將經文的每一字詞，作爲解釋重點，對經文各個文字一一回覆。

（一）縱向問答

1. 桓公六年，蔡人殺陳佗。《公羊傳》：

> 陳佗者何？陳君也。陳君則曷爲謂之陳佗？絕也。曷爲絕之？賤也。其賤奈何？外淫也。惡乎淫，淫於蔡，蔡人殺之。

《公羊傳》首先由經文之陳佗爲誰，開始發問；答「陳君」。接著以陳君爲問題，云：「陳君則曷爲謂之陳佗？」答「絕也」。接著又以「絕」爲題，問之；答曰「賤也」。又以賤字爲題，問；答「外淫也」。最後得出經文蔡人殺陳佗的結論。《公羊傳》以一個接續一個的問題，做縱向的剖析，讓經文的文字深度呈現不同的層度。

2. 莊公元年春王正月。《公羊傳》：

> 公何以不言即位？《春秋》君弒，子不言即位。君弒則子何以不言即位？隱之也。孰隱？隱子也。

《公羊傳》以經文不書「公即位」爲設問，答「《春秋》君弒，子不言即位」。接著以「君弒則子何以不言即位」爲問，答「隱之也」。又以「隱」爲問題，最後將孔子述作《春秋》的微言大義揭示，即爲魯公隱。

3. 莊公九年八月庚申，及齊師戰於乾時，我師敗績。《公羊傳》：

> 內不言敗，此其言敗何？伐敗也。曷爲伐敗？復讎也。此復讎乎大

〔註1〕歐修梅：《春秋公羊傳解經方法研究》（臺北：淡江大學中文研究所碩士論文，2000年）

> 國，曷爲使微者？公也。公則曷爲不言公？不與公復讎也。曷爲不與公復讎？復讎者在下也。

《公羊傳》先以經文書「敗」字，開始問題；答「伐敗」。《公羊傳》料想「伐敗」二字恐不明白，故進一步問「伐敗」，答「復讎」。確定此言「敗」的原因是爲「復讎」，話鋒一轉，轉到經文的不書「公」，一般經文不書「公」字，爲此人微，故不書。然此《公羊傳》認爲經文的主角仍是魯莊公，深怕讀者不明，故以此提問「公則曷爲不言公？」，答「不與公復讎也」。最後歸結原因「復讎者在下也」。是經文下一條「九月，齊人取子糾殺之」。魯國本欲擁立齊子糾，出兵援助子糾，不料齊小白得位，故《公羊傳》認爲孔子爲魯莊公隱諱其行，使若爲報父讎而伐齊。《公羊傳》揭露了魯國的眞正出兵伐齊的原因不是爲了復讎，只是爲援助子糾。

4. 莊公九年冬，浚洙。《公羊傳》：

> 洙者何？水也。浚之者何？深之也。曷爲深之？畏齊也。曷爲畏齊也？辭殺子糾也。

此傳文對經文有深入的開展，一開始分別說明經文「洙」與「浚」的意思，然後解釋魯國爲何要在冬天將洙水挖的深一些，其原因是害怕齊國來攻伐。接著又以此爲問「曷爲畏齊」？答「辭殺子糾也」。原因是莊公九年九月齊桓公欲魯國殺了齊子糾，來表明支持齊小白這位新即位的齊君，但魯國辭不肯從之，故怕齊國以此懷恨在心而藉機伐魯，則預先準備，以防齊國來戰。此爲魯國浚洙的眞正目的。

5. 定公元年定公元年春王。《穀梁傳》：

> 不言正月，定無正也。定之無正何也？昭公之終，非正終也，定之始，非正始也。昭無正終，故定無正始。不言即位，喪在外也。

《穀梁傳》以經文不書「正月」爲提問，答「定無正也」。又以「定無正」問之，答「昭公之終，非正終也，定之始，非正始也。」。進一步歸結爲「昭無正終，故定無正始。」另外經文不書「即位」，指出原因爲昭公之喪在外也。

6. 定公十二年公至自圍成。《穀梁傳》：

> 何以致？危之也。何危爾？邊乎齊也。

《穀梁傳》由經文之「至」提問，答「危之也」。接著針對「何危」提問，答「邊乎齊也」。《穀梁傳》指出孔子爲何記載此事，一方面是就事實而書，另一方面是此事背後所暗藏的意義，即定公圍成，此邑與齊境相接，處理不好，會引起齊國的戰爭，故說是有危險。

（二）橫向問答

《公羊傳》、《穀梁傳》解經上的差異在此。

1. 莊公元年，王使榮叔來錫桓公命。《公羊傳》：

錫者何？賜也。命者何？加我服也。其言桓公何？追命也。

《公羊傳》分別就經文之「錫」字、「命」字及書「桓公」，各自解釋。

2. 莊公六年春王三月，王人子突救衛。

王人者何？微者也。子突者何？貴也。

《公羊傳》對經文「王人」、「子突」，各自作解釋。如此讀者對於經文之書寫，可以有進一步的理解。

3. 莊公二十四年戊寅，大夫、宗婦覿，用幣。

宗婦者何？大夫之妻也。覿者何？見也。用者何？用者不宜用也。見用幣，非禮也。

《公羊傳》分別就經文之「宗婦」、「覿」、「用幣」加以解釋。

4. 閔公元年，季子來歸。

其稱季子何？賢也。其言來歸何？喜之也。

《公羊傳》依經文「季子」與「來歸」分別解釋。

5. 僖公十四年夏六月，季姬及繒子遇於防，使繒子來朝。《穀梁傳》：

遇者，同謀也。來朝者，來請己也。朝不言使，言使非正也。以病繒子也。

《穀梁傳》分別就經文之「遇」、「來朝」、「使」各別解釋。

6. 僖公十四年秋八月辛卯，沙鹿崩。《穀梁傳》：

林屬於山爲鹿。沙，山名也。無崩道而崩，故志之也。其日，重其變也。

《穀梁傳》分別就經文「鹿」、「沙」、「崩」字，及書日，分別解說。

7. 僖公二十八年，衛元咺自晉復歸於衛。

自晉，晉有奉焉爾。復者，復中國也。歸者，歸其所也。

《穀梁傳》分別就經文「自晉」、「復」、「歸」字，各自解說。

《公羊傳》與《穀梁傳》對經文採用問答形式來作解經時，二傳皆有縱向的問答與橫向的問答，不過《公羊傳》縱向的問答次數比《穀梁傳》多上三倍；而二傳的橫向形式的問答次數相差不多。也就是說《公羊傳》的問答多採用縱向形式的問答方式。我們若看這兩種問答形式對經文解釋所產生的影響，能夠發現，縱向的解釋是一層一層的切入孔子的述作之義，而且其中的邏輯並非有很必然的關係，所以若讀者沒有讀到《公羊傳》的層層推進，是無法讀懂孔子的《春秋》之義。而橫向形式的問答，稍有不同，它主要是針對經文每一字句的意思，各別解釋，彷彿「注釋」。讀者不必然完全依靠這樣的解經文字，亦可透過「工具書」將不同字面意思的經文理解，再重新整合經文，便可知道《春秋》述作之意。此爲《公羊傳》、《穀梁傳》採用問答形式的差異。

第二節　《公羊傳》、《穀梁傳》解經方法比較

一、《公羊傳》、《穀梁傳》解經方法結構差異

解經方法是指《公羊傳》與《穀梁傳》在解釋《春秋》時所運用的方法。一般或云問答，或云訓詁，或云微言大義。另有認爲義例、屬辭比事爲解釋《春秋》的方法。義例與屬辭比事是一種歸納的結果。如前人分類，舉即位、朝聘、侵伐爲一類別，再將《春秋》相同的傳文歸爲一類。這些說法都是正確的，不過難以包含全部傳文所採用的方式。筆者碩士論文《穀梁傳解經方法研究》〔註2〕認爲要全面的認識《穀梁傳》解經方法，必得從傳文的每一發傳文字，進行分析，也就是以傳文的性質來視其解經的方法。〔註3〕筆者將《穀

〔註2〕簡逸光：《穀梁傳解經方法研究》（臺北：中國文化大學中國文學研究所碩士論文，2003年）。

〔註3〕傳例是一種歸納、整理、統一的規範，《穀梁傳》的傳文是有《傳》的規定與書寫的理由。筆者將《穀梁傳》所規定的話都當成傳的規定，此稱爲「穀梁傳例」。關於《穀梁傳》義例研究的存佚情形如下：《春秋穀梁傳例》一卷（晉）范甯撰，輯存。《春秋三傳略例》三卷（北朝）劉獻之撰，佚。《春秋三傳總例》二十卷（唐）韋表微撰，存。《公穀總例》十卷（唐）成玄撰，佚。《三傳異同例》十三卷（唐）李口撰，佚。《春秋三傳例論》不著卷數（宋）孫立節撰，佚。《春秋三傳會例》三十卷（宋）胡箕撰，佚。《穀梁新例》六卷（宋）陳德寧撰，佚。《三傳分門事類》十二卷（宋）不著撰人，佚。《明三傳例》）八卷（元）敬鉉撰，佚。《續明三傳例說略》八卷（元）敬鉉撰，佚。《三傳義例考》不著卷數（元）黃澤撰，佚。《穀梁三例》不著卷數（明）李舜臣撰，佚。《三傳義例》不著卷數（明）王圖鴻撰，佚。《春秋穀梁傳時月日書法釋

梁傳》的全部傳文加以分析，區分爲十種類別：「定義」、「理由」、「傳例同訓詁」、「說明」、「推論」、「轉而論」、「規定」、「或曰」、「轉語」、「故事」。

「定義」，是指傳文所下的定義。這包括對經文文字的定義，如「及者何？內爲志焉爾」，與一種觀念的定義，如「春秋成人之美，不成人之惡」。

「理由」，是指傳文爲解釋而提出一肯定具體的理由，如「公何以不言即位？成公志也」。

「傳例同訓詁」，是指傳文對經文的意義解釋，當中有些是與他經共同的解釋，如「賵者何也？乘馬曰賵、衣衾曰襚、貝玉曰含、錢財曰賻」，有些是《穀梁傳》中特定的說法，因此成爲一種傳例，如「衛人者，眾辭也」。

「說明」，就是傳文爲解釋而補充的說法，較不具主觀意識的說明，如「儀，字也」。

「推論」，是指傳文在解釋的時候，有運用邏輯的推演過程，如「先親而後祖也，逆祀也。逆祀，則是無昭穆也。無昭穆，則是無祖也。無祖，則無天也。故曰文無天，無天者，是無天而行也。君子不以親親害尊尊，此春秋之義也」。或推測的情形，如「救者善，則伐者不正矣」。

「轉而論」，是指有些傳文在原論述中，接著談另一個問題，如「經文：四年，春，正月，公狩于郎。傳文：四時之田，皆爲宗廟之事也。春曰田、夏曰苗、秋曰蒐、冬曰狩。四時之田用三焉，唯其所先得，一爲乾豆，二爲賓客，三爲充君之庖」。

例》四卷（清）許桂林撰，存。《春秋三傳纂凡表》四卷（清）盧軒撰，佚。《春秋三傳求歸類纂正編》五卷（清）顏錫名撰，存。《春秋三傳會例》三十卷（清）胡箕撰，佚。《春秋言例不同家數考》一篇（清）楊鳳苞撰，存。《春秋爲尊者諱爲親者諱爲賢者諱說》一篇（清）雷森撰，存。《穀梁春秋經傳古義凡例》一卷（清）廖平撰，存。《穀梁春秋經學外篇例》一卷（清）廖平撰，存。《公羊穀梁序例》一篇李源澄撰，存。《春秋三傳名氏稱謂例辨正》一篇戴君仁撰，存。《春秋穀梁傳時月日例辨正》一篇戴君仁撰，存。《春秋穀梁傳義例》一篇賴炎元撰，存。《穀梁時月日例之盟例試探》一篇高秋鳳撰，存。《穀梁會盟釋例》一篇周何撰，存。《穀梁朝聘例釋》一篇周何撰，存。《穀梁諱例釋義》一篇周何撰，存。《春秋三傳諱例異同研究》一篇奚敏芳撰，存。《春秋三傳譏例異同初探》一篇奚敏芳撰，存。《春秋三傳性質之研究及其義例方法之商榷》一冊陳銘煌撰，存。《春秋三傳災異例異同研究》一篇奚敏芳撰，存。《魯國についての記述法からみた春秋三傳の立場》一篇（日本）山田琢撰，存。《春秋三傳の研究——書例について》一篇（日本）山田琢撰，存。《春秋三傳における君子の用例について》一篇（日本）山田琢撰，存。

「規定」，是傳文用禮制爲準則來規範的標準，如「禮，賵人之母則可，賵人之妾則不可」。

「或曰」，是指除了傳文本身，另有引他人說法的，都稱或曰，如「經文：紀子伯、莒子，盟于密。傳文：或曰：紀子伯、莒子，而與之盟。或曰：年同、爵同，故紀子以伯先也」。

「轉語」，是經文原本不是這樣子寫，因爲某種原因而改寫，傳文會將理由說出來，如「經文：夏，五月，鄭伯克段于鄢。傳文：克者何？能也。何能也？能殺也。何以不言殺？見段之有徒眾也」。

「故事」，是指傳文直接用故事的敘述方式，呈現經文的背景，如「秦伯將襲鄭。百里子與蹇叔子諫曰：『千里而襲人，未有不亡者也。』秦伯曰：『子之冢，木已拱矣，何知？』師行。百里子，與蹇叔子，送其子而戒之曰：『女死必於殽之巖唫之下，我將尸女於是。』師行。百里子與蹇叔子隨其子而哭之，秦伯怒曰：『何爲哭吾師也。』二子曰：『非敢哭師也，哭吾子也，我老矣，彼不死，則我死矣。』晉人與姜戎，要而擊之殽，匹馬隻輪無反者」。

以上十種就是傳文發傳的性質。這也是《穀梁傳》於解釋《春秋》時所採用的方法。

筆者採取相同的方式，對《公羊傳》傳文進行分析，並增加「無聞焉爾」一類，即於解經時，傳文指出經文爲何如此書寫，亦不明白的說明。得到結果如下：

	定義	理由	傳例同訓詁	說明	推論	轉而論	規定	或曰	轉語	故事	無聞焉爾
公羊傳	160	894	35	439	4	70	54	27	32	41	6
穀梁傳	363	462	156	474	20	194	139	61	131	26	3

二、《公羊傳》、《穀梁傳》解經方法結構差異的影響

從上表所得結果，我們可發現《公羊傳》、《穀梁傳》二傳在解經時，所運用的方法是一致的，即全部傳文的文字不脫以上十一種類型。然而二傳在解經時所慣習使用方法的次數，卻略有差異。

（一）定義：《公羊傳》160 次；《穀梁傳》363 次。

筆者將定義部分，分爲六類。一是意義與文字的定義、二是對時月日的定義、三是書不書地的定義、四是志不志於《春秋》的定義、五是卒葬書不

書的定義、六是有罪無罪的定義。

1. 意義與文字的定義

（1）所謂意義上的定義，是指傳文對於《春秋》述作的宗旨，屬於意義層面的部分，加以說明。它是一種概念，也可說是包含儒家道德性的標準。

《公羊傳》：

子以母貴，母以子貴。（隱公元年）

九世猶可以復仇乎？雖百世可也。（莊公四年）

《春秋》內其國而外諸夏，內諸夏而外夷狄。（成公十五年）

《穀梁傳》：

以尊遂乎卑，此言不敢叛京師也。（僖公三十年）

夷狄不言正不正。（文公元年）

內大夫可以會外諸侯。（文公二年）

君子不以親親害尊尊，此春秋之義也。（文公二年）

爲尊者諱敵不諱敗，爲親者諱敗不諱敵，尊尊親親之義也。（成公元年）

繼正即位，正也。（文公元年）

諸侯會而曰大夫盟，正在大夫也。（襄公十六年）

諸侯在而不曰諸侯之大夫，大夫不臣也。（襄公十六年）

此爲意義上的定義。這些都是揭示《春秋》述作之義。而這些定義多是意義上的陳述，難以去質疑二傳何以認爲如此，因爲它就是以此爲《春秋》之標準。或說意義上的定義是在爲經文內在道德性的標準作定義。

（2）文字上的定義

所謂文字上的意義，是指對於《春秋》經文文字上所下的述作定義，這些是讀《春秋》所要遵循的定義。

《公羊傳》：

元年者何？君之始年也。（隱公元年）

春者何？歲之始也。（隱公元年）

王者何？文王也。（隱公元年）

及者何？與也。（隱公元年）

會、及、暨，皆與也。曷爲或言會，或言及，或言暨？會猶最也；及猶汲汲也；暨猶暨暨也。（隱公元年）

《穀梁傳》：

及者何？內爲志焉爾。（隱公元年）

及者何？內卑者也。（隱公元年）

及防茲，以大及小也。（昭公五年）

及以會，尊之也。（僖公五年）

言及，則祖有尊卑。（哀公三年）

其言及者，由內及之也。（桓公十三年）

不言及者，爲內諱也。（桓公十年）

不言及外狄。（宣公十一年）

不言其人，以吾敗也。（桓公十年）

文字定義在爲經文文字的書寫標準作定義。

2. 經文書不書時月日的定義

（1）書時

《穀梁傳》：

諸侯來朝，時，正也。（隱公十一年）

旱，時，正也。（僖公二十一年）

（2）書月

《穀梁傳》：

雩，月，正也。（僖公十一年）

雩，月。雩之正也。（定公元年）

雖無事，必舉正月，謹始也。（隱公元年）

（3）不書月

《穀梁傳》：

公如京師不月，月，非如也。（成公十三年）

（4）書日

《公羊傳》：

其日何？錄乎內也。（僖公二十八年）

其日何？大之也。（文公十一年）

《穀梁傳》：

大夫日卒，正也。（隱公元年）

諸侯日卒，正也。（隱公三年）

子卒，日，正也。不日，故也，有所見則日。（莊公三十二年）

日弒，正卒也。（昭公十九年）

日入，惡入者也。（宣公十一年）

（5）不書日

《公羊傳》：

取邑不日。（隱公十年）

伐不日。（莊公二十八年）

詐戰不日。（僖公三十三年）

《穀梁傳》：

不日卒，惡也。（隱公元年）

其不日，數渝，惡之也。（莊公十九年）

（6）複合型

《穀梁傳》：

公如，往時，正也。（莊公二十三年）

公如，往時。致月，危致也。（定公八年）

往月，致時，危往也。（定公八年）

往月，致月，惡之也。（定公八年）

日卒，時葬，正也。（襄公七年）

3. 經文書地的定義

（1）書地

《公羊傳》：

其地何？當國也。（隱公元年）

其地何？大之也。（文公十一年）

《穀梁傳》：

其地，於外也。（宣公九年）

其地，未踰竟也。（成公十七年）

諸侯死於外，地。（僖公四年）

夫人薨不地。地，故也。（僖公元年）

（2）不書地

《公羊傳》：

不當國雖在外，亦不地。（隱公元年）

《穀梁傳》：

夫人薨，不地。（僖公元年）

公薨不地，故也。（隱公十一年）

其不地，宿不復見也。（莊公十年）

不地，故也。（僖公二年）

諸侯死於國，不地。（僖公四年）

狩地。不地，不狩也。（哀公十四年）

4. 經文書不書／志不志的定義

（1）書／志

《公羊傳》：

何以書？記災也。（隱公五年）

《春秋》雖無事，首時過則書。（隱公六年）

外取邑不書。（隱公六年）

何以書，以重書也。（隱公六年）

何以書？記異也。（隱公九年）

《穀梁傳》：

終時無冰則志。（成公元年）

其志，以同日也。（昭公十八年）

火不志，此何以志？閔陳而存之也。（昭公九年）

過我，故志之也。（襄公十五年）

天子志崩。（文公九年）

夷狄相敗，志也。（僖公十五年）

（2）不書／不志

《公羊傳》：

外相如不書。（桓公五年）

常事不書。（桓公八年）

外災不書。（莊公二十年）

《穀梁傳》：

御廩之災不志。（桓公十四年）

外災不書。（莊公十一年）

卑者不志。（莊公十七年）

婦人弗目也。（莊公二十一年）

親迎，恆事也，不志。（莊公二十四年）

5. 經文關於葬卒的定義

（1）書葬

《公羊傳》：

有子則廟，廟則書葬。（定公十五年）

《穀梁傳》：

志葬，故也，危不得葬也。（莊公三年）

（2）不書葬

《公羊傳》：

君弒賊不討，不書葬。（隱公十一年）

外夫人不書葬。（莊公四年）

《穀梁傳》：

君弒，賊不討，不書葬。（桓公十八年）

外夫人不書葬。（莊公四年）

（3）書卒

《公羊傳》

未適人何以卒？許嫁矣。（僖公九年）

（4）不書卒

《公羊傳》：

外大夫不卒。(隱公三年)

外夫人不卒。(莊公二年)

《穀梁傳》:

內女也,未適人不卒。(僖公九年)

外夫人不卒。(莊公四年)

夷狄不卒。(襄公十八年)

(4)複合型

《穀梁傳》:

言葬不言卒,不葬者也。(莊公二十七年)

不日卒而月葬,不葬者也。(襄公三十年)

6. 經文以為有無罪的定義

(1)有罪

《公羊傳》:

譏,臨民之所漱浣也。(莊公三十一年)

譏,以妾爲妻也。(僖公八年)

曷爲絕之?滅同姓也。(僖公二十五年)

譏,喪娶也。(宣公元年)

《穀梁傳》:

稱人以殺,殺有罪也。(隱公四年)

稱人以殺,誅有罪也。(文公七年)

稱人以殺大夫,殺有罪也。(莊公九年)

稱國以殺,罪累上也,以是爲訟君也。(僖公三十年)

大夫弒其君,以國氏者,嫌也。(隱公四年)

先名後刺,殺有罪也。(僖公二十八年)

不言大夫,惡之也。(襄公三十年)

(2)無罪

《公羊傳》:

上無天子,下無方伯,諸侯有相滅亡者,力能救之,則救之可也。(僖公元年)

《春秋》辭繁而不殺者，正也。（僖公二十二年）

《穀梁傳》：

稱國以殺大夫，殺無罪也。（僖公七年）

稱國以放，放無罪也。（宣公元年）

稱國以殺其大夫，殺無罪也。（宣公九年）

由以上的定義部分可以發現，《公羊傳》、《穀梁傳》二傳對於定義，一部分是藉定義來分別善惡褒貶，但一部分則是用來強調文字書寫的意義。而《公羊傳》於時、月、日的定義較少。

（二）理由：《公羊傳》894 次；《穀梁傳》462 次。

《公羊傳》：

襄公八年夏，葬鄭僖公。《公羊傳》：

賊未討，何以書葬？爲中國諱也。

鄭僖公爲其大夫所弒，鄭國新君尚未討賊，照例不書葬。但經文卻書「葬鄭僖公」。《公羊傳》提出孔子之所以書葬的理由，即爲中國諱。因襄公七年時，鄭伯本欲與中國諸侯會盟，其大夫勸其與楚盟，以中國不若楚強，而鄭伯仍堅持與中國盟，其大夫遂殺鄭伯。

昭公五年，秦伯卒。《公羊傳》：

何以不名？秦者夷也。匿嫡之名也。

《公羊傳》解釋經文何以不書秦伯之名，理由爲秦國爲夷國，故《春秋》不書名。

定公四年，葬劉文公。《公羊傳》：

外大夫不書葬，此何以書？錄我主之也。

《公羊傳》指出《春秋》的書寫凡例爲外大夫不書，但劉文公爲外大夫，爲何孔子要書之呢？理由是葬劉文公此事，爲魯國主持，故孔子將此事特別著錄。《穀梁傳》：

隱公七年，齊侯使其弟年來聘。《穀梁傳》：

其弟云者，以其來接於我，舉其貴者也。

《穀梁傳》有規定諸侯之尊，弟兄不得以屬通。從此來看，經文是貶齊侯之弟年，但因爲其來聘於魯國，故表明其身份的尊貴，使魯國也是尊貴的。

隱公七年冬，天王使凡伯來聘。戎伐凡伯于楚丘以歸。《穀梁傳》：

國而曰伐，此一人而曰伐何也？大天子之命也。

《穀梁傳》定義是國而曰伐，凡伯一人又非國家，為何經文書寫伐凡伯？理由是為了大天子之命。

隱公九年庚辰，大雨雪。《穀梁傳》：

八日之間，再有大變，陰陽錯行，故謹而日之也。

《穀梁傳》將為何書日的理由說明出來，這說明的理由是具體的。若不將理由說明出來，就無法理解《春秋》書日的原因，以為只是記載日期的符號。

隱公九年，俠卒。《穀梁傳》：

隱不爵大夫何也？曰：不成為君也。

俠是魯國的大夫，但為何不稱其為大夫？理由是魯隱公並不當自己是即位的國君，他只是暫替桓公的職位，他將讓位與桓公，所以不命俠為大夫。

桓公三年，公會齊侯于讙。夫人姜氏至自齊。《穀梁傳》：

其不言翬之以來何也？公親受之于齊侯也。

因為是公子翬到齊國迎夫人文姜，所以《穀梁傳》解釋為何回到魯國時不說公子翬回來？理由是魯公親自到魯國邊界迎接文姜，同時與齊侯會面。魯君親迎為重，故公子翬就略而不提。

「理由」，就像是問答過程中提出解答般。這些理由不是定義、規定，它是一種說法，是具體的。它能解釋許多經文書寫的原因。

（三）傳例同訓詁：《公羊傳》35 次；《穀梁傳》156 次。

《公羊傳》：

莊公九年冬浚洙。《公羊傳》：

浚之者何？深之也。

許慎《說文》：「浚，抒也。」段注：「抒者，挹也。取諸水中也。《春秋經》浚洙；《孟子》使浚井；《左傳》浚我以生，義皆同。浚之則深……浚，深也。」〔註4〕許慎並未以深之來解釋浚字，是段玉裁找到先秦典籍以深來解釋浚字，故其在《說文》「浚」字下注釋時，補充了「深」的意思。

宣公八年壬午，猶繹。萬入去籥。《公羊傳》：

繹者何？祭之明日也。

《說文》「繹，籀絲也。」段注：「籀者，引也。引申為凡駱驛溫尋之稱。」

〔註 4〕許慎撰，段玉裁注：《說文解字注》（臺北：藝文印書館，1996 年），頁 566。

〔註5〕何休：「禮繹，繼昨日之事，但不灌地降神爾。天子、諸侯曰繹。」《公羊傳》的解釋顯然是繹的引申義，取其絡繹不絕，從昨日到今日的祭祀不斷。雖許慎《說文》未有相關說明，不過我們可將「繹，祭之明日也」的解釋，視爲傳例，凡經文書「繹」，指的就是祭之明日。

《穀梁傳》：

隱公元年三月，公及邾儀父盟于眛。《穀梁傳》：

父，猶傅也。男子之美稱也。

《說文》於父字下云：「父，巨也。家長率教者。從又舉杖。」〔註6〕《說文》於甫字下云：「甫，男子之美稱也。從用父，父亦聲。」段玉裁注：「《春秋》：『公及邾儀父盟于蔑。』《穀梁傳》曰：『儀，字也。父，猶傅也。男子之美稱也。』《士冠禮》：『字辭曰：伯某甫仲叔季，惟其所當注，伯仲叔季，長幼之稱。甫是丈夫之美稱。』按：甫者，男子美稱。某甫者，若言尼甫、嘉甫、孔甫。……凡男子皆得稱之，以男子始冠之稱，引伸爲始也，又引伸爲大也。……甫亦通用父，同音假借也。」〔註7〕《說文》於傅字下云：「傅，相也。從人尃聲。」段玉裁注：「《左傳》：『鄭伯傅王。注曰：傅，相也。賈子曰：『傅，傅之德義。』古假借爲敷字。如禹敷土，亦作禹傅土是也。亦爲今之附近字，如凡言附著是也。』」〔註8〕范甯云：「傅，師傅。」〔註9〕王鳳陽說：「夫和父古同源，都是成年男子的稱呼。分化的夫，側重於指壯年的男子，父則指老年男子。……上古時代是尊老的時代，正因爲如此，老年男子的稱呼也就成爲老年男子的敬稱，以至於成爲男子的美稱。」又：「甫作爲古代男子名字下的美稱，其實是父的分化字，當父成爲男性長輩通稱之後，爲區別，作爲男子美稱的父，就經常寫作甫了。」〔註10〕

由是可知，至漢代許慎時，父與甫的使用已有分別，而《穀梁傳》保留父字，因意義的擴展過程中，一字多義的現象。而「傅」字的解釋，《說文解字》解釋爲「相」，是在旁輔助的意思，段注舉《左傳》「鄭伯傅王」，意爲入朝廷輔佐王事。是動詞。范甯直接說是師傅，指的是身份。因爲除了《尚書・

〔註5〕《說文解字注》，頁650。
〔註6〕同前註，頁116。
〔註7〕同前註，頁129。
〔註8〕同前註，頁376。
〔註9〕范甯集解，楊士勛疏：《春秋穀梁傳注疏》，卷1，頁3a。
〔註10〕王鳳陽：《古辭辨》（長春：吉林文史出版社，1993年6月），頁351～352。

周官》有明文「太師、太傅、太保，茲惟三公……少師、少傅、少保曰三孤」的說法外，「傅」字在《穀梁傳》襄公三十年：「婦人之義，傅母不在，宵不下堂。」指的是伴隨夫人，教導禮節的隨從。〔註 11〕因此，范甯將「傅」字義解釋成師傅。此是與《說文解字》略有不同，但也可說字義於全文的脈絡中，解釋比較能符合文意。同時最重要的是《穀梁傳》將兩個不同的解釋都放到「父」字底下來解釋，說明既有輔佐王事的臣子身份，同時也是一種對邾儀父的稱讚，以男子之美稱來書寫。

隱公元年秋七月，天王使宰咺，來歸惠公仲子之賵。《穀梁傳》：

賵者何也？乘馬曰賵、衣衾曰襚、貝玉曰含、錢財曰賻。

《說文解字》未收賵、賻二字。王鳳陽說：「賵、賻都是送給喪家的幫助辦喪事的禮物。《荀子・大略》：『貨財曰賻，輿馬曰賵。』」〔註 12〕荀子說法與《穀梁傳》同。《說文》於襚字下云：「襚，衣死人也。從衣䜌聲。《春秋傳》曰：『楚使公親襚。』」段玉裁注：「〈士喪禮〉：『君使人襚。』注：襚之言遺也。《公羊傳》曰：『車馬曰賵，貨財曰賻，衣被曰襚。』注：襚猶遺也。遺是助死之禮。知生者賵、賻，知死者贈襚。」〔註 13〕《說文》於含字下云：「含，嗛也。從口今聲。」段注：「〈禮樂志〉：『吟青黃。』以吟爲含。」〔註 14〕王鳳陽說：「嗛是猿猴類的頰囊，猴類取食先儲於頰囊中，所以含也表示人將食物放在嘴裏。」〔註 15〕

從以上所言，《穀梁傳》與〈士喪禮〉的說法一致。而《說文解字》未收賵、賻二字，含字有關喪事的用法也未明言。

隱公五年春，公觀魚于棠。《穀梁傳》：

常事曰視，非常曰觀。

《說文》於視字下云：「視，瞻也。從見示聲。」〔註 16〕《說文》於見字下云：「見，視也。從目人，凡見之屬皆從見。」〔註 17〕《說文》於觀字下云：「觀，諦視也。從見雚聲。」〔註 18〕段注：「審諦之視也。《穀梁傳》曰：『常事曰視，

〔註 11〕同前註，頁 387～388。
〔註 12〕《荀子》（臺北：中華書局，1983 年 4 月），卷 19，頁 4。
〔註 13〕許愼撰，段玉裁注《說文解字注》，頁 401。
〔註 14〕同前註，頁 56。
〔註 15〕王鳳陽：《古辭辨》，頁 748。
〔註 16〕許愼撰，段玉裁注：《說文解字注》，頁 412。
〔註 17〕同前註。
〔註 18〕同前註。

非常曰觀。』凡以我諦視物曰觀，使人得以諦視我亦曰觀。猶之以我見人，使人見我皆曰視。一義之轉移，本無二音也。而學者強爲分別，乃使《周易》一卦而平去錯出，支離殆不可讀，不亦固哉。」〔註 19〕

由以上所知，許慎雖分別「視」與「觀」不同，但並非如同《穀梁傳》的分法。且段注以爲是學者強爲分別。而從字書來說，《穀梁傳》或有強爲分別的情形，但若從《穀梁傳》爲建立《春秋》經文的書寫凡例來說，表明此書中的規定是必須的，也是透過《穀梁傳》理解《春秋》時必須認同的。

隱公九年三月癸酉，「大雨震電。」《穀梁傳》：

電，霆也。

《說文》於電字下云：「電，激燿也。」段注：「孔沖遠引《河圖》云：『陰陽相薄爲雷，陰激陽爲電，電是雷光。』《穀梁傳》曰：『電，霆也。』古義霆電不別，許意則統言之，謂之雷。自其震物言之，謂之震。自其餘聲，謂之霆。自其光燿，謂之電。」《說文》於霆字下云：「霆，雷餘聲鈴鈴。所以挺出萬物。從雨廷聲。」〔註 20〕段玉裁認爲《穀梁傳》保留古義，所以霆、雷不分，到了許慎時則解釋雷，說：自其震物言之，謂之震。自其餘聲，謂之霆。自其光燿，謂之電。

由以上的例子，我們可以發現，《公羊傳》、《穀梁傳》的訓詁，有些是與許慎所言的本義相同，但因爲《說文解字》本是後出之作，許慎雖保留漢代所見的古字古義，然來源依據仍是先秦典籍所使用的文義。由是可以發現《公羊傳》、《穀梁傳》有許多訓詁與本義不同，段玉裁認爲是引伸義，只是先秦典籍已有這樣解釋的用法。所以這些無法找出來源的解釋，都可當作傳文本身的傳例，讀二傳必須接受這些傳例。

（四）說明：《公羊傳》439 次；《穀梁傳》474 次。

《公羊傳》：

莊公二十二年癸丑，葬我小君文姜。《公羊傳》：

文姜者何？莊公之母也。

《公羊傳》說明文姜爲莊公之母，以小君稱之，以名氏稱之。符合《公羊傳》母以子貴，子以母貴的觀點。不然讀者恐不明白「葬我君」與「葬我小君」的差別。

〔註 19〕同前註。

〔註 20〕許慎撰，段玉裁注：《說文解字注》，頁 577。

莊公三十年，齊人伐山戎。《公羊傳》：

此齊侯也。

一般《春秋》書人，是指微者。《公羊傳》云齊人爲齊侯，則讀者不會有所誤解，以爲眞的是齊之微者去伐山戎。

宣公元年冬，晉趙穿帥師侵柳。《公羊傳》：

柳者何？天子之邑也。曷爲不繫乎周？不與伐天子也。

有了《公羊傳》的說明，則讀者能知趙穿侵伐的對象是周天子，否則趙穿侵某地，可能會因常事而不書。

《穀梁傳》：

隱公三年夏四月辛卯，尹氏卒。《穀梁傳》：

尹氏者何也？天子之大夫也。

傳文將尹氏的身份說明出來。若非天子的大夫，按《穀梁傳》的定義，外大夫不書卒，所以將尹氏的身份說明，則知道其被書寫下來的原因。

隱公三年秋，武氏子來求賻。《穀梁傳》：

武氏子者何也？天子之大夫也。

傳文將武氏子的身份說明。既然是天子的大夫，卻不稱大夫的稱謂，而直接稱姓氏，是因爲天子服喪未畢，還未稱王。所以不能指派大夫出使。若無這身份的說明，武氏子將不知爲何人、何身份，貶天子的意義就無法彰顯。

隱公五年秋，衛師入郕。《穀梁傳》：

郕，國也。

《穀梁傳》說明衛人入郕，是入他國。入有貶意，因爲諸侯之間有正常的朝會盟見之禮，所以書入他國是非友好的表示。

隱公五年《春秋》：「螟。」《穀梁傳》：

蟲災也。

《穀梁傳》說明「螟」字代表蟲災，後人范甯隨傳文意思沒有另外的解釋，若沒有傳文說明，則「螟」字的意義，後人解經會有不同的理解。如《公羊傳》：「何以書？記災也。」何休云：「隱公張百金之魚，設苛令急治，以禁民之所致。」何休解釋發生災的原因，是隱公的行爲導致。當《穀梁傳》純粹只說明「螟」字的意義是自然災害，就不會產生過度的解釋。

隱公七年冬，天王使凡伯來聘。戎伐凡伯于楚丘以歸。《穀梁傳》：

凡伯者何也？天子之大夫也。

傳文說明凡伯代表天子來聘，其身份是天子的大夫。爲尊天子，將戎捉了凡伯一人書寫成伐國的伐，以表明天子派的大夫就像一個諸侯國般重要。

以上這些是從傳文中分析，並將之分類爲「說明」。這些「說明」不是一種義例或微言大義，這些說明是要讓讀者能進入《春秋》經文的情境、背景。當這些人物身份都知道後，從「定義」、「規定」的標準，就可以去判斷經文爲何要寫的理由。如果去除這些說明，《春秋》的人、事、地、物，就無法明白，也就無法判斷是否有僭越或違背身份的行爲。

（五）推論：《公羊傳》4 次；《穀梁傳》20 次。

推論的部分，筆者分爲二種。一是有問而回答時，用推論的方式說明；二是直接以推論言之。

1. 有問而回答時，用推論的方式說明

有問而回答時，用推論的方式說明，是指這部分傳文發傳的起因，是從傳文本身自設的一個問題，然後針對這問題來回答。

桓公五年，大雩。《公羊傳》：

> 大雩者何？旱祭也。然則何以不言旱？言雩則旱見，言旱則雩不見。

《公羊傳》以雩與旱之間的關係，作爲推論經文的書寫凡例，即經文書雩則旱見，若經文書旱則雩不見，因爲國君未舉行雩祭，故雩當然會不見。

僖公二年秋九月，齊侯、宋公、江人、黃人盟於貫澤。《公羊傳》：

> 江人、黃人者何？遠國之辭也。遠國至矣，則中國曷爲獨言齊、宋至爾？大國言齊、宋，遠國言江、黃，則以其餘爲莫敢不至也。

《公羊傳》推論此經文雖只書齊、宋、江、黃四國盟，但因齊、宋代表大國，江、黃代表小國，所以表示其他諸侯國亦皆有來參加此會盟。

文公二年自十有二月不雨，至於秋七月。《公羊傳》：

> 何以書？記異也。大旱以災書，此亦旱也，曷爲以異書？大旱之日短而云災，故以災書。此不雨之日長而無災，故以異書也。

《公羊傳》以大旱不雨爲災，「書以記災」。但傳文前面卻說「記異」，故《公羊傳》以此爲論云「此不雨之日長而無災」，故以「異」書。

隱公元年夏五月，鄭伯克段于鄢。《穀梁傳》：

> 何以知其爲弟也？殺世子母弟目君，以其目君，知其爲弟也。

《穀梁傳》說鄭段覬覦君位，所以其爲鄭伯之弟。因爲只有母弟才有繼承權。藉此以知鄭段爲鄭伯之弟。

桓公六年，蔡人殺陳佗。《穀梁傳》：

何以知其是陳君也？兩下相殺，不道。

《穀梁傳》從兩大夫相殺不道，而此書之，明《春秋》言陳佗是指陳侯。這是從書寫凡例來作爲解經的依據。

僖公元年，齊師、宋師、曹師次于聶北，救邢。《穀梁傳》：

是齊侯與？齊侯也。何用見其是齊侯也，曹無師，曹師者，曹伯也，其不言曹伯，何也？以其不言齊侯，不可言曹伯也。其不言齊侯，何也？以其不足乎揚，不言齊侯也。

《穀梁傳》從齊侯比曹伯尊貴，所以當齊侯稱齊師，雖曹國無師，亦因卑於齊侯，所以稱曹師。

2. 直接以推論言之

直接以推論來發傳，是指它沒有經過類似前面的問答形式，而直接對《春秋》的經文文字作邏輯推論的判別。

莊公六年春王二月，王人子突救衛。《穀梁傳》：

王人卑者也，稱名貴之也。救者善，則伐者不正矣。

《穀梁傳》從王人子突爲貴且善，來推論救者善，則伐者不正。

文公二年八月丁卯，大事于大廟，躋僖公。《穀梁傳》：

躋，升也。先親而後祖也，逆祀也。逆祀，則是無昭穆也。無昭穆，則是無祖也。無祖，則無天也。故曰文無天，無天者，是無天而行也。

《穀梁傳》因文公躋僖公，而對文公的行爲、心態作分析與評斷，來強調文公的非禮。一步一步推衍，從逆祀、無祖、無天而言說。

定公元年春王，《穀梁傳》：

定之始非正始也。昭無正終，故定無正始。

從定公之先君昭公外喪無正終，所以定公無正始。

《公羊傳》、《穀梁傳》二傳皆有以推論方式解經的。

（六）轉而論：《公羊傳》70 次；《穀梁傳》194 次。

「轉而論」是指傳文在經文文字之外，接著闡述或補充觀點。

桓公四年春正月，公狩於郎。《公羊傳》：

狩者何？四狩也，春曰苗，秋曰蒐，冬曰狩。常事不書，此何以書？譏。何譏爾？遠也。諸侯曷爲必田狩？一曰乾豆，二曰賓客，三曰充君之庖。

照說《公羊傳》只需將「狩」、「郎」解釋清楚即可，但我們見《公羊傳》於解釋經文文字之後，又補充諸侯爲何必田狩的說明，此部分超出經文，卻提供讀者相關的知識。

莊公元年夏，單伯逆王姬。《公羊傳》：

> 單伯者何？吾大夫之命乎天子者也。何以不稱使？天子召而使之也。逆之者何？使我主之也。曷爲使我主之？天子嫁女乎諸侯，必使諸侯同姓者主之。諸侯嫁女於大夫，必使大夫同姓者主之。

《公羊傳》解釋「單伯」、「何以不稱使」、「逆者何」。似已完全解釋了經文意義。而於後又轉而論及天子、諸侯嫁女的禮制，雖與經文無關，卻帶給讀者相關禮制的理解。

僖公十年，晉殺其大夫里克。《公羊傳》：

> 里克弒二君，則曷爲不以討賊之辭言之？惠公之大夫也。然則孰立惠公？里克也。里克殺奚齊、卓子，逆惠公而入。里克立惠公，則惠公曷爲殺之？惠公曰：「爾既殺夫二孺子矣，又將圖寡人，爲爾君者，不亦病乎？」於是殺之。然則曷爲不言惠公之入？晉之不言出入者，踊爲文公諱也。齊小白入于齊，則曷爲不爲桓公諱？桓公之享國也長，美見乎天下，故不爲之諱本惡也。文公之享國也短，美未見乎天下，故爲之諱本惡也。

此《公羊傳》本在解釋晉殺里克的原因，後來話鋒一轉，而討論孔子爲何不爲齊桓公入于齊這事隱諱。此便是《公羊傳》於傳文中「轉而論」的例子。

《穀梁傳》亦有很多此類解經方式，如隱公二年《穀梁傳》：

> 知者慮、義者行、仁者守，有此三者，然後可以出會。

《穀梁傳》：「會者，外爲主焉爾。」後文加上知者慮、義者行、仁者守，有此三者，然後可以出會。藉以來說明公出會若無三者，則會有危險。此解經之語與經文文字無關，卻可說是經義的衍生。透過轉而論的闡發，其論述的對象便不局限於此經文，亦可將此論點的對象成爲普遍性的觀點。

桓公十四年《穀梁傳》：

> 孔子曰：「聽遠音者，聞其疾，而不聞其舒。望遠者，察其貌，而不察其形。立乎定、哀，以指隱、桓，隱、桓之日遠矣。夏，五，傳疑也。」

傳文對夏五傳疑的原因有所說明。這雖非對經文有所發義，但可說延伸了經文的說法。亦可將孔子爲何存闕文而不補的用意揭示，同時亦可將此傳疑的態度放置爲孔子的述作態度。

隱公十四年《春秋》秋八月壬申，御稟災。乙亥，嘗。《穀梁傳》：

天子親耕，以共粢盛。王后親蠶，以共祭服。國非無良農、工女也，以爲人之所盡，事其祖禰，不若以己所自親者也。

《穀梁傳》提出古代天子親耕、王后親蠶的說法作爲補充。

莊公八年甲午，治兵。《穀梁傳》：

兵事以嚴終，故曰善陳者不戰，此之謂也。善爲國者不師，善師者不陳，善陳者不戰，善戰者不死，善死者不亡。

《穀梁傳》除了解釋出曰治兵，習戰也，也對兵家的作戰原則加以描述。此雖非針對經文解經，卻可讓讀者比較瞭解當時面對戰事的態度。

由這些例子，我們知道轉而論的意義有二，一是對傳文的意義作延伸補充。二是另外說明了當時的制度與觀念以作補充。透過這些補充，對理解《春秋》是很有幫助的。《公羊傳》、《穀梁傳》在此類解經方法是一致的。

（七）規定：《公羊傳》54 次；《穀梁傳》139 次。

規定的依據是禮制上的規定，是大家都需要共同遵守的。二傳於傳文中，藉此規定來規範經文所書的意義及判斷是非對錯。

規定的對象可分爲五類：一對婦人的規定，二、對父親的規定，三、對諸侯的規定，四、對禮制的規定，五、對祭祀的規定。

1. 對婦人的規定

《公羊傳》：

母貴則子何以貴？子以母貴，母以子貴。（隱公元年）

隱公之母也。何以不書葬？成公意也。何成乎公之意，子將不終爲君，故母亦不終爲夫人也。（隱公二年）

婦人謂嫁曰歸。（隱公二年、僖公九年）

婦人許嫁字而笄之，死則以成人之喪治之。（文公十二年）

婦人夜出，不見傅母下堂。（襄公三十年）

譏以妾爲妻也。（僖公八年）

仲子者何？桓之母也。何以不稱夫人？桓未君也。（隱公元年）

女在其國稱女，在塗稱婦，入國稱夫人。（隱公二年）

何以不稱夫人？自我言齊，父母之於子，雖爲鄰國夫人，猶曰吾姜氏。（桓公三年）

外夫人不卒（莊公二年）

禘用致夫人，非禮也。（僖公八年）

哀公之母也。何以不稱夫人？哀未君也。（定公十五年）

《穀梁傳》：

母以子氏。（隱公元年）

禮，賵人之母則可，賵人之妾則不可。（隱公元年）

禮，婦人謂嫁曰歸，反曰來歸。（隱公二年）

婦人既嫁不踰竟。踰竟，非正也。（莊公二年）

婦人在家制於父，既嫁制於夫。（成公九年）

從人者也，婦人在家制於父、既嫁制於夫、夫死從長子。婦人不專行，必有從也。（隱公二年）

夫人之義，從君者也。（隱公二年）

姪娣者，不孤子之意也，一人有子，三人緩帶。（文公十八年）

其見以災卒奈何？伯姬之舍失火，左右曰：「夫人少辟火乎！」伯姬曰：「婦人之義，傅母不在，宵不下堂。」左右又曰：「夫人少辟火乎！」伯姬曰：「婦人之義，保母不在，宵不下堂。」遂逮乎火而死，婦人以貞爲行者也，伯姬之婦道盡矣，詳其事，賢伯姬也。（襄公三十年）

這是二傳對婦人的規定。且是由當時形成的婦女觀之禮制來作規定。且我們可以看到《公羊傳》、《穀梁傳》對於「婦人謂嫁曰歸」、婦人得從夫、從君的態度是一致的，更說明此部分的判斷依據二傳是相同的。

2. 對父親的規定

《公羊傳》：

諸侯越竟送女，非禮也。（桓公三年）

《穀梁傳》：

禮，送女。父不下堂，母不出祭門，諸母、兄弟不出闕門。（桓公三年）

送女踰竟，非禮也。（桓公三年）

這是對父親的規定。由父親嫁女兒的過程中，以送女的禮制來規範當時的行爲。《公羊傳》、《穀梁傳》皆然。

3. 對天子、諸侯、大夫的規定

《公羊傳》：

王者無外，言奔則有外之辭也。（隱公元年）

天子曰崩，諸侯曰薨，大夫曰卒，士曰不祿。（隱公三年）

天子八佾，諸公六，諸侯四。諸公者何？諸侯者何？天子三公稱公，王者之後稱公，其餘大國稱侯，小國稱伯、子、男。（隱公五年）

天子有事於泰山，諸侯皆從。（隱公八年）

有天子之存，則諸侯不得專地也。諸侯時朝乎天子，天子之郊，諸侯皆有朝宿之邑焉。（桓公元年）

天子之居也。京者何？大也。師者何？眾也。天子之居，必以眾大之辭言之。（桓公九年）

天子嫁女乎諸侯，必使諸侯同姓者主之。諸侯嫁女於大夫，必使大夫同姓者主之。（莊公元年）

天子祭天，諸侯祭土。天子有方望之事，無所不通。諸侯山川有不在其封內者，則不祭也。山川有能潤於百里者，天子秩而祭之。（僖公三十一年）

以諸侯之逾年即位，亦知天子之逾年即位也。以天子三年然後稱王，亦知諸侯於其封內三年稱子也。（文公九年）

子家駒曰：「設兩觀，乘大路，朱干，玉戚，以舞《大夏》，八佾以舞《大武》，此皆天子之禮也。（昭公二十五年）

古者諸侯必有會聚之事，相朝聘之道，號辭必稱先君以相接。（莊公四年）

諸侯娶一國，則二國往媵之，以侄娣從。諸侯壹聘九女，諸侯不再娶。（莊公十九年）

諸侯越竟觀社，非禮也。（莊公二十三年）

諸侯之義不得專封也。（僖公元年）

不與諸侯專封也。(昭公十三年)

君弒，臣不討賊，非臣也。(隱公十一年)

國君一體也。先君之恥，猶今君之恥也。今君之恥，猶先君之恥也。(莊公四年)

君存稱世子，君薨稱子某，既葬稱子，逾年稱公。(莊公三十二年)

緣民臣之心不可一日無君，緣終始之義，一年不二君，不可曠年無君。(文公九年)

禮也。君有事於廟，聞大夫之喪去樂，卒事。大夫聞君之喪，攝主而往。大夫聞大夫之喪，尸事畢而往。(昭公十五年)

不以父命辭王父命，以王父命辭父命，是父之行乎子也。不以家事辭王事，以王事辭家事，是上之行乎下也。(哀公三年)

《穀梁傳》:

禮，尊不親小事，卑不尸大功。(隱公五年)

禮，庶子爲君，爲其母築宮，使公子主其祭也。於子祭，於孫止。(隱公五年)

禮，天子在上，諸侯不得以地相與也。(桓公元年)

諸侯之尊，弟兄不得以屬通。(隱公七年)

諸侯之嫁子於大夫，主大夫以與之。(宣公五年)

諸侯無粟，諸侯相歸粟，正也。(定公五年)

聘，弓鍭矢不出竟場，束脩之肉不行竟中。(隱公元年)

聘諸侯，非正也。(隱公九年)

天子無事，諸侯相朝，正也。(隱公十一年)

天子告朔于諸侯，諸侯受乎禰廟，禮也。(文公十六年)

逆女，親者也。(桓公三年)

逆女，親者也。使大夫，非正也。(隱公二年)

來者，來朝也。其弗謂朝何也？寰內諸侯，非有天子之命，不得出會諸侯。(隱公元年)

古者諸侯時獻于天子。以其國之所有，故有辭讓，而無徵求。(桓公

十五年）

穀梁子曰：「舞夏，天子八佾、諸公六佾、諸侯四佾，初獻六羽，始僭樂矣。」（隱公五年）

尸子曰：「舞夏，自天子至諸侯皆用八佾，初獻六羽，始厲樂矣。（隱公五年）

這是對天子、諸侯的規定。是由當時天子與諸侯間的禮制來作規範，透過這些共同的規定，來與當時的行爲相較，便可以判斷行爲的合禮與否。

4. 對禮制的規定

《公羊傳》：

受賂納於大廟，非禮也。（桓公二年）

王者無求，求車非禮也。（桓公十五年）

築之禮也，於外非禮也。於外何以非禮？築於外非禮也。其築之何以禮？主王姬者必爲之改築。主王姬者則曷爲必爲之改築？於路寢則不可。小寢則嫌。群公子之舍則以卑矣。其道必爲之改築者也。（莊公元年）

聘禮，大夫受命不受辭，出竟有可以安社稷利國家者，則專之可也。（莊公十九年）

丹桓宮楹，非禮也。（莊公二十三年）

刻桓宮桷，非禮也。（莊公二十四年）

鼓用牲於社於門。其言於社於門何？於社禮也，於門非禮也。（莊公二十五年）

廟災三日哭，禮也。（成公三年）

《穀梁傳》：

其謂之是來何也？以其畫我，故簡言之也，諸侯不以過相朝也。（桓公六年）

脩教明諭，國道也。平而脩戎事，非正也。（桓公六年）

以待人父之道待人之子，以內爲失正矣。（桓公九年）

築，禮也。于外，非禮也。（莊公元年）

築之爲禮，何也？主王姬者，必自公門出，於廟則已尊，於寢則已

卑，爲之築，節矣，築之外，變之正也。（莊公元年）

禮，有受命，無來錫命，錫命，非正也。（莊公元年）

納幣，大夫之事也。（莊公二十二年）

禮有納采，有問名，有納徵，有告期，四者備而後娶，禮也。（莊公二十二年）

禮，天子諸侯黝堊，大夫倉，士黈。（莊公二十三年）

丹楹，非禮也。（莊公二十三年）

禮，天子之桷，斲之，礱之，加密石焉。（莊公二十四年）

諸侯之桷，斲之，礱之。大夫斲之。（莊公二十四年）

士，斲木刻桷，非正也。（莊公二十四年）

男子之贄，羔鴈雉腒，婦人之贄，棗栗鍛脩，用幣，非禮也。（莊公二十四年）

鼓，禮也。（莊公二十五年）

用牲，非禮也。（莊公二十五年）

天子救日，置五麾、陳五兵、五鼓，諸侯置三麾，陳三鼓、三兵，大夫擊門，士擊柝，言充其陽也。（莊公二十五年）

因此以見天子至于士皆有廟，天子七廟，諸侯五，大夫三，士二。（僖公十五年）

然則何爲不言獲也？曰：古者不重創，不禽二毛，故不言獲，爲內諱也。（文公十一年）

男子二十而冠，冠而列丈夫，三十而娶，女子十五而許嫁，二十而嫁。大室猶世室也。（文公十二年）

周公曰：大廟，伯禽曰：大室，群公曰宮。（文公十三年）

古者天子六師，諸侯一軍，作三軍，非正也。（襄公二十一年）

古者天子封諸侯，其地足以容其民，其民足以滿城以自守也。（襄公二十九年）

古者公田什一。（哀公十二年）

古者公田爲居，井灶蔥韭盡取焉。（宣公十五年）

古者什之，藉而不稅，初稅畝，非正也。（宣公十五年）

古者三百步爲里，名曰井田，井田者，九百畝，公田居一，私田稼不善，則非吏，公田稼不善，則非民。（宣公十五年）

初稅畝者，非公之去公田，而履畝十取一也，以公之與民爲已悉矣。（宣公十五年）

丘甲，國之事也。（成公元年）

秋大雩，非正也。（定公元年）

冬大雩，非正也。（定公元年）

五穀不升爲大饑。一穀不升謂之嗛。二穀不升謂之饑。三穀不升謂之饉。四穀不升謂之康。五穀不升謂之大侵。（襄公二十四年）

大侵之禮，君食不兼味，臺榭不塗，弛侯，廷道不除，百官布而不制，鬼神禱而不死，此大侵之禮也。（襄公二十四年）

其見以伐楚卒，何也？古者大國過小邑，小邑必飾城而請罪，禮也。（襄公二十五年）

正也，因蒐狩以習用武事，禮之大者也。（昭公八年）

艾蘭以爲防，置旃以爲轅門，以葛覆質以爲槷，流旁握，御轚者不得入，車軌塵，馬候蹄，掩禽旅，御者不失其馳，然後射者能中，過防弗逐，不從奔之道也。（昭公八年）

面傷不獻，不成禽不獻，禽雖多，天子取三十焉，其餘與士眾，以習射於射宮，射而中，田不得禽，則得禽，田得禽而射不中，則不得禽，是以知古之貴仁義，而賤勇力也。（昭公八年）

這是對禮制的規定。這些禮制包括稅務、糧食儲存、房屋的顏色裝飾等。可以知道當時的規定是依身份而有不同。並且對民生的議題也非常重視。

5. 對祭祀的規定

《公羊傳》:

喪事無求，求賻非禮也。（隱公三年）

三卜禮也，四卜非禮也。（僖公三十一年）

天王使叔服來會葬。其言來會葬何？會葬禮也。（文公元年）

未逾年之君也，有子則廟。（定公十五年）

烝者何？冬祭也，春曰祠。夏曰礿。秋曰嘗。冬曰烝。（桓公四年）

大祫者何？合祭也。其合祭奈何？毀廟之主陳於大祖，未毀廟之主皆升，合食於大祖，五年而再殷祭。（文公二年）

魯祭周公何以爲牲？周公用白牲，魯公用騂犅。群公不毛。魯祭周公何以爲盛？周公盛，魯公燾，群公廩。（文公十三年）

《穀梁傳》：

四時之田，皆爲宗廟之事也。春曰田、夏曰苗、秋曰蒐、冬曰狩。四時之田用三焉，唯其所先得，一爲乾豆，二爲賓客，三爲充君之庖。（桓公四年）

烝，冬事也。（桓公七年）

春、夏興之，黷祀也。志不敬也。（桓公七年）

生服之，死行之，禮也。（莊公元年）

朝於廟，正也。於外，非正也。（莊公二十三年）

禮，柩在堂上，孤無外事，今背殯而出會，以宋子爲無哀矣。（僖公九年）

夏，四月，不時也。（僖公三十一年）

四卜，非禮也。（僖公三十一年）

免牲者，爲之緇衣熏裳，有司玄端奉送，至于南郊，免牛亦然。（僖公三十一年）

僖公葬而後舉謚，謚所以成德也，於卒事乎加之矣。（文公元年）

爲僖公主也，立主，喪主於虞，吉主於練。（文公二年）

作主壞廟，有時日於練焉。（文公二年）

壞廟，壞廟之道，易檐可也，改塗可也。（文公二年）

著祫嘗，祫祭者，毀廟之主，陳于大祖，未毀廟之主，皆升合祭於大祖。（文公二年）

先親而後祖也，逆祀也。（文公二年）

含一事也，賵一事也，兼歸之，非正也。（文公五年）

賵以早，而含已晚。（文公五年）

天子不以告朔，而喪事不數也。（文公六年）

求車猶可，求金甚矣。（文公九年）

禮，宗廟之事，君親割，夫人親舂，敬之至也，爲社稷之主，而先君之廟壞，極稱之，志不敬也。（文公十三年）

喪不貳事。（文公十六年）

雨不克葬，葬既有日，不爲雨止，禮也。（宣公八年）

雨不克葬，喪不以制也。（宣公八年）

免牲者，爲之緇衣纁裳，有司玄端，奉送至于南郊，免牛亦然。（成公七年）

免牲不曰不郊，免牛亦然。（成公七年）

宮室不設，不可以祭，衣服不脩，不可以祭，車馬器械不備，不可以祭，有司一人不備其職，不可以祭。（成公十七年）

變之不葬有三，失德不葬，弒君不葬，滅國不葬。（昭公十三年）

君在祭樂之中，聞大夫之喪，則去樂卒事，禮也。（昭公十五年）

然則何爲不爲君也？曰：有天疾者，不得入乎宗廟。（昭公二十年）

葬既有日，不爲雨止，禮也。（定公十五年）

雨不克葬，喪不以制也。（定公十五年）

鼷鼠食郊牛角，改卜牛，志不敬也。（哀公元年）

夏四月郊，不時也，五月郊，不時也。（哀公元年）

郊三卜，禮也，四卜，非禮也，五卜，強也。（哀公元年）

卜免牲者，吉則免之，不吉則否。（哀公元年）

這是對祭祀的規定。包括對天地的祭祀與對宗廟祭祀的規矩。

規定這部分主要來源是禮制。透過這個普遍性的原則來要求婦人、諸侯、天子等都應遵守其規定。《穀梁傳》於此部分的規定多於《公羊傳》。即其對於禮制的規範來作爲經文判斷的準則多於《公羊傳》。

（八）或曰：《公羊傳》27 次；《穀梁傳》61 次。

或曰，是指傳文中，引述他人的說法，來作爲解經時的論證。筆者將或曰的部分分爲兩種，一是有引人名，二是無引人名。

1. 有引人名

有引人名的部分是將引言人的名字標示出來。

隱公十一年冬十有一月壬辰，公薨。《公羊傳》：

> 何以不書葬？隱之也。何隱爾？弒也。弒則何以不書葬？《春秋》君弒，賊不討，不書葬，以爲無臣子也。子沈子曰：「君弒，臣不討賊，非臣也。不復仇，非子也。」

《公羊傳》引子沈子的話解經，而子沈子的話與《公羊傳》立場一致。

閔公元年冬，齊仲孫來。《公羊傳》：

> 齊仲孫者何？公子慶父也。公子慶父則曷爲謂之齊仲孫？繫之齊也。曷爲繫之齊？外之也。曷爲外之？《春秋》爲尊者諱，爲親者諱，爲賢者諱，子女子曰：「以《春秋》爲《春秋》，齊無仲孫，其諸吾仲孫與？」

《公羊傳》引子女子語，補充說明齊無仲孫，《公羊傳》以爲齊仲孫爲公子慶父，此說法子女子亦如此看待。故子女子與《公羊傳》立場相同。

僖公五年秋八月，諸侯盟於首戴。《公羊傳》：

> 諸侯何以不序？一事而再見者，前目而後凡也。鄭伯逃歸不盟。其言逃歸不盟者何？不可使盟也。不可使盟，則其言逃歸何？魯子曰：「蓋不以寡犯眾也。」

《公羊傳》引魯子語作爲鄭伯「逃歸何」的解釋。

僖公二十年五月乙巳，西宮災。《公羊傳》：

> 西宮者何？小寢也。小寢則曷爲謂之西宮？有西宮則有東宮矣。魯子曰：「以有西宮，亦知諸侯之有三宮也。」

《公羊傳》引魯子曰，補充諸侯有三宮的說法。

僖公二十八年天王狩于河陽。《公羊傳》：

> 狩不書，此何以書？不與再致天子也。魯子曰：「溫近而踐土遠也。」

《公羊傳》上條經文爲：「冬公會晉侯、齊侯、宋公、蔡侯、鄭伯、陳子、莒子、邾婁子、秦人于溫。」當時諸侯會盟於溫，而天子在附近，這些諸侯卻不去覲見天子，故《公羊傳》曰不再致天子。《公羊傳》引魯子一說，是溫近而踐土遠，說明諸侯不去踐土覲見天子，以溫地較近，故與齊國會盟後約天子到溫地面見，不過如這樣書寫，則天子威嚴盡失，故使若天子在河陽狩，實際天子與諸侯於河陽見面。

文公四年夏，逆婦姜於齊。《公羊傳》：

其謂之逆婦姜於齊何？略之也。高子曰：「娶乎大夫者，略之也。」

《公羊傳》引高子語，其說與《公羊傳》一致，爲「略之」。

哀公四年，晉人執戎曼子赤歸于楚。

赤者何？戎曼子之名也。其言歸于楚何？子北宮子曰：「辟伯晉而京師楚也。」

《公羊傳》引子北宮子語，直接回應晉人執戎曼子赤歸於楚這問題。

隱公五年《春秋》：「初獻六羽。」《穀梁傳》：

尸子曰：「舞，夏，自天子至諸侯皆用八佾，初獻六羽，始厲樂矣。」

此引尸子曰與穀梁子曰相左。穀梁子曰：「舞，夏，天子八佾，諸公六佾，諸侯四佾。初獻六羽，始僭樂矣。」可見二說並行於當時，不知何爲正解，故信以傳信，疑以傳疑。

桓公九年《春秋》：「冬，曹伯使其世子射姑來朝。」《穀梁傳》：

尸子曰：「夫已多乎道。」

此引尸子曰與傳文意義相左。《穀梁傳》：「朝不言使，言使非正也。使世子伉諸侯之禮，曹伯失正矣。諸侯相見曰朝，以待人父之道待人之子，以內爲失正矣。內失正，曹伯失正，世子可以已矣，則是故命也。」《穀梁傳》認爲曹伯失正，世子又成父之惡，故貶之。尸子說法不同，認爲曹伯合道。

襄公二十三年《春秋》：「冬，十月，乙亥，臧孫紇出奔邾。」《穀梁傳》：

蘧伯玉曰：「不以道事其君者，其出乎。」

《穀梁傳》：「其日，正臧孫紇之出也。」范甯云：「正其有罪」。而蘧伯玉言其出乎，范甯云：「必不見容」是從不見容於君，才出奔。所以蘧伯玉的引文是同於《穀梁傳》。

昭公四年《春秋》：「秋，七月，楚子、蔡侯、陳侯、許男、頓子、胡子、沈子、淮夷，伐吳。執齊慶封殺之。」《穀梁傳》：

孔子曰：「懷惡而討，雖死不服，其斯之謂與。」

此引「孔子曰」在補充楚子懷惡而討齊慶封，慶封死而不服，強調春秋之義，用貴治賤，用賢治不肖，不以亂治亂也。

定公元年《春秋》：「戊辰，公即位。」《穀梁傳》：

沈子曰：「正棺乎兩楹之間，然後即位也。」

魯昭公喪在外，故定公元年未言即位，到了夏天才即位。此引沈子曰，同時說明先君喪，殯而後言即位。故與《穀梁傳》同。

以上所舉，可知引有人名的話，目的在補充說明與加強論說。《公羊傳》引「或曰」的內容都與《公羊傳》意見一致，並有補充說明的目的。而《穀梁傳》大抵相同，但其中多了一類相反意見，此是《公羊傳》所沒有的。如《穀梁傳》引尸子兩次，都是相反的說法。或換個方式想，《穀梁傳》並非不同意尸子的說法，而是當時流傳二種說法，因爲無法判斷誰是誰非，所以存疑二說。

2. 未引人名

無引人名的部分是，在引言人的上面沒有將名字書寫出來。

閔公二年冬，齊高子來盟。《公羊傳》：

> 高子者何？齊大夫也。何以不稱使？我無君也。然則何以不名？喜之也。何喜爾？正我也。其正我奈何？莊公死，子般弒，閔公弒，比三君死，曠年無君，設以齊取魯，曾不興師徒，以言而已矣。桓公使高子將南陽之甲，立僖公而城魯，或曰自鹿門至於爭門者是也，或曰自爭門至於吏門者是也，魯人至今以爲美談曰：「猶望高子也。」

《公羊傳》引或曰未有人名。兩「或曰」文字雖不同，但同爲補充齊高子立僖公、城魯之事。

成公元年秋，王師敗績於貿戎。《公羊傳》：

> 孰敗之？蓋晉敗之，或曰貿戎敗之。然則曷爲不言晉敗之？王者無敵，莫敢當也。

《公羊傳》引或曰是指理解上，可以用「晉」或「貿戎」兩個身份來說明晉師，因其打敗王師，經文不得言晉師，只能言貿戎。

隱公二年《春秋》：「紀子伯、莒子，盟于密。」《穀梁傳》：

> 或曰：「紀子伯、莒子，而與之盟。」或曰：「年同、爵同，故紀子以伯先也。」

《穀梁傳》引這兩段或曰說法一致，都以紀子爲伯所以列於先。

隱公八年《春秋》：「冬，十月，無侅卒。」《穀梁傳》：

> 無侅之名，未有聞焉。或曰：「隱不爵大夫也。」或說曰：「故貶之也。」

二「或曰」並非有所衝突，而是對無侅之名的說法，存二說。

桓公二年《春秋》：「宋督弒其君與夷及其大夫孔父。」《穀梁傳》：

或曰：「其不稱名，蓋爲祖諱也，孔子故宋也。」

《穀梁傳》對孔父不稱名的理由有一種說法，「臣既死，君不忍稱其名。」，又引或曰的說法，二種說法並不衝突。

桓公八年《春秋》：「祭公來，遂逆王后于紀。」《穀梁傳》：

其曰：「遂逆王后，故略之也。」或曰：「天子無外，王命之則成矣。」

《穀梁傳》認爲經書不言使者的原因，有兩種說法，故同時徵引存信。這二說法雖不同但不衝突。

莊公二年《春秋》：「夏，公子慶父帥師伐于餘丘。」《穀梁傳》：

其一曰君在而重之也。

凡攻國曰伐，今餘丘爲邾之邑，曰伐。《穀梁傳》說公子貴也。或曰：君在而重之。是補充說明。

文公三年《春秋》：「夏，五月，王子虎卒。」《穀梁傳》：

或曰：「以其嘗執重以守也。」

《穀梁傳》對《春秋》爲何記載王子虎卒，說是之前其有來魯國會葬，或曰是說王子虎有功於鄭國。二者說法不同。

成公九年《春秋》：「杞伯來逆叔姬之喪以歸。」《穀梁傳》：

傳曰：「夫無逆出妻之喪而爲之也。」

傳曰說禮制無丈夫逆出妻之喪的禮制。此《穀梁傳》直接用傳曰的說法來解釋經文。

從以上所舉，未引人名的「或曰」作用，《公羊傳》只有補充與說明的作用，且《公羊傳》引的「或曰」，意見都與《公羊傳》同。《穀梁傳》引的「或曰」，可區分數種，一是傳曰，傳曰是代替傳文發傳，是在解釋理由。二是引的「或曰」與傳文意思相同。三是引的「或曰」是存兩種說法不同的說法，可是這兩種說法並不相左。四是引的「或曰」在補充傳文的說法。五是引的或曰與傳文意見相左，但這部分很少。

（九）轉語：《公羊傳》32 次；《穀梁傳》131 次。

轉語的使用牽涉傳者對於《春秋》經文本義的認識與經文字面上的意義不同。採「轉語」作爲解經的方法次數越多者，則表示其對孔子作《春秋》的迂迴書寫有較多的揭示。轉語有部分是因爲某種需要，所以更動經文文字，這就是《春秋》的一字之褒貶。還有一部分是將《春秋》的用字以反面的意思來解釋。筆者將轉語部分，分為一是有目的的更動經文文字，二是為避諱。

1. 轉語有目的的更動經文文字

隱公元年《春秋》:「鄭伯克段于鄢。」

《公羊傳》:「克之者何？殺之也。殺之則何為謂之克？大鄭伯之惡也。」

《穀梁傳》:「何以不言殺，見段之有徒眾也。」

《公羊傳》、《穀梁傳》云用克不用殺字的原因，也說明孔子的用法。透過經文文字的改易，使意義呈現。

隱公元年《春秋》:「夏，五月，鄭伯克段于鄢。」

《公羊傳》:「段者何？鄭伯之弟也。何以不稱弟？當國也。」

《穀梁傳》:「段，弟也。而弗謂弟，公子也。而弗謂公子，貶之也。」

《公羊傳》、《穀梁傳》於此說明為何不書公子段的原因，一為當國，一為貶。雖理由不同，不過二傳皆以孔子透過經文書寫的更動來表現褒貶。

桓公八年《春秋》:「祭公來，遂逆王后于紀。」

《公羊傳》:「何以不稱使？婚禮不稱主人。」

《穀梁傳》:「其不言使焉何也？不正其以宗廟之大事，即謀於我，故弗與使也。」

此說明祭公為天子大夫，不言天王使，一以為婚禮不稱主人，一表示其行為不正。皆表明孔子於經書上不書「使祭公來」，是改寫使闕之，突顯不稱主人或不正的意義。

2. 轉語為避諱而更動經文文字

這部分的轉語，都是為諱而更動經文文字。

桓公元年《春秋》:「鄭伯以璧假許田。」

《公羊傳》:「其言以璧假之何？易之也。易之則其言假之何？為恭也。曷為為恭？有天子存，則諸侯不得專地也。」

《穀梁傳》:「非假而曰假，諱易地也。」

《公羊傳》、《穀梁傳》對經文用假字，一以為天子在，若明目張膽的交換天子封地則天子甚無威望，故言「假」為「恭」。一是為諱鄭伯與魯國私下易地。二傳皆可當作是為了周天子避諱的更動。

莊公元年《春秋》:「三月，夫人孫于齊。」

《公羊傳》：「孫之何？孫猶孫也。內諱奔，謂之孫。」

《穀梁傳》：「孫之爲言猶孫也，諱奔也。」

《公羊傳》、《穀梁傳》皆以經文用「孫」字來替代夫人出奔，以替其隱諱。

僖公十七年《春秋》：「夏滅項。」

《公羊傳》：「孰滅之？齊滅之。曷爲不言齊滅之？爲桓公諱。」

《穀梁傳》：「何以不言桓公也？爲賢者諱也。」

《公羊傳》、《穀梁傳》雖認爲齊桓公滅項，是爲惡行，但齊桓公穩定了魯莊公至僖公時公子慶父弒二君的內亂，以爲賢，故爲賢者諱，而不直書齊侯滅項。

文公二年《春秋》：「三月，乙巳，及晉處父盟。」

《公羊傳》：「何以不氏？諱與大夫盟也。」

《穀梁傳》：「不言公，處父伉也，爲公諱也。」

《公羊傳》、《穀梁傳》因爲晉處父爲大夫，若書魯公則失身份，或這次會盟晉處父驕伉，所以爲魯公諱，不書魯公參與會盟。實際上魯公是有出席的。

《公羊傳》、《穀梁傳》相較之下，二傳的「轉語」都有孔子的目的，或爲褒貶，或爲尊、賢者諱。但《穀梁傳》於解經時，使用的次數很多。從另一面來說，此類「轉語」之解經語，改變了讀者初讀經文的意義，揭示經文的隱諱之處。此類「轉語」若無傳文說明，則讀者便是讀書千遍，亦難有所領悟。

（十）故事：《公羊傳》41 次；《穀梁傳》26 次。

《公羊傳》、《穀梁傳》皆有以故事來解經的解經方法，二傳相同。唯《公羊傳》的次數略多。

（十一）無聞焉爾：《公羊傳》6 次；《穀梁傳》3 次。

隱公二年，紀子伯莒子盟於密。《公羊傳》：

紀子伯者何？無聞焉爾。

此紀子伯《公羊傳》未知其爲何人，參《穀梁傳》其以爲是紀國國君。

桓公十四年夏五，鄭伯使其弟語來盟。

夏五者何？無聞焉爾。

《公羊傳》以「夏五」無聞焉爾，參《穀梁傳》其指「隱、桓之日遠矣，夏五，傳疑也。」意孔子見材料僅書「夏五」，其亦不增修，以原貌傳與後世。

文公十一年冬十月甲午，叔孫得臣敗狄於鹹。

狄者何？長狄也。兄弟三人，一者之齊，一者之魯，一者之晉。其之齊者，王子成父殺之。其之魯者，叔孫得臣殺之。則未知其之晉者也。

《公羊傳》云狄者有兄弟三人，一爲齊王子成父殺之；一爲魯叔孫得臣殺之；一爲往晉，卻不知晉之何人殺之。參《穀梁傳》：「兄弟三人，佚宕中國……則未知其之晉者也。」亦不知之晉者，爲誰所殺。

文公十四年宋子哀來奔。

宋子哀者何？無聞焉爾。

《穀梁傳》：「其曰子哀，失之也。」范甯「言失其氏族，不知何人。」似與《公羊傳》同爲無聞焉爾。

襄公二年己丑，葬我小君齊姜。

齊姜者何？齊姜與繆姜則未知其爲宣夫人與？成夫人與？

《公羊傳》未知齊姜身份，《穀梁》無傳。

哀公十四年春，西狩獲麟。

君子曷爲爲《春秋》？撥亂世，反諸正，莫近諸《春秋》。則未知其爲是與？其諸君子樂道堯、舜之道與？末不亦樂乎堯、舜之知君子也？制《春秋》之義，以俟後聖，以君子之爲，亦有樂乎此也。

此《公羊傳》不知君子作《春秋》之目的，只能試爲言說。

隱公八年冬，十有二月，無侅卒。《穀梁傳》：

無侅之名，未有聞焉。

《穀梁傳》不知無侅之名，《公羊傳》：「此展無駭也。何以不氏？疾始滅也，故終其身不氏。」是知無侅之身份姓氏。

桓公五年春正月，甲戌、己丑，陳侯鮑卒。

鮑卒何爲以二日卒之？春秋之義，信以傳信，疑以傳疑。陳侯以甲戌之日出，己丑之日得，不知死之日，故舉二日以包也。

此《穀梁傳》以孔子不知陳侯鮑卒之日，故以二日皆書，《公羊傳》云陳侯鮑此人，「甲戌之日亡，己丑之日死，而得君子疑焉，故以二日卒之也」。亦是不知陳侯鮑眞正卒日，故二舉之。

以上《公羊傳》、《穀梁傳》對經文之書寫有所不知，或對人名，或對人之身分、或對日期的記載，二傳秉持「信以傳信，疑以傳疑」的態度，陳述之。我們見二傳有些部份或可相互參照二傳有所解答，有部份則是二傳皆未知所以然的。這便是《公羊傳》、《穀梁傳》對無聞焉爾的經文，所採取的解經方法。

第三節 小 結

《公羊傳》、《穀梁傳》傳文的結構理應由二傳的所有文字進行分析，始能得到傳文的整體結構。如《春秋》的結構是時、人、事、物、地。而《公羊傳》、《穀梁傳》二傳的結構初可以問答形式來看待，進一步再分析時，可以十一種解經方法來作爲傳文的組成結構。從這些解經方法中便可比較出二傳的差異。

從問答形式，我們發現《公羊傳》以問答形式來解經的次數多於《穀梁傳》，同時其問答形式爲縱向式的問答爲多，此方式使經義呈現若剝洋蔥般層層推進核心，而《穀梁傳》多是橫向式的問答形式，逐一的對經文每一字加以解釋。這樣的結果對於解經的影響是縱向式的形式會有較多限定讀者的閱讀焦點與局限讀者對於經文褒貶的認識。

從解經方法來看，我們發現一般人都將二傳的重點放在所闡釋的微言大義上，但從結構上看，二傳的解經方式主要是「理由」與「說明」。這並不是說義例或訓詁不重要，而是將「傳」字的意義，還原它本身的性質。就《公羊傳》、《穀梁傳》二傳的「傳」字而言，是複合型的解經，然而主要是透過「理由」與「說明」的方式來發傳。且二傳的解經方法結構基本上一致，少許同中有異。最大的差異在於《穀梁傳》所衍生出解經的類別是較繁多的。如何解釋爲何《穀梁傳》的解經類別較多且細呢？若從問答形式的數量來看，《公羊傳》多於《穀梁傳》約一千多條，則《公羊傳》在有問的情形下，必須有答。而答的內容多是要解釋「理由」，故我們見《公羊傳》的解經方法中「理由」佔的比例甚高，這就說明其問答形式影響了其解經方法。而《穀梁傳》問答的形式解經較少，故其能發揮的方式不同，著重在傳例。當然《穀梁傳》的目的也是要讓讀者能讀懂《春秋》，其限定方式雖未用縱向的問答，也有其一套。其用的是對經文的意義加以定義，故《穀梁傳》有很多爲經文定義的內容，這便是《穀梁傳》的方式。

第五章　傳家意識的介入

《公羊傳》與《穀梁傳》在解釋《春秋》時，咸以爲是轉述聖人大義，沒有自己的看法，因聖人之心難以揣摩。但《公羊傳》、《穀梁傳》實際上是在限定《春秋》的理解，它的解釋具有強制性，但形象總是被讀者讀成「服從（《春秋》）者」的姿態。筆者從傳文的字裡行間，去找尋混雜在爲《春秋》、魯國代言，及傳中人物對自己的稱呼之外的聲音。

「爲《春秋》、魯國代言的聲音」是指孔子作《春秋》時會書「我」，實際上是指魯國。如《公羊傳》桓公十八年冬「十有二月己丑，葬我君桓公」，此「我」是從魯國的角度書寫，故稱「我」。又如《公羊傳》莊公九年「八月庚申，及齊師戰于乾時，我師敗績」，亦同。

「傳中人物對自己的稱呼」是指傳文中所敘述的主角自己說話時，對他人宣稱自己的稱謂。如僖公十年「晉殺大夫里克」，《穀梁傳》：「世子曰：『吾君已老矣，已昏矣。吾若此，而入自明。則麗姬必死。麗姬死則吾君不安，所以使吾君不安者，吾不若自死，吾寧自殺以安吾君。』」傳中的「吾」是申生自稱。

這兩類都不是公羊高或穀梁子這兩位作者的自我書寫，筆者找的是公羊子或穀梁子在解經時，經意/不經意的將「我的解釋」納入解經文字之中，成爲傳文的一部分，如有這樣的書寫，即可作爲傳文間雜經師解釋的明確例證。

第一節　《公羊傳》中的「我」、「吾」、「以爲」

經過判讀，《公羊傳》關於「我」的書寫可以分爲三種，一是自稱魯國，二是傳中人物自稱，三是孔子自稱。

一、自稱魯國

1. 《公羊傳》隱公元年三月，公及邾婁儀父盟于眛。

及者何？與也。會及暨，皆與也。曷爲或言會，或言及，或言暨。會，猶最也。及，猶汲汲也。暨，猶暨暨也。及，我欲之。

這裡《公羊傳》的「我」字是指魯國欲與邾婁盟會，所以其言我，是以魯國爲一個整體而爲其代言。

2. 隱公八年庚寅，我入邴。

其言我何？言我者，非獨我也，齊亦欲之。

傳文言「我」，是指魯國，或說是我國。

3. 桓公三年九月，齊侯送姜氏于讙。

何以書？譏。何譏爾？諸侯越竟送女，非禮也。此入國矣，何以不稱夫人？自我言齊，父母之於子，雖爲鄰國夫人，猶曰吾姜氏。

「我」、「吾」皆指魯國、我國。

4. 桓公五年冬，州公如曹。

外相如不書。此何以書？過我也。

過「我」，指過「我國」也。

5. 桓公六年春正月，寔來。

寔來者何？猶曰是人來也。孰謂？謂州公也。曷爲謂之寔來？慢之也。曷爲慢之？化我也。

「我」指魯國。

6. 桓公八年祭公來，遂逆王后于紀。

祭公者何？天子之三公也。何以不稱使？婚禮不稱主人。遂者何？生事也。大夫無遂事，此其言遂何？成使乎我也。其成使乎我奈何？使我爲媒可。

「我」指魯國。

7. 桓公九年春，紀季姜歸于京師。

其辭成矣。則其稱紀季姜何？自我言。紀父母之於子，雖爲天王后，猶曰吾季姜。

「我」、「吾」皆指魯國。

8. **莊公元年夏，單伯逆王姬。**

逆之者何？使我主之也。曷爲使我主之？天子嫁女乎諸侯，必使諸侯同姓者主之。

「我」指魯國，亦可理解爲莊公。但因爲《公羊傳》非記錄魯莊公言行的典籍，所以「我」仍是從魯國立場來講。

9. **莊公元年，王使榮叔來錫桓公命。**

錫者何？賜也。命者何？加我服也。

「我」指魯國，亦可理解爲我國之魯桓公。

10. **莊公元年，王姬歸于齊。**

何以書？我主之也·

「我」指魯國。

11. **莊公二年秋，七月，齊王姬卒。**

外夫人不卒，此何以卒？錄焉爾。曷爲錄焉爾？我主之也。

「我」指魯國。

12. **莊公六年冬，齊人來歸寶。**

此衛寶也，則齊人曷爲來歸之？衛人歸之也。衛人歸之，則其稱齊人何？讓乎我也。其讓乎我奈何？齊侯曰：「此非寡人之力，魯侯之力也。」

「我」指魯國。

13. **莊公九年九月，齊人取子糾殺之。**

其取之何？內辭也。脅我，使我殺之也。

「我」指魯國。

14. **莊公十年夏，六月，齊師宋師次于郎，公敗宋師于乘丘。**

其言次于郎何？伐也。伐則其言次何？齊與伐而不與戰，故言伐也。我能敗之，故言次也。

「我」指魯國。

15. **莊公十一年秋，宋大水。**

何以書？記災也。外災不書，此何以書？及我也。

「我」指魯國。

16. 莊公十一年冬，王姬歸于齊。

何以書？過我也。

「我」指魯國。

17. 莊公二十年夏，齊大災。

外災不書，此何以書？及我也。

「我」指魯國。

18. 莊公二十三年，十有二月，甲寅，公會齊侯盟于扈。

桓之盟不日，此何以日？危之也。何危爾？我貳也。魯子曰：「我貳者，非彼然，我然也。」

「我」指魯國。

19. 莊公三十一年六月，齊侯來獻戎捷。

齊，大國也。曷爲親來獻戎捷，威我也。其威我奈何？旗獲而過我也。

「我」指魯國。

20. 閔公二年冬，齊高子來盟。

高子者何？齊大夫也。何以不稱使？我無君也。然則何以不名？喜之也。何喜爾？正我也。其正我奈何？莊公死，子般弒，閔公弒，比三君死。曠年無君，設以齊取魯，曾不興師，徒以言而已矣。

「我」指魯國。

21. 僖公三年冬，公子友如齊盟。

盟者何？往盟乎彼也。其言來盟者何？來盟于我也。

「我」指魯國。

22. 僖公九年九月戊辰，諸侯盟于葵丘。

葵丘之會，桓公震而矜之。叛者九國，震之者何？猶曰：振振然。矜之者何？猶曰：莫若我也。

「我」指魯國。

23. 文公元年，天王使毛伯來錫公命。

錫者何？賜也。命者何？加我服也。

「我」指魯國，亦可指我國之僖公。

24. 文公三年夏五月，王子虎卒。

王子虎者何？天子之大夫也。外大夫不卒，此何以卒？新使乎我也。

「我」指魯國。

25. **文公九年辛丑，葬襄王。**

王者不書葬，此何以書？不及時書，過時書，我有往者則書。

「我」指魯國，亦可指魯國派前往的使者。

26. **文公十五年，齊人歸公孫敖之喪。**

何以不言來？內辭也。脅我而歸之，筍將而來也。

「我」指魯國。

27. **文公十五年，齊侯侵我西鄙，遂伐曹，入其郛。**

郛者何？恢郭也。入郛書乎？曰：不書。入郛不書，此何以書？動我也。動我者何？內辭也。其實我動焉爾。

「我」指魯國。

28. **宣公十年春，公如齊，公至自齊。齊人歸我濟西田。**

齊已取之矣，其言「我」何？言「我」者，未絕於我也。曷爲未絕于我？齊已言取之矣，其實未之齊也。

前者「我」指《春秋》經文中「歸我濟西田」的「我」，皆指魯國。

29. **成公八年春，晉侯使韓穿來言汶陽之田。**

歸之于齊，來言者何？內辭也，脅我使我歸之也。曷爲使我歸之？鞍之戰，齊師大敗，齊侯歸，弔死視疾，七年不飲酒，不食肉。晉侯聞之曰：嘻！奈何使人之君，七年不飲酒，不食肉。請皆反其所取侵地。

「我」指魯國。

30. **襄公五年冬，戍陳。**

孰戍之？諸侯戍之。曷爲不言諸侯戍之？離至不可得而序，故言我也。

「我」指魯國。

31. **襄公十年，戍鄭虎牢。**

孰戍之？諸侯戍之。曷爲不言諸侯戍之？離至不可得而序，故言我也。諸侯已取之矣，曷爲繫之鄭？諸侯莫之主有，故反繫之鄭。

「我」指魯國。

32. **襄公十五年，劉夏逆王后于齊。**

外逆女不書。此何以書？過我也。

「我」指魯國。

33. **定公四年，劉卷卒。**

劉卷者何？天子之大夫也。外大夫不卒，此何以卒？我主之也。

「我」指魯國。

34. **定公四年，葬劉文公。**

外大夫不書葬，此何以書？錄我主也。

「我」指魯國。

35. **定公五年夏，歸粟于蔡。**

孰歸之？諸侯歸之。曷爲不言諸侯歸之？離至不可得而序，故言我也。

「我」指魯國。

36. **隱公六年春，鄭人來輸平。**

輸平者何？輸平，猶墮成也。何言乎墮成？敗其成也。曰：吾成敗矣。吾與鄭人，末有成也。吾與鄭人則曷爲末有成？狐壤之戰，隱公獲焉。然則何以不言戰？諱獲也。

「吾」指魯國。

37. **隱公九年，俠卒。**

俠者何？吾大夫之未命者也。

「吾」指魯國。

38. **桓公十年冬十有二月丙午，齊侯、衛侯、鄭伯來戰于郎。**

郎者何？吾近邑也。吾近邑則其言來戰于郎何？近也。惡乎近，近乎圍也。此偏戰也，何以不言師敗績？內不言戰，言戰，乃敗矣。

「吾」指魯國。

39. **桓公十一年，柔會宋公、陳侯、蔡叔盟于折。**

柔者何？吾大夫之未命者也。

「吾」指魯國。

40. **莊公元年夏，單伯逆王姬。**

單伯者何？吾大夫之命乎天子者也。何以不稱使？天子召而使之也。逆之者何？使我主之也。曷爲使我主之？天子嫁女乎諸侯，必使諸侯同姓者主之，諸侯嫁女于大夫，必使大夫同姓者主之。

「吾」指魯國。

41. **莊公三年春王正月，溺會齊師伐衛。**

溺者何？吾大夫之未命者也。

「吾」指魯國。

42. **莊公八年甲午，祠兵。**

祠兵者何？出曰祠兵，入曰振旅，其禮一也，皆習戰也。何言乎祠兵？爲久也。曷爲爲久？吾將以甲午之日，然後祠兵於是。

「吾」指魯國。

43. **莊公八年夏，師及齊師圍成，成降于齊師。**

曷爲不言降吾師？辟之也。

「吾」指魯國。

44. **莊公二十二年秋七月丙申，及齊高傒盟于防。**

齊高傒者何？貴大夫也。曷爲就吾微者而盟？公也。公則曷爲不言公？諱與大夫盟也。

「吾」指魯國。

以上《公羊傳》於傳中自稱魯國，提及「我」、「吾」二字，共有 71 次。就《公羊傳》其言「吾」，主要是指「吾大夫」，「吾」字是間接的陳述句，似史官語氣。只發生在隱、桓、莊三公。

言「我」則分佈隱、桓、莊、閔、僖、文、宣、成、襄、定、哀，爲第一人稱，是直接以魯國爲當事人來說。如「我主之」、「過我也」等等。

二、傳中人物自稱

1. **桓公十一年九月，宋人執鄭祭仲。**

莊公死已葬，祭仲將往省于留，塗出于宋，宋人執之。謂之曰：「爲我出忽而立突。」

「我」指祭仲。

2. **莊公三十二年秋七月癸巳，公子牙卒。**

季子曰：「般也存，君何憂焉？」公曰：「庸得若是乎？」牙謂我曰：

「魯一生一及，君已知之矣。」

「我」指魯莊公。

3. **僖公二十一年，楚人使宜申來獻捷。**

宋公曰：「不可。吾與之約以乘車之會，自我爲之，自我墮之。」曰：「不可。……」楚人謂宋人曰：「子不與我國，吾將殺子君矣。」

前二字「我」指宋公，後一字指楚人。

4. **僖公二十八年，晉人執衛侯歸之于京師。**

何賢乎叔武？讓國也。其讓國奈何？文公逐衛侯而立叔武，叔武辭立而他人立，則恐衛侯之不得反也，故於是已立。然後爲踐土之會，治反衛侯，衛侯得反。曰：「叔武篡我。」

「我」指侯之自稱。

5. **宣公六年春，晉趙盾、孫免侵陳，趙盾弑君。**

趙盾就而視之，則赫然死人也。趙盾曰：「是何也？」曰：「膳宰也，熊蹯不熟，公怒以斗摮而殺之，支解將使我棄之。」趙盾曰：「嘻！」趨而入。……勇士曰：「嘻！子誠仁人也！吾入子之大門，則無人焉；入子之閨，則無人焉；上子之堂，則無人焉；是子之易也。子爲晉國重卿而食魚飧，是子之儉也。君將使我殺子，吾不忍殺子也。雖然，吾亦不可復見吾君矣。」遂刎頸而死。……靈公謂盾曰：「吾聞子之劍，蓋利劍也，子以示我，吾將觀焉。」趙盾起將進劍，祁彌明自下呼之曰：「盾食飽則出，何故拔劍於君所？」……甲中者抱趙盾而乘之。趙盾顧曰：「吾何以得此於子？」曰：「子某時所食活我於暴桑下者也。」趙盾曰：「子名爲誰？」曰：「吾君孰爲介？子之乘矣，何問吾名？」趙盾驅而出，眾無留之者。趙穿緣民眾不說，起弑靈公，然後迎趙盾而入，與之立於朝，而立成公黑臀。

先後爲荷畚者、勇士、晉靈公、抱趙盾而乘之人的自稱。

6. **宣公十五年夏五月，宋人及楚人平。**

莊王曰：「子去我而歸，吾孰與處于此。吾亦從子而歸爾。」引師而去之，故君子大其平乎已也。

「我」指楚莊王。

7. **成公二年秋七月，齊侯使國佐如師。已酉，及國佐盟于袁婁。**

郤克曰：「與我紀侯之甗、反魯衛之侵地、使耕者東畝、且以蕭同姪子爲質，則吾舍子矣。」國佐曰：「與我紀侯之甗，請諾；反魯衛之侵地，請諾；使耕者東畝，是則土齊也；蕭同姪子者，齊君之母也，齊君之母，猶晉君之母也，不可。」

「我」指郤克。

8. **襄公七年十有二月，公會晉侯、宋公、陳侯、衛侯、曹伯、莒子、邾婁子，于鄬。鄭伯髡原如會，未見諸侯。丙戌，卒于操。**

鄭伯曰：「不可。」其大夫曰：「以中國爲義則伐我喪，以中國爲彊則不若楚。」於是弑之。

「我」指鄭國，亦可指鄭國之大夫。

9. **襄公二十七年，衛殺其大夫甯喜。**

衛侯之弟鱄出奔晉，衛殺其大夫甯喜。則衛侯之弟鱄，曷爲出奔晉？爲殺甯喜出奔也。曷爲爲殺甯喜出奔？衛甯殖與孫林父逐衛侯而立公孫剽。甯殖病將死，謂喜曰：「黜公者非吾意也，孫氏爲之。我即死，女能固納公乎？」喜曰：「諾。」甯殖死，喜立爲大夫，使人謂獻公曰：「黜公者非甯氏也，孫氏爲之。吾欲納公，何如？」獻公曰：「子苟納我，吾請與子盟。」喜曰：「無所用盟，請使公子鱄約之。」獻公謂公子鱄曰：「甯氏將納我，吾欲與之盟，其言曰無所用盟，請使公子鱄約之。子固爲我與之約矣。」公子鱄辭曰：「夫負羈縶，執鈇鑕，從君東西南北，則是臣僕庶孽之事也，若夫約言爲信，則非臣僕庶孽之所敢與也。」獻公怒曰：「黜我者非甯氏與。」

先後指甯殖、獻公、獻公、獻公、獻公。

10. **襄公二十九年，吳子使札來聘。**

闔廬曰：「先君之所以不與子國，而與弟者，凡爲季子故也。將從先君之命與，則國宜之季子者也，如不從先君之命與，則我宜立者也。」

「我」指闔廬。

11. **昭公三十一年冬，黑弓以濫來奔。**

顏夫人者，嫗盈女也，國色也。其言曰：「有能爲我殺殺顏者，吾爲其妻。」

「我」指顏夫人。

12. 定公八年，盜竊寶玉大弓。

曰：「某月某日，將殺我于蒲圃，力能救我則於是。」至乎日若時，而出臨南者，陽虎之出也，御之。於其乘焉，季孫謂臨南曰：「以季氏之世世有子，子可以不免我死乎？」臨南曰：「有力不足，臣何敢不勉。」

「我」指陽虎、陽虎、季孫。

13. 哀公六年，齊陳乞弒其君舍。

陽生謂陳乞曰：「吾聞子蓋將不欲立我也。」陳乞曰：「夫千乘之主，將廢正而立不正，必殺正者。吾不立子者，所以生子者也。走矣。」與之玉節而走之。景公死而舍立，陳乞使人迎陽生于諸其家，除景公之喪，諸大夫皆在朝。陳乞曰：「常之母，有魚菽之祭，願諸大夫之化我也。」

「我」指陽生、陳乞。

14. 隱公三年癸未，葬宋繆公。

宣公謂繆公曰：「以吾愛與夷，則不若愛女，以爲社稷宗廟主，則與夷不若女，盍終爲君矣。」宣公死，繆公立，繆公逐其二子莊公馮，與左師勃。曰：「爾爲吾子，生毋相見，死毋相哭。」與夷復曰：「先君之所爲不與臣國，而納國乎君者，以君可以爲社稷宗廟主也，今君逐君之二子，而將致國乎與夷，此非先君之意也，且使子而可逐，則先君其逐臣矣。」繆公曰：「先君之不爾逐，可知矣。吾立乎此，攝也，終致國乎與夷。」莊公馮弒與夷。故君子大居正，宋之禍，宣公爲之也。

「吾」先後指宋宣公、宋繆公、宋繆公。

15. 隱公四年秋，翬帥師會宋公、陳侯、蔡人、衛人，伐鄭。

隱曰：「吾，否。吾使脩塗裘，吾將老焉。」公子翬恐若其言聞乎桓，於是謂桓曰：「吾爲子口隱矣。隱曰：『吾不反也。』」桓曰：「然則奈何？」曰：「請作難，弒隱公。」於鍾巫之祭焉，弒隱公也。

「吾」指魯隱公、魯隱公、魯隱公、公子翬、魯隱公。

16. 莊公元年，三月，夫人孫于齊。

公曰：「同非吾子，齊侯之子也。」齊侯怒與之飲酒，於其出焉，使公子彭生送之，於其乘焉，搚幹而殺之。

「吾」指魯桓公。

17. **莊公三十二年秋七月癸巳，公子牙卒。**

莊公病，將死，以病召季子。季子至而授之以國政，曰：「寡人即不起此病，吾將焉致乎魯國。」季子曰：「般也存，君何憂焉？」……季子曰：「夫何敢，是將爲亂乎？夫何敢。」俄而牙弒械成，季子和藥而飲之，曰：「公子從吾言而飲此，則必可以無爲天下戮笑，必有後乎魯國，不從吾言，而不飲此，則必爲天下戮笑，必無後乎魯國。」於是從其言而飲之。

「吾」前指魯莊公，後指季子、季子。

18. **閔公元年冬，齊仲孫來。**

子女子曰：「以《春秋》爲《春秋》，齊無仲孫，其諸吾仲孫與。」

「吾」指子女子。雖是就子女子言吾，但子女子所代表的立場是我們國的仲孫，故還是有魯國的意思。

19. **僖公元年冬十月壬午，公子友帥師敗莒師于犁獲莒挐。**

曰：「吾不得入矣。」於是抗輈經而死。莒人聞之曰：「吾已得子之賊矣。」

「吾」指公子慶父、莒人。

20. **僖公二年，虞師晉師滅夏陽。**

獻公揖而進之，遂與之入而謀曰：「吾欲攻郭，則虞救之，攻虞，則郭救之，如之何？」……獻公曰：「子之謀則已行矣，寶則吾寶也，雖然，吾馬之齒亦已長矣。」

「吾」指晉獻公、晉獻公、晉獻公。

21. **僖公二十一年，楚人使宜申來獻捷。**

宋公曰：「不可。吾與之約以乘車之會，自我爲之，自我墮之。」……宋公謂公子目夷曰：「子歸守國矣，國，子之國也，吾不從子之言。」……楚人謂宋人曰：「子不與我國，吾將殺子君矣。」宋人應之曰：「吾賴社稷之神靈，吾國已有君矣。」

「吾」指宋公、宋公、楚人、宋人、宋人。

22. **僖公二十二年冬十有一月己巳朔，宋公及楚人戰于泓，宋師敗績。**

宋公曰不可：「吾聞之也，君子不厄人，吾雖喪國之餘，寡人不忍行也。」……宋公曰：「不可，吾聞之也，君子不鼓不成列。」

「吾」指宋公、宋公、宋公。

23. **僖公三十三年夏四月辛巳，晉人及姜戎敗秦于殽。**

百里子與蹇叔子送其子而戒之曰：「爾即死，必於殽之嶔巖，是文王之所辟風雨者也，吾將尸爾焉。」子揖師而行，百里子與蹇叔子從其子而哭之。秦伯怒曰：「爾曷為哭吾師？」

「吾」指百里子、蹇叔子，後指秦伯。

24. **文公十四年，晉人納接菑于邾婁弗克納。**

郤缺曰：「非吾力不能納也，義實不爾克也。」

「吾」指郤缺。

25. **宣公六年春，晉趙盾、孫免侵陳，趙盾弒君。**

趙盾曰：「天乎，無辜，吾不弒君，誰謂吾弒君者乎？」……勇士曰：「嘻！子誠仁人也，吾入子之大門，則無人焉，入子之閨，則無人焉，……吾不忍殺子也，雖然，吾亦不可復見吾君矣。」……靈公謂盾曰：「吾聞子之劍，蓋利劍也，子以示我，吾將觀焉。」……趙盾顧曰：「吾何以得此于子？」曰：「子某時所食活我于暴桑下者也。」趙盾曰：「子名為誰？」曰：「吾君孰為介，子之乘矣，何問吾名。」

「吾」指趙盾、趙盾、勇士、勇士、勇士、勇士、晉靈公、晉靈公、趙盾、救趙盾者、救趙盾者。

26. **宣公十二年夏六月乙卯，晉荀林父帥師及楚子戰于邲，晉師敗績。**

莊王曰：「古者杅不穿，皮不蠹，則不出於四方，是以君子篤於禮而薄于利，要其人而不要其土。告從，不赦，不詳，吾以不詳道民，災及吾身，何日之有。」既則晉師之救鄭者至。曰：「請戰。」莊王許諾，將軍子重諫曰：「晉，大國也，王師淹病矣，君請勿許也。」莊王曰：「弱者，吾威之，彊者，吾辟之，是以使寡人無以立乎天下。」令之還師，而逆晉寇。莊王鼓之，晉師大敗，晉之走者，舟中之指可掬矣。莊王曰：「嘻，吾兩君不相好，百姓何罪。」令之還師，而佚晉寇。

「吾」指楚莊王、楚莊王、楚莊王、楚莊王、我們（楚莊王與晉師）。

27. 宣公十五年夏五月，宋人及楚人平。

司馬子反曰：「嘻！甚矣憊。雖然，吾聞之也，圍者柑馬而秣之，使肥者應客，是何子之情也。」華元曰：「吾聞之君子見人之厄，則矜之，小人見人之厄則幸之，吾見子之君子也。」是以告情于子也。司馬子反曰：「諾，勉之矣。吾軍亦有七日之糧爾，盡此不勝……」莊王曰：「嘻，甚矣憊，雖然，吾今取此，然後而歸爾。」司馬子反曰：「不可，臣已告之矣，軍有七日之糧爾。」莊王怒曰：「吾使子往視之，子曷爲告之。」司馬子反曰：「以區區之宋，猶有不欺人之臣，可以楚而無乎，是以告之也。」莊王曰：「諾，舍而止。雖然，吾猶取此然後歸爾。」司馬子反曰：「然則君請處于此，臣請歸爾。」莊王曰：「子去我而歸，吾孰與處于此，吾亦從子而歸爾。」引師而去之。

「吾」指司馬子、華元、華元、司馬子、楚莊王、楚莊王、楚莊王、楚莊王、楚莊王。

28. 成公二年秋七月，齊侯使國佐如師，己酉，及國佐盟于袁婁，

逢丑父曰：「吾賴社稷之神靈，吾君已免矣。」……郤克曰：「與我紀侯之甗，反魯、衛之侵地，使耕者東畝，且以蕭同姪子爲質，則吾舍子矣。」

「吾」指逢丑父、郤克。

29. 成公十五年三月乙巳，仲嬰齊卒。

叔仲惠伯曰：「吾子相之，老夫抱之，何幼君之有。」

「吾」指叔仲惠。

30. 成公十六年九月，晉人執季孫行父，舍之于招丘。

季孫行父曰：「臣有罪，執其君，子有罪，執其父，此聽失之大者也，今此臣之罪也。舍臣之身而執臣之君，吾恐聽失之爲宗廟羞也。」

「吾」指季孫行父。

31. 成公十七年壬申，公孫嬰齊卒于貍軫。

公至，曰：「吾固許之反爲大夫，然後卒之。」

「吾」指魯成公。

32. 襄公二十七年衞殺其大夫甯喜，衞侯之弟鱄出奔晉。

甯殖病將死，謂喜曰：「黜公者非吾意也。」……喜立爲大夫，使人

謂獻公曰：「黜公者非甯氏也，孫氏爲之，吾欲納公，何如？」獻公曰：「子苟納我，吾請與子盟。」喜曰：「無所用盟，請使公子鱄約之。」獻公謂公子鱄曰：「甯氏將納我，吾欲與之盟。」

「吾」指甯殖、甯喜、晉獻公、晉獻公。

33. **襄公二十九年，吳子使札來聘。**

季子不受，曰：「爾弒吾君，吾受爾國，是吾與爾爲簒也。爾殺吾兄，吾又殺爾，是父子兄弟相殺，終身無已也。」

「吾」指季子、季子、季子、季子、季子。

34. **襄公三十年秋七月，叔弓如宋，葬宋共姬。**

伯姬曰：「不可。吾聞之也，婦人夜出，不見傅母不下堂，傅至矣，母未至也。」

「吾」指宋共姬。

35. **昭公二十五年，齊侯唁公于野井。**

昭公將弒季氏，告子家駒曰：「季氏爲無僭，道於公室久矣，吾欲弒之。何如？」子家駒曰：「諸侯僭於天子，大夫僭於諸侯久矣。」昭公曰：「吾何僭矣哉？」……高子執簞食，與四脡脯，國子執壺漿，曰：「吾寡君聞君在外，餕饔未就，敢致糗于從者。」昭公曰：「君不忘吾先君，延及喪人，錫之以大禮。」再拜稽首，以衽受。……昭公曰：「以吾宗廟之在魯也。」

「吾」指魯昭公、魯昭公、高子、魯昭公、魯昭公。

36. **昭公三十一年冬，黑弓以濫來奔。**

臧氏之母曰：「公不死也，在是。吾以吾子易公矣。」……其言曰：「有能爲我殺殺顏者，吾爲其妻。」……邾婁人常被兵于周，曰：「何故死吾天子？」

「吾」指臧氏之母、臧氏之母、顏夫人、邾婁人。

37. **哀公六年，齊陳乞弒其君舍。**

景公謂陳乞曰：「吾欲立舍，何如？」……陽生謂陳乞曰：「吾聞子蓋將不欲立我也。」陳乞曰：「夫千乘之主，將廢正而立不正，必殺正者，吾不立子者，所以生子者也。」……陳乞曰：「吾有所爲甲，請以示焉。」

「吾」指齊景公、陽生、陳乞、陳乞。

38. **文公十二年，秦伯使遂來聘。**

遂者何？秦大夫也。秦無大夫，此何以書？賢繆公也。何賢乎繆公？以爲能變也。其爲能變奈何？惟諓諓善竫言，俾君子易怠，而況乎我多有之，惟一介斷斷焉無他技。其心休休，能有容，是難也。

「我」指秦繆公。

以上《公羊傳》傳文中以「我」、「吾」爲傳中人物自稱，有 141 次。可見《公羊傳》中讓故事中的人物，有自我陳述的機會較多。

三、孔子自稱

1. **昭公十二年春，齊高偃帥師納北燕伯于陽。**

伯于陽者何？公子陽生也。子曰：「我乃知之矣。」

「我」指孔子。

2. **哀公十四年春，西狩獲麟。**

西狩獲麟，孔子曰：「吾道窮矣。」

「吾」指孔子。

以上《公羊傳》傳文中以「我」、「吾」自稱孔子，共 2 次。這兩次，《公羊傳》中的孔子都是如《論語》般的轉錄孔子語，同時我們很容易意識到「子曰」之外的非孔子語言，爲《公羊傳》重新詮釋或代爲立說的方式。

四、《公羊傳》轉述孔子之意

1. **隱公十一年冬十有一月壬辰，公薨。**

何以不書葬？隱之也。何隱爾？弒也。弒，則何以不書葬？《春秋》君弒賊不討，不書葬，以爲無臣子也。……《春秋》君弒賊不討，不書葬，以爲不繫乎臣子也。

「以爲」指孔子述作之意。

2. **桓公十一年秋九月，宋人執鄭祭仲。**

祭仲者何？鄭相也。何以不名？賢也。何賢乎祭仲？以爲知權也。

「以爲」指孔子述作之意。

3. 莊公四年六月乙丑，齊侯葬紀伯姬。

復讎者，非將殺之，逐之也。以爲雖遇紀侯之殯，亦將葬之也。

「以爲」指孔子述作之意。

4. 莊公二十四年冬，戎侵曹，曹羈出奔陳。

曹羈者何？曹大夫也。曹無大夫，此何以書？賢也。何賢乎曹羈？戎將侵曹。曹羈諫曰：「戎眾以無義，君請勿自敵也。」曹伯曰：「不可。」三諫不從，遂去之，故君子以爲得君臣之義也。

「以爲」指孔子述作之意。

5. 莊公二十八年，臧孫辰告糴于齊。

告糴者何？請糴也。何以不稱使？以爲臧孫辰之私行也。

「以爲」指孔子述作之意。。

6. 僖公二十二年冬十有一月己巳朔，宋公及楚人戰于泓，宋師敗績。

故君子大其不鼓不成列，臨大事而不忘大禮，有君而無臣，以爲雖文王之戰，亦不過此也。

「以爲」指孔子述作之意。

7. 僖公三十年衛侯鄭歸于衛。

此殺其大夫，其言歸何？歸惡乎元咺也。曷爲歸惡乎元咺？元咺之事君也，君出則己入，君入則己出，以爲不臣也。

「以爲」指孔子述作之意。

8. 文公二年，公子遂如齊納幣。

納幣不書，此何以書？譏。何譏爾？譏喪娶也。娶在三年之外，則何譏乎喪娶？三年之內不圖婚。吉禘于莊公，譏。然則曷爲不於祭焉譏？三年之恩疾矣，非虛加之也，以人心爲皆有之。以人心爲皆有之，則曷爲獨於娶焉譏？娶者大吉也，非常吉也。其爲吉者，主於己，以爲有人心焉者，則宜於此焉變矣。

「以爲」指孔子述作之意。

9. 文公十二年，秦伯使遂來聘。

遂者何？秦大夫也。秦無大夫，此何以書？賢繆公也。何賢乎繆公？以爲能變也。

「以爲」指孔子述作之意。

以上《公羊傳》以「以爲」指孔子述作之意，共 10 次。此既是指孔子述作之意，其中有褒有貶，皆接續在「以爲」之後。褒者如：「以爲知權」、「以爲得君臣之義也」、「以爲雖文王之戰，亦不過此也」。貶者如：「以爲無臣子」、「以爲臧孫辰之私行也」、「以爲不臣」。

第二節　《穀梁傳》中的「我」、「吾」、「以爲」

如對《公羊傳》的分析，現以同方式來分析《穀梁傳》的「我」、「吾」、「以爲」。

一、自稱魯國

1. 隱公二年夏五月，莒人入向。

　　入者，內弗受也，向我邑也。

　此「我」指魯國。

2. 隱公二年九月，紀履緰來逆女。

　　逆女，親者也。使大夫，非正也。以國氏者，爲其來交接於我，故君子進之也。

　此「我」指魯國。

3. 隱公七年，齊侯使其弟年來聘。

　　諸侯之尊，弟兄不得以屬通。其弟云者，以其來接於我，舉其貴者也。

　此「我」指魯國。

4. 桓公二年，九月入杞。

　　我入之也。

　此「我」指魯國。

5. 桓公五年冬，州公如曹。

　　外相如不書，此其書，何也？過我也。

　此「我」指魯國。

6. 桓公六年六年春正月，寔來。

　　寔來者，是來也。何謂是來？謂州公也。其謂之是來何也？以其畫我，故簡言之也。

此「我」指魯國。

7. 桓公八年祭公來，遂逆王后于紀。

其不言使焉何也？不正其以宗廟之大事，即謀於我，故弗與使也。

此「我」指魯國。

8. 桓公十四年夏五，鄭伯使其弟禦來盟。

諸侯之尊，弟兄不得以屬通。其弟云者，以其來我舉其貴者也。

此「我」指魯國。

9. 桓公十八年冬十有二月己丑，葬我君桓公。

葬我君，接上下也。

此「我」指魯國。

10. 莊公六年冬，齊人來歸寶。

以齊首之分惡於齊也，使之如下齊而來我然。

此「我」指魯國。

11. 莊公十年夏六月，齊師、宋師，次于郎。

次，止也，畏我也。

此「我」指魯國。

12. 莊公十一年冬，王姬歸于齊。

其志，過我也。

此「我」指魯國。

13. 莊公十八年夏，公追戎于濟西。

其不言戎之伐我何也？以公之追之，不使戎邇於我也。

此「我」指魯國。

14. 莊公十九年冬，齊人、宋人、陳人伐我西鄙。

其曰鄙，遠之也。其遠之何也？不以難邇我國也。

此「我」指魯國。

15. 文公元年夏四月丁巳，葬我君僖公。

薨稱公，舉上也。葬我君，接上下也。

此「我」指魯國。

16. 文公三年夏五月，王子虎卒。

叔服也，此不卒者也。何以卒之？以其來會葬，我卒之也。

此「我」指魯國。

17. 文公八年，宋司城來奔。

來奔者不言出，舉其接我也。

此「我」指魯國。

18. 文公九年冬，楚子使萩來聘。

楚無大夫，其曰萩何也？以其來我褒之也。

此「我」指魯國。

19. 成公二年秋七月，齊侯使國佐如師，己酉，及國佐盟于爰婁。

齊之有以取之何也？敗衛師于新築，侵我北鄙。

此「我」指魯國。

20. 成公八年春，晉侯使韓穿來言汶陽之田歸之于齊。

于齊，緩辭也，不使盡我也。

此「我」指魯國。

21. 襄公五年叔孫豹，繒世子巫如晉。

外不言如，而言如，爲我事往也。

此「我」指魯國。

22. 襄公十五年，劉夏逆王后于齊。

過我，故志之也。

此「我」指魯國。

23. 襄公二十一年，邾庶其以漆閭丘來奔。

來奔者不言出，舉其接我者也。

此「我」指魯國。

24. 隱公二年冬十月，伯姬歸于紀。

吾伯姬歸于紀，故志之也。

「吾」指魯國。

25. 桓公十年冬十有二月丙午，齊侯、衛侯、鄭伯來戰于郎。

內不言戰，言戰則敗也，不言其人，以吾敗也。

「吾」指魯國。

26. 桓公十一年，柔會宋公、陳侯、蔡叔盟于折。

柔者何，吾大夫之未命者也。

「吾」指魯國。

27. 桓公十七年夏五月丙午，及齊師戰于郎。

內諱敗，舉其可道者也，不言其人，以吾敗也。

「吾」指魯國。

28. 莊公元年夏，單伯逆王姬。

單伯者何，吾大夫之命乎天子者也。

「吾」指魯國。

29. 莊公元年秋，築王姬之館于外。

其不言齊侯之來逆何也？不使齊侯得與吾爲禮也。

「吾」指魯國。

30. 莊公四年三月，紀伯姬卒。

外夫人不卒，此其言卒何也？吾女也。

「吾」指魯國。

31. 莊公四年六月乙丑，齊侯葬紀伯姬。

外夫人不書葬，此其書葬何也？吾女也。

「吾」指魯國。

32. 莊公十二年春王三月，紀叔姬歸于酅。

國而曰歸，此邑也。其曰歸何也？吾女也。

「吾」指魯國。

33. 僖公元年冬十月壬午，公子友帥師敗莒師于麗，獲莒挐。

莒無大夫，其曰莒挐何也？以吾獲之，目之也。

「吾」指魯國。

34. 僖公二十二年秋八月丁未，及邾人戰于升陘。

內諱敗，舉其可道者也。不言其人，以吾敗也，不言及之者，爲內諱也。

「吾」指魯國。

35. 僖公二十六年冬，楚人伐宋圍閔。

伐國不言圍邑，此其言圍，何也？以吾用其師，目其事也。

「吾」指魯國。

36. 宣公五年冬，齊高固及子叔姬來。

及者，及吾子叔姬也。

「吾」指魯國。

37. 宣公十五年夏五月，宋人及楚人平。

外平不道，以吾人之存焉，道之也。

「吾」指魯國。

38. 成公二年六月癸酉，季孫行父、臧孫許、叔孫僑如、公孫嬰齊帥師，會晉郤克、孫良夫、曹公子手、及齊侯戰于鞍，齊師敗績。

曹無大夫，其曰公子何也？以吾之四大夫在焉，舉其貴者也。

「吾」指魯國。

39. 襄公三十年秋七月，叔弓如宋葬共姬。

外夫人不書葬，此其言葬何也？吾女也。

「吾」指魯國。

以上《穀梁傳》中以「我」、「吾」自稱魯國，共40次。

就《穀梁傳》其言「吾」，主要是指「吾大夫」、「吾女」等，「吾」字是間接的陳述句。發生在隱、桓、莊、僖、宣、成、襄七公。

言「我」則分佈隱、桓、莊、文、成、襄六公。爲第一人稱而言，是直接以魯國爲當事人來說。如「我入之」、「過我」等等。

二、傳中人物自稱

1. 僖公二年，虞師晉師滅夏陽。

荀息曰：「此小國之所以事大國也。彼不借吾道，必不敢受吾幣，如受吾幣，而借吾道，則是我取之中府，而藏之外府。」

「我」指晉國或晉國國君。

2. 僖公四年，楚屈完來盟于師，盟于召陵。

桓公曰：「昭王南征不反，菁茅之貢不至，故周室不祭。」屈完曰：「菁茅之貢不至，則諾。昭王南征不反，我將問諸江。」

「我」指屈完。

3. **僖公十年，晉殺其大夫里克。**

   夷吾曰：「是又將殺我乎？」……君喟然歎曰：「吾與女未有過切，是何與我之深也？」……夷吾曰：「是又將殺我也。」

  「我」先後指夷吾、晉獻公、夷吾。

4. **僖公二十二年冬十有一月己巳朔，宋公及楚人戰于泓，宋師敗績。**

   宋公與楚人戰于泓水之上。司馬子反曰：「楚眾我少，鼓險而擊之，勝無幸焉。」襄公曰：「君子不推人危，不攻人厄，須其出。」既出，旌亂以上，陳亂於下。子反曰：「楚眾我少，擊之，勝無幸焉。」

  「我」指宋國。

5. **僖公三十三年夏四月辛巳，晉人及姜戎，敗秦師于殽。**

   百里子與蹇叔子送其子而戒之曰：「女死必於殽之巖唫之下，我將尸女於是。」師行，百里子與蹇叔子隨其子而哭之。秦伯怒曰：「何爲哭吾師也？」二子曰：「非敢哭師也，哭吾子也。我老矣，彼不死，則我死矣。」

  「我」指百里子與蹇叔子。

6. **宣公十七年冬十有一月壬午，公弟叔肸卒。**

   其曰公弟叔肸，賢之也。其賢之何也？宣弒而非之也。非之則胡爲不去也？曰兄弟也。何去而之？與之財，則曰我足矣。

  「我」指公弟叔肸。

7. **成公五年，梁山崩。**

   輦者曰：「所以鞭我者，其取道遠矣。」……伯尊曰：「君爲此召我也，爲之奈何？」

  「我」先後指輦者、伯尊。

8. **成公九年夏，季孫行父如宋致女，**

   致者，不致者也，婦人在家制於父，既嫁制於夫，如宋致女，是以我盡之也。不正，故不與內稱也。逆者微，故致女，詳其事，賢伯姬。

「我」指季孫行父。不過這條傳文有些特別，因《穀梁傳》並未讓季孫行父有說話的地方，此傳文全爲穀梁子在陳述，原文理應爲：「如宋致女，是以（季孫行父）盡之也。」是在討論季孫行父如宋致女一事非禮，但忽然在穀梁子的身份言說中，轉成季孫行父說「如宋致女，是我做的太過了，我失禮了。」成爲季孫行父的自述，頗怪異。或此「我」字，乃誤入之衍文。

9. 昭公四年秋七月，楚子、蔡侯、陳侯、許男、頓子、胡子、沈子、淮夷，伐吳，執齊慶封殺之。

慶封曰：「子一息，我亦且一言。」

「我」指慶封。

10. 昭公十九年夏五月戊辰，許世子止弒其君買。

止曰：「我與夫弒者，不立乎其位。」以與其弟虺。

「我」指許世子止。

11. 昭公二十九年夏四月庚子，叔倪卒。

季孫意如曰：「叔倪無病而死，此皆無公也，是天命也，非我罪也。」

此「我」指季孫意如。

12. 定公十年夏，公會齊侯于頰谷，公至自頰谷。

齊侯逡巡而謝曰：「寡人之過也。」退而屬其二三大夫曰：「夫人率其君與之行古人之道，二三子獨率我而入夷狄之俗。」

此「我」指齊侯。

13. 僖公十年，晉殺其大夫里克。

麗姬欲爲亂，故謂君曰：「吾夜者夢夫人趨而來。」曰：「吾苦畏，胡不使大夫將衛士而衛冢乎。」公曰：「孰可使？」曰：「臣莫尊於世子，則世子可。」故君謂世子曰：「麗姬夢夫人趨而來，曰：吾苦畏，女其將衛士而往衛冢乎？」世子曰：「敬諾。」築宮，宮成。麗姬又曰：「吾夜者夢夫人趨而來，曰：吾苦飢。世子之宮已成，則何爲不使祠也？」……君喟然歎曰：「吾與女未有過切，是何與我之深也？」……世子曰：「吾君已老矣，已昏矣。吾若此而入自明，則麗姬必死，麗姬死，則吾君不安，所以使吾君不安者，吾不若自死，吾寧自殺以安吾君，以重耳爲寄矣。」刎脰而死。故里克所爲弒者，爲重耳也。夷吾曰：「是又將殺我也。」

「吾」指麗姬、晉夫人、晉夫人、麗姬、晉夫人、晉獻公、世子、世子、世子、世子、世子、世子、世子。

14. 僖公三十三年夏四月辛巳，晉人及姜戎敗秦師于殽。

秦伯怒曰：「何爲哭吾師也？」二子曰：「非敢哭師也，哭吾子也。」

「吾」指秦伯與百里子、蹇叔子。

15. 文公六年，晉殺其大夫陽處父。

謂夜姑曰：「吾始使盾佐女，今女佐盾矣。」

「吾」指晉襄公。

16. 定公元年戊辰，公即位。

周人有喪，魯人有喪，周人弔，魯人不弔。周人曰：「固吾臣也，使人可也。」魯人曰：「吾君也，親之者也，使大夫則不可也。」

「吾」指周天子，後指魯人。

以上《穀梁傳》以「我」、「吾」爲傳文中人物自稱，共有 48 次。《穀梁傳》中故事人物自稱比《公羊傳》141 次，相對的較少，由此亦能看出《公羊傳》轉述故事的內容較多，《穀梁傳》雖亦有轉述故事，但數量較少。

三、孔子自稱

1. 僖公十九年，梁亡。

梁亡，鄭棄其師，我無加損焉，正名而已矣。

「我」指孔子。

2. 莊公四年三月，紀伯姬卒。

適諸侯則尊同，以吾爲之變，卒之也。

「吾」指孔子。

以上《穀梁傳》以「我」、「吾」爲孔子自稱，共 2 次。《穀梁傳》二次的孔子自稱，其非如《公羊傳》爲間接引述「孔子曰」，《穀梁傳》直接讓孔子爲第一人稱的書寫者，而非是被轉引的。

四、《穀梁傳》轉述孔子之意

1. 桓公元年春王。

桓無王，其曰王何也？謹始也。其曰無王何也？桓弟弑兄，臣弑君，天子不能定，諸侯不能救，百姓不能去，以爲無王之道。

「以爲」指孔子之意。

2. 桓公六年秋八月壬午，大閱。

其日，以爲崇武，故謹而日之，蓋以觀婦人也。

「以爲」指孔子之意。

3. **桓公十四年秋八月壬申，御廩災。乙亥，嘗。**

御廩之災不志，此其志何也？以爲唯未易災之餘，而嘗可也，志不敬也。天子親耕，以共粢盛，王后親蠶，以共祭服，國非無良農工女也。以爲人之所盡，事其祖禰，不若以己所自親者也。……壬申，御廩災。乙亥，嘗，以爲未易災之餘而嘗也。

「以爲」指孔子之意。

4. **莊公二十八年，臧孫辰告糴于齊。**

一年不升，告糴諸侯。告，請也，糴，糴也。不正，故舉臧孫辰以爲私行也。

「以爲」指孔子之意。

5. **僖公二年秋九月，齊侯、宋公、江人、黃人，盟于貫。**

貫之盟，不期而至者，江人黃人也。江人黃人者，遠國之辭也。中國稱齊、宋，遠國稱江、黃，以爲諸侯皆來至也。

「以爲」指孔子之意。

6. **僖公二十二年冬十有一月己巳朔，宋公及楚人戰于泓，宋師敗績。**

泓之戰，以爲復雩之恥也。

「以爲」指孔子之意。

7. **僖公二十八年，天王狩于河陽。壬申，公朝于王所。**

其不月，失其所繫也，以爲晉文公之行事，爲已傎矣。

「以爲」指孔子之意。

8. **成公十六年，曹伯歸自京師。**

不言所歸，歸之善者也。出入不名，以爲不失其國也。

「以爲」指孔子之意。

以上《穀梁傳》以「我」、「吾」爲《穀梁傳》引述孔子之意，共有 10 次。《穀梁傳》中引述孔子微言大義，沒有褒，僅有貶意與說明。貶責如「以爲無王之道」、「以爲崇武」、「以爲私行也」。說明如「以爲諸侯皆來至也」、「以爲不失其國也」。

五、「吾」指我們

1. 桓公七年，鄧侯吾離來朝。

   其名，何也？失國也。失國則其以朝言之何也？嘗以諸侯與之接矣。雖失國，弗損吾異日也。

   「吾」指我們。強調魯國與鄧侯吾離二者過去的情誼。

2. 僖公元年冬十月壬午，公子友帥師敗莒師于麗，獲莒挐。

   內不言獲，此其言獲何也？惡公子之紿。紿者奈何？公子友謂莒挐曰：吾二人不相說，士卒何罪，屏左右而相搏。

   「吾」指我們。

3. 僖公二年，虞師晉師滅夏陽。

   公曰：「此晉國之寶也，如受吾幣而不借吾道，則如之何？」荀息曰：「此小國之所以事大國也，彼不借吾道，必不敢受吾幣，如受吾幣，而借吾道，則是我取之中府，而藏之外府。」

「吾」前指晉獻公、晉獻公，後指我們。因爲國是晉獻公的，所以他可以說是吾道、吾幣，後荀息雖亦言吾字，但此非荀息之自稱吾道、吾幣，因爲他身爲臣子，斷不可能如此說，其乃順晉獻公相談之語境，故言「他若不借我們經過，一定不敢接受我們的賄幣……」

以上《穀梁傳》以「吾」指我們，共有 8 次。此類《公羊傳》所無。

六、一般性的代稱

1. 文公六年，晉殺其大夫陽處父。

   故士造辟而言，詭辭而出。曰：「用我則可，不用我則無亂其德。」

   「我」指一般性的代稱，並非專指某人。

以上《穀梁傳》以「我」爲一般性代稱，共有 2 次。此類《公羊傳》所無。

七、穀梁自稱

1. 莊公七年夏四月辛卯，昔，恒星不見，夜中星隕如雨。

   恒星者，經星也。日入至於星出，謂之昔。不見者，可以見也。夜中星隕如雨，其隕也如雨，是夜中與。春秋著以傳著，疑以傳疑。

> 中之，幾也，而曰夜中，著焉爾。何用見其中也？失變而錄其時，則夜中矣。其不曰恒星之隕何也？我知恒星之不見，而不知其隕也；我見其隕而接於地者，則是雨說也。著於上，見於下，謂之雨，著於下，不見於上，謂之隕，豈雨說哉。

此「我」指穀梁子。此爲穀梁子爲舉例釋名故以自己的觀點譬如說，如「我見……」云云等。且傳文中舉「《春秋》著以傳著，疑以傳疑」，是將孔子、《春秋》作爲一個對象來描述，因此敘述此傳文的人正是穀梁子。讀起來可知穀梁子對於自己的解釋充滿了自信心。

2. 僖公八年秋七月，禘于大廟，用致夫人。

> 用者，不宜用者也，致者，不宜致者也。言夫人必以其氏姓，言夫人而不以氏姓，非夫人也，立妾之辭也，非正也。夫人之，我可以不夫人之乎？夫人卒葬之，我可以不卒葬之乎？一則以宗廟臨之而後貶焉，一則以外之，弗夫人而見正焉。

此「我」是指禮制。但從《穀梁傳》敘述來看，應該是從穀梁子的角度來切入說明，雖其背後所代表的魯國禮制的規範，但穀梁子在書寫中，已有些入戲過深，而有自己發言的現象。

3. 哀公元年夏四月辛巳，郊。

> 此該之變而道之也。於變之中，又有言焉，鼷鼠食郊牛角，改卜牛，志不敬也。郊牛日展斛角而知傷，展道盡矣。郊自正月至于三月，郊之時也，夏四月郊，不時也；五月郊，不時也。夏之始可以承春，以秋之末，承春之始，蓋不可矣。九月用郊，用者，不宜用者也。郊三卜，禮也；四卜，非禮也；五卜，強也。卜免牲者，吉則免之，不吉則否。牛傷，不言傷之者，傷自牛作也，故其辭緩。全曰牲，傷曰牛，未牲曰牛，其牛一也。其所以爲牛者異，有變而不郊，故卜免牛也。已牛矣，其尚卜免之，何也？禮與其亡也寧有，嘗置之上帝矣，故卜而後免之，不敢專也。卜之不吉則如之何？不免，安置之，繫而待六月上甲，始庀牲，然後左右之，子之所言者，牲之變也。而曰我一該郊之變而道之何也？我以六月上甲，始庀牲十月上甲，始繫牲，十一月，十二月，牲雖有變，不道也，待正月，然後言牲之變，此乃所以該郊。郊，享道也，貴其時，大其禮，其養牲雖小，不備可也。子不忘三月卜郊，何也？郊自正月，至于三月，郊之時也。我以十二月下

辛，卜正月上辛，如不從，則以正月下辛，卜二月上辛，如不從，則以二月下辛，卜三月上辛，如不從則不郊矣。

此「我」指穀梁子。文中有提到一個與其看法對照的「子」，所謂「子」者，應是指孔子，穀梁子提出卜郊的建議放置於傳文中。

4. 哀公三年五月辛卯，桓宮、僖宮災。

言及，則祖有尊卑，由我言之，則一也。

此「我」指穀梁子，仍有爭議，因爲「我」可以指孔子著述時所自訂義例時的自稱，亦可以是穀梁子居於後世，故推說此是遠古之事，就其而言，則一也。此正說明傳文是穀梁子所作的。

以上《穀梁傳》以「我」爲穀梁子自稱，共有 8 次。此類《公羊傳》所無。

第三節　《公羊傳》、《穀梁傳》對日食發生時間的修正

《公羊傳》、《穀梁傳》在日食解釋與《春秋》歧異的地方，呈現傳文對於自我意識的堅持。例如《春秋》對於日食的記載，《春秋》記載了魯隱公元年至魯哀公十四年，242 年間所發生的日食共 36 次。根據紫金山天文台研究員張培瑜研究指出：

對春秋魯國的實際行用的曆法作了復原，我們得出，春秋魯國曆法不是四分曆，月的長度比四分術稍小，較爲準確，但閏年設置前期比正常閏率要小，後期也並非嚴格地按十九年七閏設閏，在一章歲內位置也不完全固定。歲首早期建寅、建丑，後期主要建子。〔註 1〕

我們現在無法準確的說《春秋》用的是什麼曆法，只知道不是四分術〔註 2〕的系統，確定不是漢代所傳的古六曆。古六曆是指《黃帝曆》、《顓頊曆》、《夏曆》、《殷曆》、《周曆》及《魯曆》。《漢書．律曆志》云：

〔註 1〕張培瑜：〈春秋魯國歷法與古六曆〉，《南京大學學報（哲學社會科學）》1985 年第 4 期，頁 64。

〔註 2〕四分術是以一歲日數爲 365 又 1/4 日，一歲月數爲 12 又 7/19 月，1 月日數爲 29 又 499/900 日計算。由於它比平均朔望月 29.5 日大，會出現連大月，19 年需置 7 閏的方式。

三代既沒，五伯之末史官喪紀，疇人子弟分散，或在夷狄，故其所記，有《黃帝》、《顓頊》、《夏》、《殷》、《周》及《魯》曆。〔註3〕

《漢書・藝文志》亦有記載：

《黃帝五家曆》，三十三卷。

《顓頊曆》，二十一卷。

《顓頊五星曆》，十四卷。

《夏殷周魯曆》，十四卷。〔註4〕

由於日食只會發生在朔，從這點可以作爲研究的固定基點，進而計算當時日食實際發生的時間，張培瑜先生以現代天文計算考察《春秋》日食，云：「經研究，這三十七次記錄中有三十二次與天象相符，確系當時所記。」〔註5〕可知《春秋》日食記錄爲實錄。

其中僖公十五年五月、宣公十七年六月，經文記載有日食，實際上皆無日食，可能是誤記。

另外，襄公二十一年十月、襄公二十四年八月兩次都是比月而食，比月而食是不會發生的。這兩次應是後人傳抄上，因日食記錄不能確定爲那一月，故兩存之。《春秋》比月而食的記錄，傳文無明確的解釋。

宣公七年五月有日食，《春秋》未記，有可能是傳抄時誤七年爲十七年。因此，《春秋》只有僖公十五年一條無法解釋，其他皆可知乃實際觀測之記錄。

僖公十五年五月、宣公十七年六月、襄公二十一年十月、襄公二十四年八月無日食，孔子知不知道？公羊高、穀梁赤知不知道？若不知道卻仍依《經》發《傳》，則《公羊傳》、《穀梁傳》解經的意義如何成立？《春秋》如何可信？

這問題可從另一現象來思考，根據張培瑜研究指出：

自魯隱公元年至哀公十九年 247 年中，曲阜可見的日食共 98 次。《經》載 33 次（昭公十七年九月晦癸酉日食計入）外，另有 65 次失記。《春秋》經未載的 65 次日食中，

〔註 3〕班固：《漢書・律曆志》，卷 21，頁 973。

〔註 4〕同前註，卷 30，頁 1765。

〔註 5〕參考張培瑜：〈春秋魯國歷法與古六曆〉，《南京大學學報（哲學社會科學）》1985 年第 4 期，頁 64。

> 食分大於0.90者2次；
> 食分大於0.80者7次；
> 食分大於0.50者24次；
> 食分小於0.50者41次；
> 食分大於0.30者29次；
> 食分小於0.30者36次。
> 氣象因素可能是《春秋經》失載的主要原因……史官所書悉爲較大的日食，三分以下不記。〔註6〕

這表示當時負責觀測天象的人，是有發生觀測失誤的情形，因此《春秋》無從記載，當然也不會知道發生日食的事。所以我們只能就孔子與《公羊傳》、《穀梁傳》所記載的部分來討論。

綜上所述，可以說明《春秋》的日食記載是實錄結果，這不是推算的，也不是預測。雖然《春秋》之中有缺記、誤記的情形，但大體而言，透過現代天文曆法，證明了《春秋》記錄是正確的。

既然《春秋》的日食記載是可信的，如果《公羊傳》、《穀梁傳》有更改日食發生的時間，那就有可能是《公羊傳》、《穀梁傳》所特意更動的。

今將《春秋》與《公羊傳》、《穀梁傳》對日食三十六次的記載對照，如下：〔註7〕〔註8〕〔註9〕〔註10〕

時　間	經　文	《公羊傳》	《穀梁傳》
1. 隱3年2月	三年春王二月己巳，日有食之	食二日。	食晦日。
2. 桓3年7月	秋七月壬辰朔，日有食之既	（食正朔）	食正朔也。
3. 桓17年10月	冬十月朔日有食之	無傳（食晦日）	食既朔也。（食二日）
4. 莊18年3月	十有八年春王正（三月）7，日有食之	食晦。	夜食。
5. 莊25年6月	六月辛未朔日有食之，鼓用牲於社	（食正朔）	食正朔。
6. 莊26年12月	冬十有二月癸亥朔，日有食之	無傳（食正朔）	無傳（食正朔）

〔註6〕張培瑜：〈《春秋經》內外傳天文曆法紀事的比較研究〉，《第一屆世界漢學中的春秋學學術研討會論文集》（2004年9月），頁186。

〔註7〕《穀梁傳》作「三月」。

〔註8〕《穀梁傳》作「春王正月」記載。《公羊》、《左傳》皆記春王三月。依現在天文日食推測應爲此年三月。

〔註9〕《穀梁傳》無「朔」字。

〔註10〕《穀梁傳》作「乙亥」。

7. 莊30年9月	九月庚午朔，日有食之，鼓用牲於社	無傳（食正朔）	無傳（食正朔）
8. 僖5年9月	九月戊申朔，日有食之	無傳（食正朔）	無傳（食正朔）
9. 僖12年3月	十有二年春王三（正）8月庚午日有食之	無傳（食二日）	無傳（食晦日）
10. 僖15年5月	夏五月，日有食之	無傳（食二日）	無傳（夜食）
11. 文元年2月	二月癸亥朔9，日有食之	無傳（食正朔）	無傳（食晦日）
12. 文15年6月	六月辛丑朔，日有食之，鼓用牲于社	無傳（食正朔）	無傳（食正朔）
13. 宣8年7月	秋七月甲子，日有食之既	無傳（食二日）	無傳（食晦日）
14. 宣10年4月	夏四月丙辰，日有食之	無傳（食二日）	無傳（食晦日）
15. 宣17年6月	六月癸卯，日有食之	無傳（食二日）	無傳（食晦日）
16. 成16年6月	六月丙寅朔，日有食之	無傳（食正朔）	無傳（食正朔）
17. 成17年12月	十有二月丁巳朔，日有食之	無傳（食正朔）	無傳（食正朔）
18. 襄14年2月	二月乙未（亥）10朔，日有食之	無傳（食正朔）	無傳（食正朔）
19. 襄15年8月	秋八月丁巳，日有食之	無傳（食二日）	無傳（食晦日）
20. 襄20年10月	冬十月丙辰朔，日有食之	無傳（食正朔）	無傳（食正朔）
21. 襄21年9月	九月庚戌朔，日有食之	無傳（食正朔）	無傳（食正朔）
22. 襄21年10月	冬十月庚辰朔，日有食之	無傳（食正朔）	無傳（食正朔）
23. 襄23年2月	二十有三年春王二月癸酉朔日有食之	無傳（食正朔）	無傳（食正朔）
24. 襄24年7月	秋七月甲子朔，日有食之既	無傳（食正朔）	無傳（食正朔）
25. 襄24年8月	八月癸巳朔，日有食之	無傳（食正朔）	無傳（食正朔）
26. 襄27年12月	冬十有二月乙亥朔，日有食之	無傳（食正朔）	無傳（食正朔）
27. 昭7年4月	夏四月甲辰朔，日有食之	無傳（食正朔）	無傳（食正朔）
28. 昭15年6月	六月丁巳朔，日有食之	無傳（食正朔）	無傳（食正朔）
29. 昭17年6月	夏六月甲戌朔，日有食之	無傳（食正朔）	無傳（食正朔）
30. 昭21年7月	秋七月壬午朔，日有食之	無傳（食正朔）	無傳（食正朔）
31. 昭22年12月	十有二月癸酉朔，日有食之	無傳（食正朔）	無傳（食正朔）
32. 昭24年5月	夏五月乙未朔，日有食之	無傳（食正朔）	無傳（食正朔）
33. 昭31年12月	十有二月辛亥朔，日有食之	無傳（食正朔）	無傳（食正朔）
34. 定5年3月	五年春王三月辛亥朔，日有食之	無傳（食正朔）	無傳（食正朔）
35. 定12年11月	十有一月丙寅朔，日有食之	無傳（食正朔）	無傳（食正朔）
36. 定15年8月	八月庚辰朔，日有食之	無傳（食正朔）	無傳（食正朔）

透過整理得知《公羊傳》、《穀梁傳》對日食的判斷標準並不一致。二傳於「食晦」與「食二日」恰好相反。

《公羊傳》解釋日食的定義，有三種。隱公三年二月云：

何以書？記異也。日食則曷爲或日或不日；或言朔或不言朔？曰某月某日朔，日有食之者。食正朔也。其或日或不日，或失之前，或失之後；失之前者，朔在前也。失之後者，朔在後也。

1. 「曰某月某日朔，日有食之者。食正朔也。」此爲食正朔的定義，指經文書月、日、朔三者皆備時，是食正朔。
2. 「失之前者，朔在前也。」此爲朔發生在三十日，未發生在初一，故先於朔，是爲先天。《公羊傳》的條件是經文不書日，爲食晦日。
3. 「失之後者，朔在後也。」此爲朔發生在初二，未發生在初一，故後於朔日，是爲後天。《公羊傳》的條件是經文不書朔，爲食二日。

統計後，

1. 食正朔，27 次。
2. 食晦日，2 次。
3. 食二日，7 次。

《穀梁傳》日食的定義有四種：

1. 「言日不言朔，食晦日也。」（隱公三年）此爲食晦日的定義。說明日食提前一天發生。但日食只會發生在朔日，只有曆法不準時才會有日食發生於晦日的情形。
2. 「言日言朔，食正朔也。」（桓公三年）此爲食正朔的定義。指日食發生在朔日。
3. 「言朔不言日，食既朔也。」（桓公十七年）此爲食既朔的定義。既者，盡也。范甯云：「既，盡也。盡朔一日，至明日乃食，是月二日食也。」按其說是指日食發生在初二，晚了一天。是范甯認爲《穀梁傳》認爲《春秋》記載日食於初二發生，這便是認爲當時曆法不合天，是爲失天。
4. 「不言日，不言朔，夜食也。」（莊公十八年）此爲夜食的定義。《漢書‧五行志》云：「史推合朔在夜，明旦日食而出，出而解，是爲夜食。」〔註 11〕

統計後，四種的次數如下：

1. 言日不言朔，食晦日也。有 7 次。
2. 言日言朔，食正朔也。有 26 次。
3. 言朔不言日，食既朔也。有 1 次。

〔註 11〕班固：《漢書‧五行志》，卷 27，頁 1483。

4. 不言日不言朔，夜食也。有 2 次。

結果與班固《漢書・五行志》中記載《公羊傳》、《穀梁傳》日食分判的結果一致，其云：

> 凡《春秋》十二公，二百四十二年，日食三十六。《穀梁》以爲朔二十六，晦七，夜二，二日一。《公羊》以爲朔二十七，二日七，晦二。〔註 12〕

由上面分析可以知道《公羊傳》、《穀梁傳》二傳的解釋都是從《春秋》經文而來，從經文文字上書不書月、日、朔的分別，產生傳例。既然《春秋》是實際觀測，是正確的記錄，《公羊傳》、《穀梁傳》爲何在日食發生的時間上，有說前一天或說後一天的情形？筆者以爲這樣的結果代表了公羊高與穀梁赤對日食發生時間的意見，二人皆非以推算曆法的方式作出修正。假設公羊高、穀梁子眞懂得日食的曆法推算，他應該會以算式來解經，而不是以傳例作爲一種判斷的理由。顯然他們都是發現孔子在書日食的經文文字上，似乎看到規律，即「《春秋》書法」，因此他們依自己得出的經例解經，提出經文日食發生的正確時間。

第四節　小　結

將《公羊傳》、《穀梁傳》凡涉及自我表述、自我書寫的詞句，擇出分析。我們發現《公羊傳》在作《傳》時，對於自身與經典文字的界線是相當謹慎小心的，除了重複《春秋》經文作「葬我小君」、「伐我北鄙」等以魯國爲敘述角度的描述外，就是《傳》中故事人物的自稱。因此我們在《公羊傳》中沒有發現公羊高的「出場」。這樣的結果說明《公羊傳》在書於竹帛時，是經過嚴謹的「文字審查」，所以將口語或經師涉入的解釋內容都淘汰掉，或說他們意識到傳文書寫「我」字、「吾」字的解釋，會影響讀者閱讀經文的神聖性，所以將「我」字、「吾」字的用法加以限制，所以我們見到的《公羊傳》，是書面文字化的成品。

而《穀梁傳》則有不同，《穀梁傳》中對於自我表述、自我書寫，如「我」、「吾」、「以爲」的用法是相對複雜，雖然用同樣的字，不同地方所表達的意思有所不同，比較接近「口傳」的語言狀態，因爲在文字的敘述，看是一樣

〔註 12〕同前註，頁 1500。

的文字，其中包含語境在裡面，所以像口語對話一般，可以讓文字的多義性充分發揮。

將二傳分類如下：

	《公羊傳》		《穀梁傳》	
自稱魯國	我：57 次 吾：14 次	共 71 次	我：24 次 吾：16 次	共 40 次
傳中人物自稱	我：37 次 吾：104 次	共 141 次	我：20 次 吾：28 次	共 48 次
孔子自稱	我：1 次 吾：1 次	共 2 次	我：1 次 吾：1 次	共 2 次
引述孔子之意	以爲：10 次	共 10 次	以爲：10 次	共 10 次
指我們	無		吾：8 次	共 8 次
一般性代稱	無		我：2 次	共 2 次
作者自稱	無		我：8 次	共 8 次
合　計		共 224 次		共 118 次

此結果能說明《公羊傳》、《穀梁傳》的不同嗎？因爲這些例子在《公羊傳》、《穀梁傳》數萬言中的比例不算太多，加上閱讀《公羊傳》、《穀梁傳》是逐年逐條或隨事件作爲範圍，因此一般讀者關注的焦點不會注意到《公羊傳》、《穀梁傳》的傳文敘事中是否有展露自我的信息。若只是發現《穀梁傳》有自我書寫的內容蘊藏在傳文中，尚不足以說明什麼意義。

進一步說，爲什麼標示自我身份的內容僅在《穀梁傳》中呢？因爲《穀梁傳》不經意的將自己的意見與孔子的意見一齊陳述，間接告訴讀者，此文本是由穀梁子所敘述。而《公羊傳》在這部分不敢有所僭越，故未暴露自己的身份在傳文之中，這並非表示《公羊傳》裡沒有公羊經師的闡釋內容，只能說公羊經師隱藏的比較好，或說他們有意識到解經的身份不應在傳文中被發現，因爲《傳》的目的是忠實傳達《經》義，若讓讀者發現解釋經文的內容是來自於傳主，則會質疑解釋內容的可信度。

再來，《公羊傳》、《穀梁傳》模仿的對象是孔子，還是魯國立場（史官）？《公羊傳》、《穀梁傳》大部分解經時會隱藏自己的身份而進行解經工作，但我們從《公羊傳》、《穀梁傳》「以魯國立場」書寫「我」、「吾」時，發現他們將自身的身份立足於事件發生的當下，無論在事件或人物上，都是第一人稱「我」來告訴讀者，彷彿他就是這事件的當事者。這樣的敘述方式感覺像越過孔子的傳承，直接解經，捨棄孔子作爲「經」與「義」的橋樑，而直接就「我」（公羊高、穀梁赤＝魯（公）國）的立場而發言。筆者認爲孔子在作《春秋》時便有書寫的凡例，「就魯而言我」、「就我而書他」，而《公羊傳》、《穀梁傳》傳文中書「我」，是模仿孔子書寫《春秋》的語氣，如「葬我小君」、「伐我東鄙」。

《公羊傳》、《穀梁傳》傳文中的「以爲」，這二字省略了主詞，原本應爲「某某以爲」，而這主詞是孔子還是公羊高、穀梁赤呢？經檢視傳文，《公羊傳》、《穀梁傳》皆是指孔子述作《春秋》的微言大義。

整合《公羊傳》、《穀梁傳》的差異，以表格示之：

	《公　羊　傳》	《穀　梁　傳》
自稱魯國	《公羊傳》用「吾」字，僅在隱、桓、莊三公。用「我」字則遍佈十一公。	《穀梁傳》用「吾」、「我」平均分布，然閔、昭、定、哀四公皆無用此二字。
傳中人物自稱	《公羊傳》採故事解經的例子較多。有 141 次故事人物直接以「我」或「吾」發表言說。	《穀梁傳》採用故事解經的例子較少，故僅有 48 次，幾爲《公羊傳》三分之一。可知《穀梁傳》多是透過穀梁子轉述，未讓故事中人物自我陳述。
孔子自稱	《公羊傳》引述孔子語，皆如《論語》般，冠上「子曰」、「孔子曰」。	《穀梁傳》皆以孔子爲第一人稱直接敘述。
引述孔子之意	引述孔子之意，有褒有貶。	引述孔子之意，有貶有說明，無褒。
指我們	無	《穀梁傳》有以「吾」指「我們」。
一般性的代稱	無	《穀梁傳》有以「我」指一般性的代稱，非專指某人。
傳者自稱	無	穀梁子有在傳中，以「我」的身份言說。

《公羊傳》與《穀梁傳》的作者公羊高與穀梁赤二人，在爲《經》作《傳》時皆很小心謹慎的不逾越聖賢的界線。不過從傳文的研究中，可以發現公羊高在發傳時，很小心的不將「我」、「吾」這兩字用在自己的意見上；而穀梁赤亦很小心，不過讓我們發現有幾條傳文中，穀梁赤表明自己的身份而進行言說。

筆者另從《公羊傳》、《穀梁傳》對日食記載的傳文中，找出二位作者都是透過「經例」來分判出食正朔、食晦日、食二日等主要的日食種類。而以「經例」的規律性所作的解經語言，透過現代天文的印證，都是不可信的，二者誤將原本是正確的記載改成錯的。重點是二傳都進行了對《春秋》經文日食記載發生時間的修正，二傳皆有作者「意」的介入。

第六章　《公羊傳》、《穀梁傳》的文學評價

第一節　現代「文學史」：以「傳」乏「文」

《公羊傳》與《穀梁傳》同是詮解《春秋》的著作，在漢代曾立博士，在唐代爲試子舉業進仕的策試科目，於宋代列爲《十三經》。一直以來多以經學的身份被討論。同爲解釋《春秋》的《左傳》，不僅身兼經學身份，同時被注意到文學價值，認爲它的文句辭義贍富〔註1〕、多膏腴美辭〔註2〕、文采若雲月。〔註3〕而《公羊傳》與《穀梁傳》亦是如《左傳》般的解經著作，其文學部分卻較少受到討論。

《公羊傳》、《穀梁傳》的身份一直以來是解釋《春秋》的作品，它被切割成一條條的，由於二傳對事件本末且詳細記載的數量遠不及《左傳》，〔註4〕加上它有太多說明人物身份、制度、規定、儀式的內容，所以整體來看都不會有人將之視爲文學作品。其實范甯曾就三傳特色提到：「《左氏》豔而富，

〔註1〕引王接語：「《左氏》辭義贍富。」房玄齡：《晉書》（北京：中華書局，1995年），卷51，頁1435。

〔註2〕引荀崧語：「丘明退撰所聞而爲之《傳》……多膏腴美辭，張本繼末，以發明經義，信多其偉，學者好之。」沈約：《宋書》（北京：中華書局，1995年），卷14，頁361。

〔註3〕引賀循語：「左氏之《傳》……文采若雲月，高深若山海。」朱彝尊著，許維萍等點校，林慶彰等編審：《點校補正經義考》（臺北：中央研究院中國文哲研究所，1997年），卷169，頁514。

〔註4〕馬積高：「《穀梁傳》且有某些頗爲精彩的敘述，但語焉不詳者多。」馬積高、黃鈞主編：《中國古代文學史1》（臺北：萬卷樓圖書有限公司，1998年），頁65。

其失也巫。《穀梁》清而婉，其失也短。《公羊》辯而裁，其失也俗。」〔註5〕這些既是經學上解經的特點，同時也是三傳文字敘述的特色。我們可從文學角度來認識這些分別。就《公羊傳》、《穀梁傳》來說，《公羊傳》的敘述深於辯證，用語精練有邏輯；《穀梁傳》則是文字清新婉轉，頗有脫俗之味。范甯雖對《公羊傳》、《穀梁傳》文字風格提出總括之言，礙於二傳附屬於《春秋》之下，作爲聖人的代言人，讀者所欲得到的是微言大義，既而忽略了二傳的文學價値。《左傳》因爲其敘事的內容較長且豐富，很早就被當作散文的模範。

二十世紀「中國文學史」在撰寫過程中，許多經典、諸子議論皆被收錄，並視爲文學的源頭，或說對後世文學具有典範價值。在先秦散文部分，《公羊傳》、《穀梁傳》並未被選入。如葉慶炳《中國文學史》區分春秋、戰國的散文爲史傳散文與諸子散文，史傳散文部分以《尙書》、《春秋》爲最古之歷史散文，至戰國則以《左傳》、《國語》、《戰國策》爲敘事文代表。提到《公羊傳》、《穀梁傳》則云缺乏文學價値：

> 《公羊傳》、《穀梁傳》純是解經之書，故乏文學價值。《左傳》則以敘事爲主，文筆至爲動人。〔註6〕

劉大杰《中國文學發展史》甚至略過《公羊傳》、《穀梁傳》不提，直接談《春秋》、《左傳》、《國語》、《戰國策》。弔詭的是，劉大杰提到《春秋》仍說：

> 《春秋》的文句雖是簡短，前人竟有譏爲斷爛朝報者，但在文字的技巧及史事的編排上，比起《尚書》來，都有顯著的進步。……在語言上必然要注意到謹嚴深刻，一字不苟，這一點對後人也很有影響。〔註7〕

連《春秋》如此單調的敘事都是散文發展的一個過程，實在沒理由忽略《公羊傳》、《穀梁傳》傳文中精彩的敘事。文學史未選擇《公羊傳》、《穀梁傳》，大概是因爲二傳的內容，文學性較低的緣故，然而若就《春秋》與《公羊傳》、《穀梁傳》來比較的話，相信大家會認爲《春秋》更不具文學性吧！其實在過去的歷史中，還是一些人看到了《公羊傳》、《穀梁傳》的文學價値，如柳宗元以《穀梁傳》作爲習作文章的對象。只能說《公羊傳》、《穀梁傳》是被遺漏的史傳「散文」。

〔註5〕范甯集解，楊士勛疏：〈春秋穀梁傳集解序〉，《春秋穀梁傳注疏》，卷首，頁9b。
〔註6〕葉慶炳：《中國文學史》（臺北：臺灣學生書局，1987年），頁20。
〔註7〕劉大杰：《中國文學發展史》（臺北：華正書局，1997年），頁67、68。

第二節　六朝劉勰：以「傳」爲「文」

在漢代《春秋》爲經，《公羊傳》、《穀梁傳》二傳爲解經著作，是以《公羊傳》、《穀梁傳》二傳的身份被確立在解經的作用上。即所謂的經、傳、注、疏之學。班固云：

> 以魯周公之國，禮文備物，史官有法，故與左丘明觀其史記，據行事，仍人道，因興以立功，就敗以成罰，假日月以定曆數，藉朝聘以正禮樂。有所褒諱貶損，不可書見，口授弟子，弟子退而異言。丘明恐弟子各安其意，以失其眞，故論本事而作《傳》，明孔子不以空言說《經》也。《春秋》所貶損大人當世君臣，有威權勢力，其事實皆形於《傳》，是以隱其書而不宣，所以免時難也。及末世口說流行，故有公羊、穀梁、鄒、夾之傳。〔註8〕

《春秋》與《公羊傳》、《穀梁傳》二傳的關係可視爲主從、正副，二傳以解釋經文之意與義爲目的。

這種認知到了六朝劉勰時，有一個比較大的轉變。《文心雕龍》是論文的著作，其〈序志〉云：

> 蓋周書論辭，貴乎體要，尼父陳訓，惡乎異端，辭訓之異，宜體於要。於是搦筆和墨，乃始論文。〔註9〕

劉勰認爲「文」乃是天地之心，聖人觀天文以極變，察人文以成化，故「論文必徵於聖，窺聖必宗於經。」〔註10〕強調世人欲作文章必以聖人、聖經爲依據，且「唯文章之用，實經典枝條。」〔註11〕文章乃從聖人經典所衍繹而出。以孔子《春秋》爲例，《春秋》正是《公羊傳》、《穀梁傳》二傳的源頭。我們可以說劉勰所欲建構的體系是「五經皆文」。例如劉勰提到《春秋》經文的特色，以簡練的文字表達意旨：

> 《春秋》一字以褒貶，〈喪服〉舉輕以包重，此簡言以達旨。〔註12〕

又云：

> 《春秋》辨理，一字見義，五石六鷁，以詳備成文，雉門兩觀，以

〔註8〕班固：《漢書》，卷30，頁1715。
〔註9〕劉勰著，周振甫注：《文心雕龍注釋》（臺北：里仁書局，1998年），頁916。
〔註10〕同前註，〈徵聖〉，頁18。
〔註11〕同註9，〈序志〉，頁915。
〔註12〕同註9，〈徵聖〉，頁17。

先後顯旨，其婉章志晦，諒以邃矣。……《春秋》則觀辭立曉，而訪義方隱。〔註 13〕

指《春秋》分辨事理，用一個字來顯出褒貶的微言大義；用詳細的記載構成文章，其文筆婉曲，用意隱晦，是很深刻的。文字雖然一看即可明瞭，意義的探尋顯得隱蔽不顯。這些都是論及《春秋》經文用辭遣字的技巧，也可視爲其寫作的表現手法。

《公羊傳》、《穀梁傳》二傳書寫的起因源自《春秋》，「傳」此類文體，《文心雕龍》亦有論及。其於文體分「文」與「筆」，一是有韻文的，一則是無韻文的。〈史傳〉正是「筆」之首章。而〈史傳〉的寫作根源即是宗經、徵聖。

劉勰在《文心雕龍》中提到「傳體」，爲左邱明創，指的是《左傳》。其云：

舉得失以表黜陟，徵存亡以標勸戒，褒見一字，貴逾軒冕，貶在片言，誅深斧鉞。然睿旨幽隱，經文婉約，邱明同時，實得微言，乃原始要終，創爲傳體。〔註 14〕

以「傳體」爲左邱明所創，此說與班固同。〔註 15〕不同的是劉勰將「傳體」視爲「文體」之一類。

而「傳」的內涵劉勰亦有定義。其云：

傳者，轉也，轉受經旨，以授於後。實聖文之羽翮，記籍之冠冕也。〔註 16〕

《公羊傳》、《穀梁傳》二傳亦屬於「傳體」，目的爲轉授經旨，以授於後。二者有相同的述作方法與述作目的。當「傳」之文體的源流身份確立之後，可以理解劉勰不只認爲孔子聖人的著作五經是文，《公羊傳》、《穀梁傳》二傳亦是「文」的一部分。

劉勰曾對「傳體」的書寫規範，提出一些準則。如：

立義選言，宜依經以樹則，勸戒與奪，必附聖以居宗，然後詮評昭整，苛濫不作矣。〔註 17〕

〔註 13〕同註 9，〈宗經〉，頁 31～32。

〔註 14〕同註 9，〈史傳〉，頁 293。

〔註 15〕班固：「丘明恐弟子各安其意，以失其眞，故論本事而作《傳》。」同註 8。

〔註 16〕同註 9，〈史傳〉，頁 293。

〔註 17〕同前註，頁 295。

同時對後人摹彷「傳體」寫作時所會遭遇的困難，亦提出見解。其云：

> 紀傳爲式，編年綴事，文非泛論，按實而書，歲遠則同異難密，事積則起訖易疏，斯固總會之爲難也。或有同歸一事，而數人分功，兩記則失於複重，偏舉則病於不周，此又銓配之未易也。
>
> 若夫追述遠代，代遠多僞，公羊高云「傳聞異辭」；荀況稱「錄遠略近」；蓋文疑則闕，貴信史也。然俗皆愛奇，莫顧實理。傳聞而欲偉其事，錄遠而欲詳其跡，於是棄同即異，穿鑿傍說，舊史所無，我書則傳，此訛濫之本源，而述遠之巨蠹也。至於記編同時，時同多詭，雖定哀微辭，而世情利害。勳榮之家，雖庸夫而盡飾；迍敗之士，雖令德而常嗤，理欲吹霜煦露，寒暑筆端，此又同時之枉，可爲歎息者也！故述遠則誣矯如彼，記近則回邪如此，析理居正，唯素心乎！〔註18〕

劉勰對於傳之書寫對象時代遠近、編年綴事，分屬不同時間，作者權衡恐或失之偏頗，或過多的揣測而與實情不符，這些都是傳者易犯的毛病。

劉勰論文雖以「傳」爲「文」，但見他所論，還是將「傳」的目的與功能視爲首要，反而「傳體」的文學特色談得較少，因此也未提到《公羊傳》、《穀梁傳》的文學特色。不過至少劉勰將《公羊傳》、《穀梁傳》納入了其建構「文」的體系了。後人才可能更理所當然的以《公羊傳》、《穀梁傳》的文字風格作爲學習的對象。

如柳宗元學習《穀梁傳》的文章來增進其文氣，讓文章的氣勢更有力量，見〈答韋中立論師道書〉：

> 始吾幼且少，爲文章，以辭爲工。及長，乃知文者以明道，是故不苟爲炳炳烺烺，務采色夸聲音而以爲能也。凡我所陳，皆自謂近道，而不知道之果近乎遠乎。……本之《詩》以求其恆、本之《禮》以求其宜、本之《春秋》以求其斷、本之《易》以求其動，此吾所以取道之原也。參之穀梁氏以厲其氣；參之《孟》、《荀》以暢其支；參之《莊》、《老》以肆其端；參之《國語》以博其趣；參之〈離騷〉以致其幽；參之《太史》以著其潔，此吾所以旁推交通而以爲之文也。〔註19〕

〔註18〕同註16，頁295～296。

〔註19〕柳宗元：《柳宗元集》（北京：中華書局，2000年），卷34，頁873。

並建議學者可以浸淫於《穀梁傳》，透過這種具有峻潔風格的文章感染，使文章進步：

> 大都文以行爲本，在先誠其中。其外者當先讀六經，次《論語》，孟軻書皆經言，《左氏》、《國語》、莊周、屈原之辭，稍采取之。穀梁子、太史公甚峻潔，可以出入。〔註20〕

諸如以閱讀體會典籍的方式，來幫助作文，還有趙彥衛。其云：

> 歐陽文忠公〈醉翁亭記〉，體《公羊》、《穀梁》解《春秋》。……此所謂奪胎換骨法。〔註21〕

趙氏指出歐陽修體會《公羊傳》、《穀梁傳》解釋《春秋》的方法，寫成〈醉翁亭記〉一文。從外在形式來看，〈醉翁亭記〉與《公羊傳》、《穀梁傳》是完全不同的文類，但在表現文章的深義，如歐陽修在被貶官的情況下，卻在文中一派逍遙飲酒暢遊，蘊藏絃外之音，此正趙彥衛說歐陽修體會的作文之法。劉聲木〈論劉開論文書〉：

> 世之眞好學者，必實有得於此，而後能明道以修辭。於是乎從容於《孝經》以發其端，諷誦於典謨訓誥以莊其體，涵泳於〈國風〉以深其情，反覆于變〈雅〉、〈離騷〉以致其怨。如是而以爲未足也，則有《左氏》之宏富，《國語》之修整，益之以《公羊》、《穀梁》之清深。〔註22〕

劉氏提到《公羊傳》、《穀梁傳》文章清麗深厚，熟讀這兩本著作，能增加文筆這方面的不足。揭傒斯云：

> 盧陵劉氏《綱目書法》者，其辭則《公羊》、《穀梁》，其義則《春秋》，而其志則朱子也。〔註23〕

指劉有益作《綱目書法》一書時，在文辭上採用《公羊傳》、《穀梁傳》的語言模式，大義則仿《春秋》微言，著書之心志與朱子同。

以上都是肯定《公羊傳》、《穀梁傳》的文字是具有特色的，並且是文人

〔註20〕同前註，〈報袁君陳秀才避師名書〉，卷34，頁880。

〔註21〕趙彥衛：《雲麓漫鈔》（臺北：臺灣商務印書館，1980年），卷3，頁16b。

〔註22〕劉聲木：《萇楚齋隨筆（四筆）‧論劉開論文書》（臺北：新文豐出版公司，1997年），卷3，頁14a。

〔註23〕揭傒斯著，李夢生標校：《揭傒斯全集‧通鑑綱目書法序》（上海：上海古籍出版社，1985年），卷3，頁287。朱子因司馬氏《通鑑》作《綱目》；劉有益因朱子《綱目》作《通鑑綱目書法》。

可學習模仿的對象。他們慢慢的將《公羊傳》、《穀梁傳》從經學的範疇脫離開來，比范甯、劉勰更進一步，將二傳視為學習文章學的對象。

第三節　清代評點：以「經」為「文」

《公羊傳》、《穀梁傳》二傳自唐代列為《九經》，宋代入為《十三經》，身份由「傳」成為「經」。然其文字實未曾改變，變化只在讀者眼中有所不同。既然讀者認為其重要，擢升其地位；相反的，讀者亦能換個角度來面對這堆文字。明、清之際的文人，從字裡行間看到《公羊傳》、《穀梁傳》的文字，體驗了二傳的文學性，是以有評點的出現。

一、注疏者的讀者反應

提到評點都會讓人想起明、清的小說評點。所謂評點，簡單的理解是評議與句讀。然而我們若從評點的意義來說，可以上溯至漢代章句訓詁傳注之學。漢代學者以尊聖崇賢的心，敬畏的面對經典，恐世人不識聖人教訓，故予以注釋、詮說。傳注者並不敢對經典的內容有所批評，只是將事件本末詳而述之，或注音。然亦有注疏者不明白作者何以書此的疑惑。如桓公十四年：「夏五，鄭伯使其弟語來盟。」《公羊傳》：「夏五者何？無聞焉爾。」〔註24〕明白的指出，對於經文只書「夏五」的原因，並不知情。或像范甯於桓公四年「夏，天王使宰渠伯糾來聘」，《穀梁》無傳，《集解》云：

> 下無秋、冬二時，甯所未詳。〔註25〕

范甯指的是桓公四年，無秋與冬二時的記載，經文只記到夏季。因為據隱公九年秋七月，《穀梁傳》：「無事焉！何以書？不遺時也。」〔註26〕桓公元年冬十月，「無事焉！何以書？不遺時也。《春秋》編年，四時具而後為年」。〔註27〕儘管無事，仍要書四時。所以范甯《集解》依《傳》言而注說：「四時不具，不成年也。」當范甯見無《經》又無《傳》時，感到不合《傳》所訂下的「例」，卻不說《經》闕或《傳》失，則知其對《經》、《傳》的態度是先不去替《經》、《傳》

〔註24〕何休注、徐彥疏：《春秋公羊傳注疏》（臺北：藝文印書館，1997年），卷5，頁13a。

〔註25〕同註5，卷3，頁9b。

〔註26〕同註5，卷2，頁11b。

〔註27〕同註5，卷3，頁3a。

解釋，而是以爲《經》之所發，必有其義。只是范甯尚未明白其義，所以就說「甯所未詳」。桓七年也是下無秋、冬。抱持「不知爲不知」的態度。

對於不可解釋、不明白處，直接將其「感受」眞實呈現，這正是《公羊傳》與范甯等人閱讀經驗之眞實反映。

宋代經師漸漸有自己的看法，不盡信三傳之說，對三傳產生質疑。這些內容與方式，其對象是針對經文微言大義及名物制度加以說明，不是對傳文的文字評述，故與評點學針對文學部分仍不盡相同，但方法上同是對作品進行細讀，或進行細部批評。〔註28〕

二、小說的評點

評點是指作者對作品進行評議與圈畫點抹的一種形式，從中表達出自己的看法。它的對象主要是詩、詞、曲、賦、散文、小說等文學作品。它的特點有三：重直覺與主觀感受；短小精悍，生動活潑；帶有較多的鑒賞性。〔註29〕同時也是文學批評的活動，所有評點者都期望能對作品本身做最精確的分析與闡釋。

評點家就作品構成的篇法、章法、句法、字法、敘事之法來進行句評、段評與總評。這些評點語言，雖有玩賞性質或主觀批評，它卻很眞實的呈現讀者觀點。我們若看看李贄或金聖嘆的評點，就可發現他們已脫離傳統訓詁引經據典，或不敢爲聖人立言的拘謹。如李贄《評水滸傳》：

> 此篇有水窮雲起之妙，吾讀之而不知其爲《水滸》也。張順渡江而殺一盜，殺一淫，此是極其手段。作此傳者，眞是極奇文字，及請得安道全，忽出神行太保迎接上山，此又是機變之法，不可測識者也。噫！奇也。〔註30〕

寫得傳神，又有感染力，極其親切，彷若口語。又如金聖嘆《水滸傳》書前總評：

> 作《水滸傳》者，眞是識力過人。某看他一部書，要寫一百單八個強盜，卻爲頭推出一個孝子來做門面，一也。三十六員天罡，七十

〔註28〕龔鵬程：〈細部批評導論〉，《文學批評的視野》（臺北：大安出版社，1998年），頁398。

〔註29〕孫琴安：《中國評點文學史》（上海：上海社會科學院出版社，1999年），頁11。

〔註30〕施耐庵集撰，羅貫中撰修，李贄評點：《李卓吾批評忠義水滸傳》（上海：上海古籍出版社，1990年），第65回。

> 二座地煞，卻倒是三座地煞先做強盜，顯見逆天而行，二也。盜魁是宋江了，卻偏不許他出頭，另又幻一晁蓋蓋住在上，三也。天罡地煞，都置第二，不使出現，四也。臨了收到「天下太平」四字作結，五也。〔註31〕

所評不僅見識卓絕，還洞悉小說的章法與結構，看得深入，並能引起讀者閱讀小說時的興趣。故讀此類評點可開後人讀書法門、眼界，體會作者之文心。

此風氣一開，不只詩文可以評點，經傳、子書也都被這群爲數不少的評點家大刀闊斧的點評。如穆文熙《國語抄評》、《左傳抄評》、《春秋左傳評林》；沈汝紳《南華經集評》；馮夢龍《論語指月》、《孟子指月》等等，都受到小說評點方式的啓發而對經書、子書加以評點。

三、《公羊傳》、《穀梁傳》的評點

看過明、清之際文人評點小說的模式，再回來參看武億評點《公羊傳》、《穀梁傳》的內容。可以發現武氏確實從文學的角度來對《公羊傳》、《穀梁傳》點評。

（一）武億點評《敦樸堂簡明評點春秋公羊傳鈔》〔註32〕

此書爲武氏《敦樸堂簡明評點三禮春秋三傳鈔》其中一部。評點乃逐字句逗，並於行間以朱筆評點。文中並未對經傳全文評點，惟部分擇要評點。方式分爲句評、段評、總評。句評是以句爲單位，作爲評點的對象；段評是以段爲單位，作爲評點的對象；總評是以一篇或整部作品爲單位，作爲評點的對象。例如隱公「元年春王正月」底下，武億有云：

> 桓貴隱卑亦當時附會之説，但將隱公愛桓説得深切，則桓公之罪無所逃矣。（1a）
>
> 讀至此處，前長而疑一段，猶是迷樓。（1b）

武億所關注的焦點不全依《公羊傳》褒貶是非，《公羊傳》中詮解隱公愛桓公，欲將君位傳桓公的愛，提出「桓幼而貴」的解釋，武億並不認同，堅持自己閱讀的判斷。此爲段評。即於經傳文字的段落處下文，以指出此段文字之意義。另有句評，會直接附在文句後。如：

〔註31〕金聖嘆：《金聖嘆全集．讀第五才子書法》（南京：江蘇古籍出版社，1985年），頁18。

〔註32〕武億：《敦樸堂簡明評點春秋公羊傳鈔》，清抄本。

> 國人莫知隱長又賢，諸大夫扳隱而立之。隱於是焉而辭立，則未知桓之將必得立也。如此兩折，直說得隱公心事深曲。且如桓立則恐諸大夫之不能相幼君也。故凡隱之立爲桓，煞明立也。（1a）
>
> 隱長又賢，何以不宜立？立適以長不以賢，立子以貴不以長。桓何以貴？母貴也。母貴則子何以貴？子以母貴，母以子貴。疊二句收矯勁。（1b）

句評皆在文句中穿插，以少數語點明，或彰明大義，或賞析文章之法。如上例武億云：「如此兩折，直說得隱公心事深曲。」將《公羊傳》所言隱公情緒揭露出來，讀者見武億此語，相信亦能深表認同。又「煞明」、「疊二句收矯勁」是對《公羊傳》的文章文眼及技巧使用加以評述，看重的亦是文章的特色。末有總評：

> 元年者何？下解經所有不言即位。下解經所云篇中得勢全在微國人莫知句。將舊案寫渺茫，則知一篇大文不是爲罪人文過，此爲鐵筆。（1b）
>
> 桓母非元妃，隱母亦繼室，非的然有尊卑之辨者，故曰微。然以貴以長、母貴子貴之說，寔古今立嗣大法，又不耑論隱、桓也。（1b）

這段總評便是針對隱公「元年春王正月」這條經文而發，試圖爲傳文寫下評斷。

又如桓公二年：「春王正月戊申，宋督弒其君與夷及其大夫孔父。」段評曰：

> 識用筆輕重之訣，便能作省筆。如「孔父生而存」句，是重筆。下「公知孔父死」數句是輕筆。俱是省法，却得力在「孔父生而存」句。（5a）

《公羊傳》這部分的原文是：「孔子生而存，則殤公不可得而弒也。故於是先攻孔父之家。殤公知孔父死，己必死，趨而救之，皆死焉。」武億看到《公羊傳》在敘事上具有文章用筆輕重的自覺，是以能營造出讀者的閱讀感受。

> 孔父生而存，則殤公不可得而弒也。一身繫社稷之重，說來英氣凜凜（5a）

《春秋》將書寫對象聚焦在魯公及天子諸侯，士卿大夫隨公出使，僅隨侍於旁，不甚重要。武億卻看到孔父儼然是這段經文的主角，以社稷爲重，保護國君不惜生命的人格特質。此不涉及經文大義，他注意到角色人物的形象。總評：

激烈悲壯，文有餘情。（5b）

對此武億給《公羊傳》下了一句總評，認爲《公羊傳》這段傳文寫得激烈且悲壯，文筆之中帶有情感。這顯然不是《公羊傳》所欲表達的目的，但對於評點家而言，傳文中潛在感動人的文字才是精華所在。

宣公六年：「春，晉趙盾衛孫免侵陳。」《公羊傳》：

趙盾弒君，此其復見何？親弒君者趙穿也。……靈公爲無道，使諸大夫皆內朝，然後處乎台上，引彈而彈之，已趨而辟丸，是樂而已矣。……靈公聞之怒，滋欲殺之甚，衆莫可使往者。於是伏甲於宮中，召趙盾而食之。趙盾之車右祁彌明者，國之力士也，仡然從乎趙盾而入，放乎堂下而立。趙盾已食，靈公謂盾曰：「吾聞子之劍，蓋利劍也，子以示我，吾將觀焉。」趙盾起將進劍，祁彌明自下呼之曰：「盾食飽則出，何故拔劍於君所？」趙盾知之，躇階而走。靈公有周狗，謂之獒，呼獒而屬之，獒亦躇階而從之。祁彌明逆而踆之，絕其頷。趙盾顧曰：「君之獒不若臣之獒也！」……

武億對這段長文的段評爲：「倉卒時事，頃刻百變，絕處逢生，細細描寫，亦整亦暇。此等紿摹，左氏、史遷尚遜一籌。」「神情逼現如生，此爲獨絕。」（28a）指出《公羊傳》這段文字的描寫，充滿變化、劇情緊湊、張力十足，寫來栩栩如生。

哀公六年「齊陳乞弒其君舍。」《公羊傳》：

景公謂陳乞曰：「吾欲立舍何如？」陳乞曰：「所樂乎爲君者，欲立之則立之，不欲立則不立。君如欲立之，則臣請立之。」陽生謂陳乞曰：「吾聞子蓋將不欲立我也。」……於是使力士舉巨囊而至於中霤，諸大夫見之，皆色然而駭，開之，則闖然公子陽生也。陳乞曰：「此君也已！」諸大夫不得已，皆逡巡北面，再拜稽首而君之爾，自是往弒舍。

段評：「以下結構離奇俶詭，別一格法。」（45b）總評：「著眼在當國二字，唯當國，故兩公子之死生，諸大夫之存亡皆在陳乞之手，又以機變行之，筆下寫得有神。一諼字步步描寫生動，令讀者欲笑欲哭，奇文也。」（46a）武億給予《公羊傳》的評價是很高的，認爲此乃奇文。〔註33〕

〔註33〕以上例子甚多，諸如桓公九年：「春，紀季姜歸于京師。」總評：「字字有斤兩。（6a）」莊公四年：「冬，公及齊人狩于郜。」總評曰：「節節轉，句句變。

（二）武億點評《敦樸堂簡明評點春秋穀梁傳鈔》〔註 34〕

武億評點《穀梁傳》大抵與評點《公羊傳》的方式一樣，唯有一點是評《公羊傳》在先，評《穀梁傳》在後，所以會有與《公羊傳》比較的文字。如隱公「元年春王正月」句評：

> 雖無事必舉正月，謹始也。補《公羊》不及。（1a）
>
> 君之不取爲公何也？將以讓桓也。讓桓正乎？曰不正。較《左》、《公羊傳》進一層。（1a）
>
> 隱將讓，桓弒之。交互筆法清圓。（1a）
>
> 《春秋》貴義不貴惠，信道而不信邪。下句如峭石危崖。（1a）

武億對《公羊傳》、《穀梁傳》隱公元年春王正月一條，都有比較詳細的評點，也特別注意到二傳在這條經文上的差異。其提到「《春秋》貴義不貴惠，信道而不信邪」下句如「峭石危崖」，指的是「孝子揚父之美，不揚父之惡」這句。《穀梁》確實注意到這邊有一個轉折，前面在褒隱公讓桓公，此話後則一轉貶隱公成父之惡。段評：

> 一篇斷案在「不正」二字。（1a）
>
> 已探先君之邪志。盡說先君二字，較《公羊》說諸大夫扳隱者更勝。（1b）

武氏將《穀梁》此段文字之文眼給挑明，使讀者能清楚《穀梁》宗旨大義。總評：

> 林西仲曰：將成公志及讓桓不正二意，先立兩柱，復以不正之志不當成既善、不可爲不正二意，層層自駁自解，分爲兩段，其上下啣卸之妙，如天衣無縫，筆力變化之極。（1b）
>
> 隱、桓名份，獨此說得鑿鑿，正乎不正句，翻去《左氏》桓立隱揖，

輕圓鬆散，柳絮翔空，昌黎〈龍說〉、〈獲麟解〉本此。」（8a）莊公三十二年：「秋七月癸巳，公子牙卒。」段評：「波去復迴，妙有情致。」總評：「明立嗣之經，申討賊之義。全隱惡之情，父子、君臣、兄弟之道備矣。《公羊》此等文最是以理勝者。」（11b）閔公二年：「冬，齊高子來盟。」段評：「一結悠然神遠，得味外味。」（12b）哀公十三年：「公會晉侯及吳子于黃池。」總評：「闡發微言大義，較《穀梁》更明確。」（46b）哀公十四年：「春，西狩獲麟。」總評：「敍獲麟事，亦正大亦悲涼。末段總結《春秋》文筆，天矯不可捉摸。」（47a）等等。

〔註 34〕武億：《敦樸堂簡明評點春秋穀梁傳鈔》，清抄本。

《公羊》隱卑桓貴二説，要之，彼爲微言，此爲大義，各相發明。（1b-2a）

《公羊傳》罪桓、《穀梁傳》罪隱；《公羊傳》予桓以當立，《穀梁傳》奪桓以不當立。當立而罪，反在桓；不當立而罪反在隱，推勘入微，變幻百出，可見文人之心，無所不至。（2a）

用意比《公羊》又進，而行文更有離，即縹緲之妙，此見古人讀書爲文，必不肯爲前人所蔀。

兩君罪案輕重劃然，嚴而不苛。（2a）

在總評部分，武億對《公羊傳》、《穀梁傳》二傳的立場加以比較，又從二傳的行文得出「推勘入微，變幻百出」的特色。且從傳文中可見文人的用心，表示以武億對文字的敏銳度，他能夠感受到《公羊傳》、《穀梁傳》二傳的作者如此作文，是有意爲之的安排佈局，非僅僅只是解釋經文。至於他說《穀梁》用意比《公羊》又進，而行文更有縹緲之妙，我們可理解成《穀梁》或許在這條經文上略勝一籌，但整體而言，武氏並不以二傳比較爲其述作的焦點。

莊公三年「五月，葬桓王。」《穀梁傳》：「《傳》曰：改葬也。改葬之禮緦，舉下緬也。或曰郤屍以求諸侯。天子志崩不志葬，必其時也，何必焉？舉天下而葬一人，其義不疑也。志葬，故也，危不得葬也。曰近不失崩。不志崩，失天下也。獨陰不生，獨陽不生，獨天不生，三合然後生。故曰母之子也可，天之子也可。尊者取尊稱焉，卑者取卑稱焉。其曰王者，民之所歸往也。」總評：

《穀梁》文字全在經文空隙處尋議論，如此文「天子」二字是也。

眞得夫子繫《易》精處。

出題之外，令人想見題中之妙。

所言似迂而寔微。（12a）〔註35〕

〔註35〕其他諸例如：隱公五年：「春，公觀魚于棠。」《穀梁傳》：「常事曰視，非常曰觀。禮，尊不親小事，卑不尸大功。魚，卑者之事也，公觀之，非正也。」總評：「於觀字見書法，別具慧眼。」（4a）桓公元年：「春王正月，公即位。」總評：「前一段以王法制之，後一段以天理誅之。《春秋》謹嚴，明眼勘破。」（6b）桓公五年：「春，正月甲戌、己丑，陳侯鮑卒。」《穀梁傳》「鮑卒，何爲以二日卒之？《春秋》之義，信以傳信，疑以傳疑。陳侯以甲戌之日出，己丑之日得。不知死之日，故舉二日以包也。」總評：「以二日爲傳疑，允合經旨。……書法甚奇，發明刼極純正。」（8b）桓十四年：「夏五月，鄭伯使其弟禦來盟。」

武億前有提過《穀梁》行文有離，此又云「似迂而寔微」、得夫子精處等等，是從文字的細微處去反覆體會而得到的閱讀經驗，此若非靜心品味，實難得出此番意見。而《穀梁傳》是否眞的具有這樣的巧妙，武億點出來，還要讀者印證之，這樣評點家的目的才眞的達成，帶領讀者將《公羊傳》、《穀梁傳》視爲文學作品賞之析之。

從以上所舉評點《公羊傳》、《穀梁傳》的部分，我們可以說傳統的經傳注疏之學，目的在透過訓詁辨明文字，以曉大義，告訴讀者一個確定的答案，或一個解釋。這些內容可能很瑣碎，除了專業讀者，一般人是沒什麼興趣閱讀的。而經典的評點，它的方法沿襲小說評點的方式，所以將《公羊傳》、《穀梁傳》的傳文亦當作一篇文學作品來進行點評，傳文精彩處則褒之，寫得不好的地方也不吝批評。注疏之學將他們的解釋確定爲一種讀法，或分今文學、古文學或公羊家法、穀梁師法。評點則不會去限定讀者的讀法，它僅供參考，若讀者亦心有戚戚焉，則成爲此點評家的跟隨者，若不甚滿意而自有領會，亦無不可。

近人對《公羊傳》、《穀梁傳》評點的著作，至今未有深入的研究，主要原因是一般以小說評點爲正統。而正經的讀書人，一見評點者近似「嘻皮笑臉」的經驗分享，就已經火冒三丈，直斥詆毀聖經。〔註36〕或如胡適說：「機械的文評，正是八股選家的流毒，讀了不但沒有益處，並且養成一種八股式的文學觀。」等話。〔註37〕殊不知評點家的作法，本來就源於經典的閱讀法，只是切入的角度不同。評點家對《公羊傳》、《穀梁傳》進行點評時，其面對經典的態度是文學性的。他們在意的是這段文字是否寫得精彩，寫得動人；作品的章法、句法，及敘事背後的感人精神。焦點不在褒貶、微言大義上。如今他們的「慧眼」正爲經學提供另一種視野。

總評：「無議論中搜出議論，無文采中寫成文采。」（9a）桓十四年：「乙亥嘗」總評：「深厚古雅，禮經文字。」（9b）僖公三年：「秋，齊侯、宋公、江人、黃人會于陽穀。」總評：「《公羊傳》、《穀梁傳》兩家有一種無所不可處，後人不能學，是天分之高。」（20a）文公二年：「八月丁卯，大事于太廟，躋僖公。」總評：「嚴冷如鐵，宜令天主教讀之。」（27a）僖公十四年：「晉人納捷菑于邾。弗克納。」總評：「《公羊》美改過，《穀梁》戒妄動，其義互相發明。」（29b）昭公八年：「秋，蒐于紅。」總評：「古奧是《公羊傳》、《穀梁傳》變體。」（42a）定公四年：「庚辰，吳入楚。」總評：「筆削謹嚴，剖析精當。」（45b）哀公十四年：「春，西狩獲麟。」總評：「獲字發得精，又見思明王之意。」

〔註36〕顧炎武引錢尚書謙益《文集》謂：「古人之于經傳，敬之如神明，尊之如師保，維敢僭而加之評騭？」《日知錄》（臺北：明倫出版社，1970年），卷20，頁541。

〔註37〕胡適：《中國章回小說考證．水滸傳考證》（上海：上海書店，1980年），頁3。

第四節　傳家：以「文」爲「傳」

《公羊傳》、《穀梁傳》傳文中，解經文字的類型有許多種，如有人物身份的說明，有地名的解說，有制度的規定，禮制的規範，這些內容都能提供讀者確定的經文意義，不過讀來枯燥一些。常人喜讀《左傳》，認爲其文辭優美，主要還是《左傳》對事件本末有完整的敘述，即故事讀起來比較有興味。

筆者選錄《公羊傳》、《穀梁傳》二傳皆有故事解經的條文，來探討二傳的文學特色。

一、唇亡齒寒

《公羊傳》	《穀梁傳》
僖公二年「虞師、晉師滅夏陽。」	僖公二年「虞師、晉師滅夏陽。」
虞，微國也。曷爲序乎大國之上？使虞首惡也。曷爲使虞首惡？虞受賂，假滅國者道，以取亡焉。其受賂奈何？	非國而曰滅，重夏陽也。虞無師，其曰師何也？以其先晉，不可不言師也。其先晉何也？爲主乎滅夏陽也。夏陽者，虞虢之塞邑也。滅夏陽而虞虢舉矣。虞之爲主乎滅夏陽，何也？
獻公朝諸大夫而問焉，曰：「寡人夜者寢而不寐，其意也何？」諸大夫有進對者曰：「寢不安與？其諸侍御有不在側者與？」獻公不應。荀息進曰：「虞、郭見與？」獻公揖而進之，遂與之入而謀曰：「吾欲攻郭，則虞救之，攻虞則郭救之，如之何？願與子慮之。」荀息對曰：「君若用臣之謀，則今日取郭，而明日取虞爾，君何憂焉？」獻公曰：「然則奈何？」荀息曰：「請以屈產之乘，與垂棘之白璧往，必可得也。則寶出之內藏，藏之外府，馬出之內廄，繫之外廄爾，君何喪焉？」獻公曰：「諾。雖然宮之奇存焉，如之何？」荀息曰：「宮之奇知則知矣。雖然虞公貪而好寶，見寶必不從其言，請終以往。」於是終以往，虞公見寶許諾。宮之奇果諫：「記曰：『唇亡則齒寒。』虞、郭之相救，非相爲賜，則晉今日取郭，而明日虞從而亡爾，君請勿許也。」虞公不從其言，終假之道以取郭，還四年，反取虞。虞公抱寶牽馬而至。荀息見曰：「臣之謀何如？」獻公曰：「子之謀則已行矣，寶則吾寶也，雖然吾馬之齒亦已長矣。」蓋戲之也。	晉獻公欲伐虢，荀息曰：「君何不以屈產之乘，垂棘之璧，而借道乎虞也？」公曰：「此晉國之寶也，如受吾幣而不借吾道，則如之何？」荀息曰：「此小國之所以事大國也，彼不借吾道，必不敢受吾幣，如受吾幣，而借吾道，則是我取之中府，而藏之外府，取之中廄，而置之外廄也。」公曰：「宮之奇存焉，必不使受之也。」荀息曰：「宮之奇之爲人也，達心而懦，又少長于君，達心則其言略，懦則不能強諫，少長於君則君輕之，且夫玩好在耳目之前，而患在一國之後，此中知以上，乃能慮之，臣料虞君，中知以下也。」公遂借道而伐虢。宮之奇諫曰：「晉國之使者，其辭卑，而幣重，必不便於虞。」虞公弗聽，遂受其幣而借之道。宮之奇諫曰：「語曰：脣亡則齒寒，其斯之謂與！」挈其妻子以奔曹，獻公亡虢，五年而後舉虞，荀息牽馬操璧而前曰：「璧則猶是也，而馬齒加長矣。」〔註 39〕
夏陽者何？郭之邑也。曷爲不繫於郭？國之也，曷爲國之？君存焉爾。〔註 38〕	

〔註 38〕《春秋公羊傳注疏》，卷 10，頁 7b～10a。

〔註 39〕《春秋穀梁傳注疏》，卷 7，頁 4b～6a。

《公羊傳》、《穀梁傳》對這條經文有相同的解經語言，即《春秋》經義，重在貶虞，故序於晉師上。因爲虞君收了晉國的賄賂，借道給晉國去攻打夏陽，導致虢國被滅。基本上傳文如此闡釋，已經將經文大義闡述清楚，然而二傳卻在此之後，還補充了完整的故事敘述。

二傳故事大抵與平時所認知的「唇亡齒寒」故事情節相同。不過從二傳的敘述方式中，還是略有差異。

1. 《公羊傳》對人物的敘述較《穀梁傳》活潑生動

我們見《公羊傳》云獻公夜寢不寐，問諸大夫何故？有大夫問是否服侍的人不在身邊呢？晉獻公不應。顯然對這位大夫的回應，深感無趣，甚至不想理他。而荀息直接說中晉獻公欲伐虞虢的心思，獻公態度馬上一百八十度轉變，又是作揖，又是高高興興的邀請荀息入幕，進近一步商量。此將晉獻公之樣態寫得生動。相較於《穀梁傳》，其敘述晉獻公與荀息的對話，便非常冷靜。

> 獻公朝諸大夫而問焉，曰：「寡人夜者寢而不寐，其意也何？」諸大夫有進對者曰：「寢不安與？其諸侍御有不在側者與？」獻公不應。荀息進曰：「虞、郭見與？」獻公揖而進之，遂與之入而謀曰：「吾欲攻郭，則虞救之，攻虞則郭救之，如之何？願與子慮之。」

好像兩人在唸對白，沒有情緒。即便獻公滅了虞、虢二國，荀息也是淡淡的說：「璧則猶是也，而馬齒加長矣。」《公羊傳》則是獻公高興得一手抱著寶玉，一手牽著寶馬，和荀息分享勝利的喜悅。

> 虞公抱寶牽馬而至。荀息見曰：「臣之謀何如？」獻公曰：「子之謀則已行矣，寶則吾寶也，雖然吾馬之齒亦已長矣。」

2. 《公羊傳》強調荀息之謀略，《穀梁傳》強調虞君之無能

前面說過，《公羊傳》、《穀梁傳》對《春秋》的褒貶之義的掌握是一致的，且二傳的表達亦清楚明白。接著二傳各有一段故事來補充，其中似乎有些微的偏離經義，而有《公羊傳》、《穀梁傳》二傳的主張在內。我們看到《公羊傳》將荀息主動積極給晉獻公獻計策的表現，寫得如此生動，彷彿他就是這故事的主角，牽動著讀者的情緒。因此，我們可以說《公羊傳》偏離經義的地方，在於他在故事中未堅持孔子貶虞君的重點。他選擇將荀息的靈巧精明，充分的發揮。而《穀梁傳》在傳文中雖然寫得相對平淡，但他將故事的重筆放在虞君與其大夫宮之奇間的不信任，與虞君的迂腐不聰明，整體來說，他依著孔子貶斥的對象立說。

二、宋公與楚人期戰于泓

《公　羊　傳》	《穀　梁　傳》
僖公二十二年，冬十有一月己巳朔，宋公及楚人戰于泓，宋師敗績。	僖公二十二年，冬，十有一月，己巳，朔，宋公及楚人戰于泓，宋師敗績。
宋公與楚人期戰于泓之陽。楚人濟泓而來。有司復曰：「請迨其未畢濟而擊之。」宋公曰：「不可。吾聞之也，君子不厄人，吾雖喪國之餘，寡人不忍行也。」既濟未畢陳，有司復曰：「請迨其未畢陳而擊之。」宋公曰：「不可。吾聞之也，君子不鼓不成列。」已陳，然後襄公鼓之，宋師大敗。〔註40〕	宋公與楚人戰于泓水之上。司馬子反曰：「楚眾我少，鼓險而擊之，勝無幸焉。」襄公曰：「君子不推人危，不攻人厄，須其出。」既出，旌亂於上，陳亂於下。子反曰：「楚眾我少，擊之，勝無幸焉。」襄公曰：「不鼓不成列，須其成列而後擊之。」則眾敗而身傷焉，七月而死。〔註41〕

二傳對宋襄公堅持不對尚未整列完成的軍隊發動攻擊，有相似的情節。不過若仔細分辨，還是能看出《公羊傳》對人物與對過程的細節描述比較清楚。如《公羊傳》提到宋襄公對有司說「寡人不忍行」，表現了宋襄公臨大事不忘大禮的風範；另外有司提議宋襄公趁楚軍正在渡河時發動攻擊，也點明是渡河這時機。而《穀梁傳》只云「鼓險而擊之」，雖然知道對方是在險處，不過不如《公羊傳》交待得詳細。

三、殽之戰

《公　羊　傳》	《穀　梁　傳》
僖公三十三年，夏四月辛巳，晉人及姜戎敗秦於殽。	僖公三十三年，夏四月辛巳，晉人及姜戎敗秦師于殽。
其謂之秦何？夷狄之也。曷為夷狄之？	不言戰而言敗，何也？狄秦也。其狄之，何也？秦越千里之險，入虛國，進不能守，退敗其師，徒亂人子女之教，無男女之別，秦之為狄，自殽之戰始也。
秦伯將襲鄭，百里子與蹇叔子諫曰：「千里而襲人，未有不亡者也。」秦伯怒曰：「若爾之年者，宰上之木拱矣，爾曷知。」	秦伯將襲鄭。百里子與蹇叔子諫曰：「千里而襲人，未有不亡者也。」秦伯曰：「子之冢，木已拱矣，何知？」
師出，百里子與蹇叔子送其子而戒之曰：「爾即死，必於殽之嶔巖，是文王之所辟風雨者也，吾將屍爾焉。」	師行。百里子與蹇叔子送其子而戒之曰：「女死必於殽之巖唫之下，我將尸女。」
子揖師而行。百里子與蹇叔子從其子而哭之。秦伯怒曰：「爾曷為哭吾師？」對曰：「臣非敢哭君師，	於是師行。百里子與蹇叔子隨其子而哭之，秦伯怒曰：「何為哭吾師也。」二子

〔註40〕《春秋公羊傳注疏》，卷12，頁1a～2a。
〔註41〕《春秋穀梁傳注疏》，卷9，頁4a～5b。

哭臣之子也。」弦高者，鄭商也，遇之殽，矯以鄭伯之命而犒師焉，或曰往矣，或曰反矣。	曰：「非敢哭師也，哭吾子也，我老矣，彼不死，則我死矣。」
然而晉人與姜戎要之殽而擊之，匹馬隻輪無反者。	晉人與姜戎，要而擊之殽，匹馬隻輪無反者。
其言及姜戎何？姜戎，微也，稱人亦微者也。何言乎姜戎之微？先軫也，或曰襄公親之。襄公親之則其稱人何？貶。曷爲貶？君在乎殯而用師危，不得葬也。詐戰不日，此何以日？盡也。〔註 42〕	晉人者，晉子也。其曰人何也？微之也。何爲微之？不正其釋殯而主乎戰也。〔註 43〕

此二傳故事幾乎完全相同，似乎此一故事得於傳聞，非傳者所自書。見《春秋》經義褒貶，在於秦君、晉君、姜戎，凡主戰者皆貶之。然而故事中並未貶斥晉君與姜戎。我們可以想見二傳故事解經部分，不全然是必要的。它似乎有「傳播」此傳聞的用意，因爲秦大敗于殽是當時普遍流傳的重大事件，所有人對其中的內情並沒有歧說，故二傳引用此事件時，沒有「傳者」介入的特別意見。若比較《公羊傳》、《穀梁傳》的差異，則是《公羊傳》中多了鄭商人弦高犒師秦軍的情節。

四、趙盾弒君

《公　羊　傳》	《穀　梁　傳》
宣公六年春，晉趙盾、衛孫免侵陳。	宣二年秋，九月，乙丑，晉趙盾弒其君夷皋。
趙盾弒君，此其復見何？親弒君者趙穿也。親弒君者趙穿，則曷爲加之趙盾？不討賊也。何以謂之不討賊？	穿弒也，盾不弒，而曰盾弒，何也？以罪盾也。其以罪盾，何也？
晉史書賊曰「晉趙盾弒其君夷獋。」趙盾曰：「天乎無辜！吾不弒君，誰謂吾弒君者乎？」史曰：「爾爲仁爲義，人弒爾君，而復國不討賊，此非弒君如何？」	曰：靈公朝諸大夫而暴彈之，觀其辟丸也。趙盾入諫，不聽，出亡，至於郊。趙穿弒公，而後反趙盾。
趙盾之復國奈何？靈公爲無道，使諸大夫皆內朝，然後處乎台上引彈而彈之，已趨而辟丸，是樂而已矣。趙盾已朝而出，與諸大夫立於朝，有人荷畚，自閨而出者。趙盾曰：「彼何也，夫畚曷爲出乎閨？」呼之不至，曰：「子大夫也，欲視之則就而視之。」趙盾就而視之，則赫然死人也。趙盾曰：「是何也？」曰：「膳宰也，熊蹯不熟，公怒以斗摮而殺之，支解將使我棄	史狐書賊曰：「趙盾弒公。」盾曰：「天乎！天乎！予無罪。孰爲盾而忍弒其君者乎。」史狐曰：「子爲正卿，入諫不聽，出亡不遠，君弒，反不討賊，則志同，志同則書重，非子而誰。」故書之曰，晉趙盾弒其君夷皋者，過在下也。〔註 45〕

〔註 42〕《春秋公羊傳注疏》，卷 12，頁 22a～24a。
〔註 43〕《春秋穀梁傳注疏》，卷 9，頁 16b～17b。
〔註 45〕《春秋穀梁傳注疏》，卷 12，頁 3b～4b。

之。」趙盾曰：「嘻！」趨而入。靈公望見趙盾訴而再拜。趙盾逡巡北面再拜稽首，趨而出，靈公心怍焉，欲殺之。於是使勇士某者往殺之，勇士入其大門，則無人門焉者；入其閨，則無人閨焉者；上其堂，則無人焉。俯而窺其戶，方食魚飧。勇士曰：「嘻！子誠仁人也！吾入子之大門，則無人焉；入子之閨，則無人焉；上子之堂，則無人焉；是子之易也。子為晉國重卿而食魚飧，是子之儉也。君將使我殺子，吾不忍殺子也。雖然，吾亦不可復見吾君矣。」遂刎頸而死。靈公聞之怒，滋欲殺之甚，眾莫可使往者。於是伏甲於宮中，召趙盾而食之。趙盾之車右祁彌明者，國之力士也，仡然從乎趙盾而入，放乎堂下而立。趙盾已食，靈公謂盾曰：「吾聞子之劍，蓋利劍也，子以示我，吾將觀焉。」趙盾起將進劍，祁彌明自下呼之曰：「盾食飽則出，何故拔劍於君所？」趙盾知之，躇階而走。靈公有周狗，謂之獒，呼獒而屬之，獒亦躇階而從之。祁彌明逆而踆之，絕其頷。趙盾顧曰：「君之獒不若臣之獒也！」然而宮中申鼓而起，有起於甲中者抱趙盾而乘之。趙盾顧曰：「吾何以得此於子？」曰：「子某時所食活我於暴桑下者也。」趙盾曰：「子名為誰？」曰：「吾君孰為介？子之乘矣，何問吾名？」趙盾驅而出，眾無留之者。趙穿緣民眾不說，起弒靈公，然後迎趙盾而入，與之立於朝，而立成公黑臀。〔註 44〕	

《公羊傳》趙盾弒其君之一段，為《公羊傳》中極精采的一段，《穀梁傳》自然不及。然而若從故事的精采來論《公羊傳》、《穀梁傳》，顯然將二傳的作用給忽略了。二傳乃是傳經之作，目的在闡發孔子微言大義。《穀梁傳》其故事雖短，但將焦點聚焦在趙盾不臣的議題上，與《春秋》所以言「趙盾弒其君」的用意，貶趙盾是一致的。反觀《公羊傳》，雖在一開始亦如《穀梁傳》標示著罪趙盾，但故事中卻彰顯晉君夷獋的暴虐無道，其細數晉君彈大夫、殺膳宰、刺趙盾等等暴行，又處處提醒讀者趙盾清廉、節儉、勇士不忍刺殺而自刎、侍從為之賣命、食活暴桑下者、百姓擁戴。對比之下，《公羊傳》藉著精采的故事，隱隱的透露趙盾弒君之無罪，甚至是替天行道。此之微言當然不能明說，但讀者見此故事，亦會為趙盾的處境深表同情，趙盾便在此過程中除罪了。由此筆者說《公羊傳》在此故事中表達了與孔子《春秋》大義不盡相同的意見，反觀《穀梁》則謹守本分，始終尊服《春秋》經義。

〔註 44〕《春秋公羊傳注疏》，卷 15，頁 10a14b。

五、袁婁之盟

《公　羊　傳》	《穀　梁　傳》
成公二年秋七月，齊侯使國佐如師。己酉，及國佐盟於袁婁。	成公二年冬十月。
君不使乎大夫，此其行使乎大夫何？佚獲也。其佚獲奈何？師還齊侯，晉郤克投戟逡巡，再拜稽首馬前。逢丑父者，頃公之車右也，面目與頃公相似，衣服與頃公相似，代頃公當左。使頃公取飲，頃公操飲而至，曰：「革取清者。」頃公用是佚而不反。逢丑父曰：「吾賴社稷之神靈，吾君已免矣。」郤克曰：「欺三軍者其法奈何？」曰：「法斮。」於是斮逢丑父。	
己酉，及齊國佐盟於袁婁。曷爲不盟於師而盟於袁婁？前此者，晉郤克與臧孫許同時而聘于於齊。蕭同侄子者，齊君之母也，踴於棓而窺客，則客或跛或眇，於是使跛者迓跛者，使眇者迓眇者。二大夫出，相與踦閭而語，移日然後相去。齊人皆曰：「患之起，必自此始！」	季孫行父禿，晉郤克眇，衛孫良夫跛，曹公子手僂，同時而聘於齊。齊使禿者御禿者，使眇者御眇者，使跛者御跛者，使僂者御僂者。蕭同姪子，處臺上而笑之，聞於客，客不說而去，相與立胥閭而語，移日不解。齊人有知之者，曰：「齊之患，必自此始矣。」
二大夫歸，相與率師爲鞍之戰，齊師大敗。齊侯使國佐如師，	秋，七月，齊侯使國佐如師。已酉，及國佐盟于爰婁。 鞍，去國五百里。爰婁，去國五十里。一 戰綿地五百里，焚雍門之茨，侵車東至海，君子聞之曰：「夫甚！」甚之辭焉。齊有以取之也，齊之有以取之，何也？敗衛師于新築，侵我北鄙，敖郤獻子，齊有以取之也。爰婁在師之外，
郤克曰：「與我紀侯之甗，反魯、衛之侵地，使耕者東畝，且以蕭同侄子爲質，則吾捨子矣。」	郤克曰：「反魯、衛之侵地，以紀侯之甗來，以蕭同姪子之母爲質，使耕者皆東其畝，然後與子盟。」
國佐曰：「與我紀侯之甗，請諾。反魯、衛之侵地，請諾。使耕者東畝，是則土齊也。蕭同侄子者，齊君之母也，齊君之母，猶晉君之母也，不可。	國佐曰：「反魯、衛之侵地，以紀侯之甗來，則諾。以蕭同姪子之母爲質，則是齊侯之母也，齊侯之母，猶晉君之母也，晉君之母，猶齊侯之母也。使耕者盡東其畝，則是終土齊也。不可。
請戰，一戰不勝請再，再戰不勝請三，三戰不勝，則齊國盡子之有也，何必以蕭同侄子爲質？」揖而去之。郤克眣魯、衛之使，使以其辭而爲之請，然後許之。逮於袁婁而與之盟。〔註46〕	請一戰，一戰不克，請再，再不克，請三，三不克，請四，四不克，請五，五不克，舉國而授。」於是而與之盟。〔註47〕

〔註46〕《春秋公羊傳注疏》，卷17，頁5a～6b。

〔註47〕《春秋穀梁傳注疏》，卷13，頁4a～5a。

二傳於此事件上略有不同，今僅就相同情節來談。二傳最大的差異在於《公羊傳》以蕭同侄子「踴於棓而窺客，則客或跛或眇，於是使跛者迓跛者，使眇者迓眇者」，爲始作俑者。而《穀梁傳》則是齊國使者作之，導致蕭同姪子禁不住笑了來訪的使者。「齊使禿者御禿者，使眇者御眇者，使跛者御跛者，使僂者御僂者。蕭同姪子，處臺上而笑之，聞於客，客不說而去。」蕭同姪子一則以主動取笑之，一則是被動而笑。然而後來談判時，《公羊傳》、《穀梁傳》的記載晉郤克都將對象鎖定在蕭同姪子，可見當時晉郤克等使臣是受到蕭同姪子的羞辱，所以指名要其作爲齊國戰敗的主要賠償物。此事說來荒謬，兩國戰爭爲一女挑起。但孔子並未將罪怪在女子上，他從另外一角度來談兩國談判的重要，勝方若取之過甚，是站不住腳，反而會自取其辱，反觀敗方，若能據理以爭，亦能博得尊重。故夫子在《春秋》經文上，將齊大夫國佐書於經文：「齊侯使國佐如師。己酉，及國佐盟于爰婁。」以褒齊大夫保住齊國的尊嚴。而這部分的處理，《公羊傳》描述得較清楚，《穀梁傳》「於是而與之盟」這層含意略模糊。或《穀梁傳》以魯學的身份，對於齊國之事，僅點到爲止，而《公羊》爲齊學，故頗有爲國佐之舉，與有榮焉而得意。

討論《公羊傳》、《穀梁傳》傳文中的故事，是因爲這些內容最容易讓人聯想起《左傳》般的文學藝術成就。實際上《公羊傳》、《穀梁傳》這些文字一點也不比《左傳》差，只是數量太少，讀者若非有意，翻則過矣，未能細細品嘗。

回到「傳體」的功能，這些故事不是講求一個精采即完事，它的目的在於解經。但從這些例證中，我們發現以故事發傳的方式並非必要，也無法完全替代經文的發義，傳文仍一如其他經文般的發傳，如故事之前還得云「君不使乎大夫，此其行使乎大夫何？佚獲也。其佚獲奈何」等等，這些傳文足以將經文何以書的理由說明清楚，故事只是附屬於經文大義的後面。

然仔細分析《公羊傳》、《穀梁傳》的故事，卻可發現故事中潛藏有公羊子、穀梁子的用意所在。即《公羊傳》會在故事中表現出與孔子經文略有差異的意見，例如對荀息示以機靈、趙盾表以同情。反觀《穀梁傳》雖文采、詳盡不若《公羊》，卻以服膺孔子爲最重要的原則，它自有「冷冷」的眼來書寫。

第五節　小　結

筆者以爲《公羊傳》、《穀梁傳》文學研究的開展，從范甯、劉勰就已意識到傳文書寫的特點與其解經敘事語言有密切的關係。但范甯、劉勰仍將《公羊傳》、《穀梁傳》二傳視爲經傳之傳。到了唐代柳宗元等文士，以摹彷《公羊傳》、《穀梁傳》文字風格來增進文學表達的能力，只是肯定二傳的文字魅力。眞正將二傳作爲文學作品來讀，是明、清的評點家。

現代《文學史》將《尚書》、《春秋》、《左傳》歸類於歷史散文或史傳散文，《公羊傳》、《穀梁傳》應屬這類。我們相信撰寫《文學史》的作者只是不小心遺漏了《公羊傳》、《穀梁傳》，若能在《文學史》中補上《公羊傳》、《穀梁傳》，則二傳在「文學研究」上，更能得到一個光明正大的地位。

提要曾云欲進一步探討經學文學研究化的變化過程。這並非是單一變化，《公羊傳》、《穀梁傳》二傳在被閱讀的過程中，開展出來兩條研究的面向，作爲文本而言，其並未純粹的經典化或是純粹的文學化，這樣的理解應當是較合情理的。此問題亦非如此簡單，礙於篇幅與能力，留待往後能繼續完成。

從歷史的發展過程，筆者將范甯、劉勰、柳宗元與明、清的評點家，及現代的《中國文學史》作者串成一個脈絡。實際上明、清的評點家並不是受范甯、劉勰的影響才注意到《公羊傳》、《穀梁傳》，他們是從詩詞小說的點評轉移過來評點《公羊傳》、《穀梁傳》；而現代的《中國文學史》作者亦不是受明、清的《公羊傳》、《穀梁傳》評點著作而將《春秋》、《左傳》列爲散文，他們可能是受到文學史的分類需要而有此歸類。雖然如此，對《公羊傳》、《穀梁傳》文學性的認識，行之既久，不容忽視。即便在現代，應該也已經是一個具「合法性」的公開結果了。

值得一提的，還有一事，現今讀《公羊傳》、《穀梁傳》的教本，多以阮刻《十三注疏》本爲主，但這是從經學的角度來讀，或以此本爲佳，然若從文學的角度來看《公羊傳》、《穀梁傳》的文辭，則阮刻將傳文割裂過於分散，反而難讀出《公羊傳》、《穀梁傳》二傳的文氣，故或許我們寧可選擇《公羊傳》、《穀梁傳》的白文本來閱讀，若白文本難覓，退求其次，以只有范甯《集解》，無楊士勛《注疏》的校永懷堂本，也都更適宜。

第七章　《公羊傳》、《穀梁傳》的意義

第一節　《公羊傳》、《穀梁傳》的三科九旨

三科九旨一直是公羊家與穀梁家對《春秋》大義的區別處，公羊家認為穀梁未親受子夏，故不知三科九旨。清代今文經學大盛，公羊學家亦是強調《公羊傳》的三科九旨。〔註1〕筆者從《穀梁傳》傳文中，亦發現同於《公羊傳》三種九小類的解經語言，只是穀梁家向來未將此內容作整體的結構性解釋。假設《公羊傳》與《穀梁傳》皆有類似的結構語言，儘管內容不同，我們仍應注意二傳傳文在解經結構的雷同。

一、《公羊傳》的三科九旨

三科九旨是何休提出的，他依據《公羊傳》解經內涵「訂定」出來，而非歸納集結出來。徐彥《春秋公羊傳注疏》引何休《文謚例》云：

> 何氏作《文謚例》云：「三科九旨者，新周、故宋、以春秋當新王，此一科三旨也。又云所見異辭、所聞異辭、所傳聞異辭，二科六旨也。又內其國而外諸夏，內諸夏而外夷狄，是三科九旨。」〔註2〕

《公羊傳》並未如此稱之。《公羊傳》僅散見這些內容，如：

「新周」一詞在《公羊傳》出現一次。

〔註1〕張廣慶：《劉逢祿及其春秋公羊學研究》（臺北：國立臺灣師範大學國文研究所博士論文，1997年）

〔註2〕何休注、徐彥疏：《春秋公羊傳注疏》（臺北：藝文印書館，1997年），卷1，頁4b。

「故宋」、「以春秋當新王」，只出現在注、疏之中。

「所見異辭、所聞異辭、所傳聞異辭」，傳文出現三次。

「內其國而外諸夏，內諸夏而外夷狄」，傳文僅出現一次。

且三科九旨並未出現於《公羊傳》的前言凡例，亦非在《公羊傳》中明確的指出其作爲解經的綱領。由是可以判斷，此三科九旨爲公羊經師爲詮解《公羊傳》所訂定的解釋系統。

以下筆者就《公羊傳》所揭示三科九旨意義，分別說明。

1. 新　周

宣公十六年夏，「成周宣謝災」。《公羊傳》：

> 何以書？記災也。外災不書，此何以書？新周也。

注：

> 新周，故分別有災不與宋同也。孔子以春秋當新王，上黜杞，下新周，而故宋。因天災中興之樂器，示周不復興，故繫宣謝於成周，使若國文黜而新之從，爲王者後記災也。〔註3〕

筆者以爲《公羊傳》所謂的新周就是成周，當時周代有宗周、成周之別，稱新周，是指相較於西周的東周。

何休另有發揮，其謂孔子當新王，是指孔子所處的春秋時代爲一新的朝代，故曰新王。也就是從周朝下分西周、東周，又從東周裡分出春秋時代，作爲一個新朝代的開始。何休的觀點包含兩層意義，一個是歷史改朝代的意義；另一層是書寫的意義。歷史朝代的意義是改朝換代，何休認爲春秋是一個新繼承的時代，然孔子當時還是尊周天子，並未眞以爲有「春秋」這朝代；書寫的意義是說明孔子在作《春秋》時，有不同的書法。如對於夏朝之後的杞，去其尊貴，不以王稱；宋爲商朝之後年代爲近，故仍尊貴。周朝與春秋時代更近，自然書寫的內容較詳細。

2. 故　宋

「故宋」一詞，於《公羊傳》傳文中並未得見，在注疏中提到。見襄公二十九年徐彥疏：

> 杞是王者之後，實爲公。但《春秋》之義假魯爲王，新周、故宋、黜杞爲伯。是以莊二十七年：「冬，杞伯來朝。」《注》云：「杞，夏

〔註3〕同前註，卷16，頁17a-18b。

> 後不稱公者，《春秋》黜杞。新周而故宋，以《春秋》當新王。」然則杞之常爵正合稱伯，而稱子者，微弱不能自城，危社稷宗廟當坐故也。〔註4〕

徐彥疏中提到新周、故宋、黜杞，與何休意見相符，是就孔子而言，書寫對象以朝代更迭來作區分的分界。因此，「故宋」一詞，可以從「黜杞爲伯」書寫的改變來理解。王者之後，因時代遠近不同，對其尊貴的身份產生分別，如年代愈久，則視爲一般諸侯國，不再視爲王者。因此杞雖爲夏王之後，孔子不以爲公，而稱伯。「故宋」所代表的是殷之後，〔註5〕距孔子來說，相對於夏較近，王風氣息仍在，故以王者之後尊貴之。

3. 以春秋當新王

「以春秋當新王」一詞，也未見於《公羊傳》中，它見於注疏。不過「以春秋當新王」一詞，何休與徐彥的闡釋便有差異。如襄公二十九年徐彥疏：

> 杞是王者之後，實爲公。但《春秋》之義，假魯爲王，新周、故宋、

〔註4〕同前註，卷21，頁9b-10a。

〔註5〕《公羊傳》說新周、故宋、王魯。有一種說法是說，故宋乃如昭穆之宗廟，遠則黜之，宋乃殷朝之後，故置前，後有周，然後現在孔子時代以魯爲代表。以宋爲殷後，此說可見《史記》：「管、蔡、武庚等果率淮夷而反。周公乃奉成王命，興師東伐，作〈大誥〉。遂誅管叔，殺武庚，放蔡叔。收殷餘民，以封康叔於衛，封微子於宋，以奉殷祀。寧淮夷東土，二年而畢定。諸侯咸服宗周。」時周公、成王封微子於宋，以奉殷祀。看起來好像是延續殷商的火種，但宋是否能代表商呢？宋是在紂王被滅後，其子武庚又叛亂，所以被周給遷至于宋。以時間來斷代就是夏、商、周、魯（春秋）。宋是一個不存在的名號與時間，因爲宋是一個被虛擬化的代表。今天《公羊傳》強調它的存在，確實有趣。何休談到先王禮樂之事，殷既然被遷都，也不再是天下主，那他的典禮制度也就不同，如何能再見到先王禮樂，尤其此時距離宋微子時代又更久遠了。或是《公羊傳》強調宋乃先王之後，不願意提及商大國強盛時期的稱號，故以衰弱不繼的宋來代表商的存在，強調在周底下商的形象爲宋。《穀梁傳》也有故宋一詞。傳文說桓公二年，春，王正月，戊申，宋督弒其君與夷。「桓無王，其曰王，何也？正與夷之卒也。」及其大夫孔父。「孔父先死，其曰及，何也？書尊及卑，春秋之義也。孔父之先死，何也？督欲弒君而恐不立，於是乎先殺孔父。孔父閑也，何以知其先殺孔父也？曰：子既死，父不忍稱其名，臣既死，君不忍稱其名，以是知君之累之也。孔氏父字，謚也。或曰：其不稱名，蓋爲祖諱也，孔子故宋也。」襄公九年，春，宋災：「外災不志，此其志，何也，故宋也。」故宋，《穀梁》說法，指的是孔子先人是宋國人，爲一種情感上的需要而書寫。它稱不上是一種春秋的微言大義，不過「故宋」這一名詞卻也如此雷同清楚的出現。《春秋》的文字是一樣的，然而到了《公羊傳》、《穀梁傳》的解釋時，卻有差異。

黜杞爲伯。是以莊二十七年：「冬，杞伯來朝。」《注》云：「杞，夏後不稱公者，《春秋》黜杞。新周而故宋，以春秋當新王。」〔註6〕

何休云「以春秋當新王」，徐彥云：「《春秋》之義，假魯爲王。」

何休「以春秋當新王」，如同夏、商、周，何休將孔子所處的春秋時代，視爲一個新的朝代，不過何休並未明言，這時代的王，所指爲誰？是魯隱公、是齊桓公，或是孔子本人爲素王。而徐彥則將「以春秋當新王」理解爲魯國，則魯國十二公皆是春秋之新王。另外隱公元年「君之始年也」，徐彥疏曾云：「《春秋》託新王，受命於魯。」〔註7〕很明確的將魯國視爲受命之新王。

事實上，一個朝代的合法繼承，具有正統性，其要素便是要得到天的授命。在何休與徐彥的「公羊想像」中，春秋時代或魯國爲這一想像世界的新王，儘管何休、徐彥生於後代，早已清楚的認識所謂眞正朝代的歷史，便是夏、商、周、秦、漢。魯國並未眞正受命於天，成爲天下新王共主，春秋也不算是一個新的朝代。他們仍然在想像中堅信這一個何休帶出來的理解。這麼說是因爲《公羊傳》或《春秋》中並未有明確的指示，連孟子與司馬遷對孔子作《春秋》的理由，也完全沒有這樣的理解傾向。

筆者提到「公羊的想像」是徐彥在疏中建構出來的。如隱公元年：

謂文王者，以見孔子作新王之法當周之世，理應權假文王之法。故偏道之矣。……孔子方陳新王受命，制正月之事。故假取文王創始受命，制正朔者，將來以爲法，其實爲漢矣。〔註8〕

徐彥提到「孔子方陳新王受命，制正月之事。」闡明孔子作《春秋》是爲了說明魯國得天受命爲新王。這樣的理解亦可見隱公元年「公及邾婁儀父盟于眛」，《疏》：

《春秋》以隱新受命而王，儀父慕之。〔註9〕

〔註6〕同前註，卷21，頁9b、10a。

〔註7〕「不言公，言君之始年者。王者諸侯皆稱君，所以通其義於王者，惟王者然後改元立號。《春秋》託新王受命於魯，故因以錄即位，明王者當繼天奉元，養成萬物。」

〔註8〕同前註，卷1，頁7a、7b。

〔註9〕同前註，卷1，頁13a。徐彥於此經文下亦曾云：「隱公實非受命之王，但欲託之，以爲始也。」這正說明徐彥在解釋「以春秋當新王」時，一方面同意何休這樣的解釋，一方面也延伸出自己對於孔子行爲的解釋，將之解釋爲「寄託」。「寄託」的談法，因符合眞實歷史的發生，故得到後人詮釋孔子心志的普遍性說法。

徐彥此處更直接提到魯隱公爲《春秋》新受命而王。這樣的說法影響了後來公羊家對於孔子作《春秋》的理想，產生「王魯」的觀點。

在《公羊傳》的傳文中，一科三旨「新周」、「故宋」、「以春秋當新王」並非是一組的概念，它只提過「新周」，未與「故宋」、「以春秋當新王」一起視爲整體。何休之所以建立了《公羊》大義的精神，在於他將三者整合爲一組有彼此關係的整體。凡傳文中遇有夏、商、周的避諱書寫時，此套說法即可運用得宜，儼然成爲《春秋》的凡例。

4. 所見異辭，所聞異辭，所傳聞異辭

二科六旨是同時出現的。見隱公元年「公子益師卒」，《公羊傳》：

> 何以不日？遠也。所見異辭、所聞異辭、所傳聞異辭。

《公羊傳》解釋孔子於魯隱公時記「公子益師卒」一條，爲何不書日，理由是遠也。因時代久遠，所見、所聞、所傳聞，有所不同，亦無法查證，故不書日。如果我們參照桓公二年及哀公十四年，同樣是「所見異辭、所聞異辭、所傳聞異辭」的發傳，就會注意到《公羊傳》都以「遠也」的理由來解釋。

然而何休的詮釋有所變化，《注》云：

> 所見者謂昭、定、哀，己與父時事也。所聞者謂文、宣、成、襄，王父時事也。所傳聞者謂隱、桓、莊、閔、僖，高祖、曾祖時事也。異辭者，見恩有厚薄，義有深淺。時恩衰義缺，將將以理人倫、序人類，因制治亂之法，故於所見之世，恩已與父之臣尤深，大夫卒有罪、無罪皆日錄之。丙申季孫隱如卒是也。於所聞之世，王父之臣恩少殺。大夫卒無罪者日錄，有罪者不日略之。叔孫得臣卒是也。於所傳聞之世，高祖、曾祖之臣恩淺，大夫卒有罪、無罪皆不日略之。公子益師、無駭卒是也。於所傳聞之世，見治起於衰亂之中，用心尚麤觕，故內其國而外諸夏，先詳內而後治外，錄大略小，內小惡書，外小惡不書，大國有大夫，小國略稱人，內離會書，外離會不書是也。於所聞之世，見治升平，內諸夏而外夷狄，書外離會，小國有大夫，宣十一年，秋晉侯會狄於攢函。襄二十三年邾婁鼻我來奔是也。至所見之世，著治大平，夷狄進至於爵，天下遠近小大若一，用心尤深而詳，故崇仁義、譏二名，晉魏曼多、仲孫何忌是也。所以三世者，禮爲父母三年，爲祖父母期，爲曾祖父母齊衰三月，立愛自親始，故《春秋》据哀錄隱，上治祖禰，所以二百四十二年者，取法十二公，天數備足，著治法式，

又因周道始壞絕於惠隱之際，主所以卒大夫者，明君當隱痛之也。君敬臣則臣自重，君愛臣則臣自盡。〔註 10〕

何休將「所見異辭、所聞異辭、所傳聞異辭」的意思詳細界定，它不是指孔子面對過去歷史的三種類型。他將這三類轉成結構式的對象。一方面是指孔子接觸材料來源的三種情況，如凡孔子所在世可見的內容，視爲「所見異辭」；孔子父祖輩時代，爲「所聞異辭」；孔子曾祖、高祖時代，爲「所傳聞異辭」。一方面解釋成孔子面對三個不同遠近時代，所對應的書寫差異。

其中何休最大的改變是將《公羊傳》原本指涉三種材料來源的說明，轉爲三個時間段，又將《春秋》記載大夫的書寫原則，從孔子身上轉給了國君。所以《注》中云：「於所傳聞之世，高祖、曾祖之臣恩淺，大夫卒有罪、無罪皆不日略之。」這裡「高祖」、「曾祖」對於臣恩淺，是就隱公、桓公的國君身份來說。這樣的轉換是很奇特的，原本《春秋》是孔子作爲一位撰述者所擁有的編纂原則，卻將這份「書寫權」移轉給過去的君王。歷來讀三世說者，皆直接繼承何休的說法，以三世書寫差異來理解孔子作《春秋》的原則，卻與《公羊傳》所說不盡相同。試舉一例：

桓公二年：「三月，公會齊侯、陳侯、鄭伯于稷，以成宋亂。」《公羊傳》：

內大惡，諱。此其目言之何？遠也。所見異辭，所聞異辭，所傳聞異辭。隱亦遠矣，曷爲爲隱諱？隱賢而桓賤也。〔註 11〕

《公羊傳》以「隱賢而桓賤」，所以將桓公此事目言之。可見《公羊傳》所指的三所異辭，並非如何休、徐彥所理解的，隱、桓之際爲所傳聞之世而事多不可得知，故多不書且疏略。對《公羊傳》而言，三所異辭只是一種單純的描述，它指歷史或說發生過的事件，隨時間久遠而在這世上慢慢被遺忘，這事件可能被當世史官記載在史書中，亦可能爲當時人所談論，甚或成爲傳於一代又一代的民間故事，而這三種情況所指的對象可以爲同一事件，如桓公二年：「三月，公會齊侯、陳侯、鄭伯于稷，以成宋亂。」這件事既可見於魯史，又可從街談巷語中聽到。「異辭」是即使是書於史書的材料都可能有兩種以上的敘述，有意義上的歧異；即使是聽人議論，不同人所說的也可能有所不同。而何休《注》如上篇例證又將《公羊傳》解釋事件傳播的種類，發明爲與臣子與國君間政治親疏的書寫差異。如：

〔註 10〕同前註，卷 1，頁 23a、23b。
〔註 11〕同前註，卷 4，頁 5b～6a。

所見之世，臣子恩其君父尤厚，故多微辭是也。所聞之世，恩王父少殺，故立煬宮不日，武宮日是也。所傳聞之世，恩高祖曾祖又少殺，故子赤卒不日，子般卒日是也。〔註 12〕

另外哀公十四年：「春，西狩獲麟。」

《春秋》何以始乎隱？祖之所逮聞也。所見異辭，所聞異辭，所傳聞異辭。何以終乎哀十四年？曰：「備矣。」

此《公羊傳》所言雖未明說「遠也」，但傳文「祖之所逮聞」亦是指遠也的意思。由是我們可以知道《公羊傳》發三所異辭，都是一種對於過去久遠所發生事件的多種意義的傳播，產生情緒性的感歎抒發。而非是如何休、徐彥所說，是一套書寫的規範。

5. 內其國而外諸夏，內諸夏而外夷狄

三科九旨「內其國而外諸夏，內諸夏而外夷狄」出現一次，於成公十五年：「冬十有一月，叔孫僑如會晉士燮、齊高無咎、宋華元、衛孫林父、鄭公子鰌、邾婁人會吳于鍾離。」《公羊傳》：

曷爲殊會吳？外吳也。曷爲外也？《春秋》內其國而外諸夏，內諸夏而外夷狄。王者欲一乎天下，曷爲以外內之辭言之？言自近者始也。〔註 13〕

《公羊傳》解釋孔子作《春秋》的原則，對象由近而遠，由魯國始，漸擴及諸夏，再到夷狄。〔註 14〕它是空間上的概念，區別自我（魯國）與諸夏，爾後是中國與夷狄。

而何休的解釋便是將三世說與此「內外諸夏夷狄」結合一起。其《注》：

於所傳聞之世，見治起於衰亂之中，用心尚麤觕，故內其國而外諸夏，先詳內而後治外，錄大略小，內小惡書，外小惡不書，大國有大夫，小國略稱人，內離會書，外離會不書是也。於所聞之世，見治升平，內諸夏而外夷狄，書外離會，小國有大夫，宣十一年，秋

〔註 12〕同前註，卷 4，頁 5b。

〔註 13〕同前註，卷 18，頁 7a～8a。

〔註 14〕何休《注》直接將「內其國」的「國」解釋爲「假魯以爲京師」（卷 18，頁 7b），又云：「明當先正京師，乃正諸夏。諸夏正乃正夷狄，以漸治之。」（卷 18，頁 8a）是將此「三科九旨」作爲教化時間性的擴展。將魯國視爲天下共主之京城，從這裡先實行禮儀教化，之後教化諸夏諸侯使之改變，最後連夷狄都可行禮如儀，成爲魯國統治教化的一員。

> 晉侯會狄於攢函。襄二十三年邾婁鼻我來奔是也。至所見之世，著治大平，夷狄進至於爵，天下遠近小大若一，用心尤深而詳，故崇仁義、譏二名，晉魏曼多、仲孫何忌是也。〔註15〕

從何休的詮解中，我們注意到何休的「三科九旨」，並非只是區分魯國、諸夏與夷狄。如果我們談的是《公羊傳》的「內其國而外諸夏，內諸夏而外夷狄」，它就是區分成「魯國」、「諸夏」、「夷狄」三塊。何休的意圖是作爲三個統一進程的階段。配合三世說，第一段爲「內其國而外諸夏」，由魯國影響其他諸侯國。第二階段是「內諸夏而外夷狄」，由諸夏來影響帶動夷狄的文化。第三階段也就是最後階段「天下遠近小大若一」，所欲見的是天下太平，天下一統，沒有京師、諸夏與夷狄的區別。筆者認爲這是何休看過了秦、漢天下一統的局勢，認爲天下最好狀態就是天下一統。不過這與處於春秋時代諸侯國並立的孔子，二者所見到的世界不同，因此天下觀亦會有所差異。

二、《穀梁傳》的三科九旨

上文討論了《公羊傳》三科九旨與何休、徐彥詮釋出來的意義。我們可以說眞正影響後來公羊家，甚或影響晚清今文經學的，是何休與徐彥的談法。我們意識到《公羊傳》與注疏者的理解有差異外，更相信注疏者對經典進行系統性的建構一套理論是重要的。因爲有何休、徐彥等經師對《公羊傳》賦予了新的意義，使《公羊傳》可以脫離先秦諸子百家將思想散見於著作中，致使讀者無法窺其奧妙的困境。讀者可以容易的掌握《公羊傳》的要義，然後轉而與同時代的議題相互激盪。

筆者認爲《穀梁傳》亦有三科九旨，值得提出作爲詮釋《春秋》經典意義的新理解。如下：

> 有臨天下之言焉，有臨一國之言焉，有臨一家之言焉，此一科三旨。
>
> 微殺大夫謂之盜，非所取而取之謂之盜，辟中國之正道以襲利謂之盜，此二科六旨。
>
> 不以嫌代嫌，不以亂治亂也，不以親親害尊尊，此三科九旨也。

這些準則不是要與《公羊傳》爭勝，而是《穀梁傳》眞有相同撰文邏輯，且符合比例原則的對照組。《公羊傳》的三科九旨與《穀梁傳》一樣，主要在傳文中出現一兩次，它的意義是由注疏者賦予，並進而形成一套方法論。因此，

〔註15〕同前註，卷1，頁23a、23b。

《穀梁傳》的三科九旨亦有其作用。

1.《穀梁傳》的一科三旨：三言

哀公七年《穀梁傳》：

> 《春秋》有臨天下之言焉，有臨一國之言焉，有臨一家之言焉。〔註16〕

此三言可以說是《穀梁傳》對《春秋》的敘述方式的區分，若無此一區分，或以爲孔子作《春秋》行文皆相同，或以爲行文間有矛盾，實際上便是作《春秋》的方法。范甯引徐乾云：

> 臨者，撫有之也。王者無外，以天下爲家，盡其有也。諸侯之臨國，亦得有之，如王於天下。大夫臨家，猶諸侯臨國。〔註17〕

意指《春秋》文字敘述，有就天子、諸侯、大夫之立場而立言。這樣的敘述是非常特別的，通常一本著作會有一個統一的視點，來作爲書寫的角度。如《老子》、《莊子》先秦典籍就是一個作者觀點下的作品。孔子將這作者單一視角跨足到天子、諸侯、大夫的立場來言說，彷彿這一本著作的作者是模糊的，他讓《春秋》的記載不同於史書，亦不同於諸子之書，亦不同於單純的批評之書。讓《春秋》忠實的呈現歷史所發生的事件，而這些事件原本應屬於不同地方的內容全被孔子作爲認識世界的對象。例如天子之事、諸侯之事、大夫之事都是國家之事，與一般百姓有著距離，他們所做的是非對錯，只會淪爲百姓私下談論的對象，如傳說故事般被傳誦著，總以似存非存的方式如言語存在。而孔子將這些都以文字的方式使其呈現。揭示天子之醜、諸侯之醜、大夫之醜於天下後世，卻依然保持它的「含蓄」，《春秋》沒讓其形式像《論語》般，字字都是「子曰」。孔子讓天子、諸侯、大夫的行爲爲自己敘說自己的面貌，所以如天子、諸侯、大夫向天下後世說著：「我做了什麼！」孔子透過「《春秋》有臨天下之言焉，有臨一國之言焉，有臨一家之言焉」，達到這樣的效果。

楊士勛有另外的理解：

> 釋曰：此下三者皆以內外辭別之。王者則以海內之辭言之，即僖二十八年「天王狩于河陽」。傳曰「全天王之行也」，是也。王者微弱則以外辭言之，即僖二十四年「天王出居于鄭」。傳曰「失天下也」，

〔註16〕《春秋穀梁傳注疏》，卷20，頁9b～10a。
〔註17〕同前註。

是也。〔註18〕

楊士勛區分「臨天下之言」有兩種，一種是就王者無外，普天之下莫非王土的概念來說，即天王行之所到皆內也，皆是天王的處所，故不言外。另一種是就王者微弱來說，即天王勢力微弱不敵諸侯，《春秋》書「出」以示失天下。

釋曰：此亦據內外言之，若宣九年「辛酉晉侯卒于扈」。傳曰：「其地于外也，其日未踰竟也。」既以內外顯地及日，是以一國言之。

釋曰：家謂采地，若文元年毛伯來錫公命、定四年劉卷卒，其毛、劉皆采邑名，大夫氏采爲家，大夫稱家，是以一家言之也。

「臨一國之言」、「臨一家之言」，楊士勛並沒有特別的說法，僅就孔子書地、稱名言之。簡單的說就是《春秋》書寫的對象有天子、諸侯、大夫。爲何要將此區分開來呢？因爲牽涉當時孔子的身份。孔子曾說：

子曰：「必也正名乎。」子路曰：「有是哉，子之迂也，奚其正。」子曰：「野哉由也，君子於其所不知，蓋闕如也，名不正，則言不順，言不順，則事不成，事不成，則禮樂不興，禮樂不興，則刑罰不中，刑罰不中，則民無所錯手足，故君子名之，必可言也，言之，必可行也，君子於其言，無所苟而已矣。」〔註19〕

孔子向來以爲名不正則言不順，他並非君王，亦非受君王所託而作《春秋》，故其著述方式轉變成另一種如史官的書寫，讓經文看起來好像是國君、諸侯、大夫行事的實錄，並不會讓人感到孔子是以批評者的態度在書寫。《孟子》中亦有記載：

世衰道微，邪說暴行有作，臣弒其君者有之，子弒其父者有之，孔子懼，作《春秋》，《春秋》，天子之事也，是故孔子曰：「知我者，其惟《春秋》乎，罪我者，其惟《春秋》乎。」……昔者禹抑洪水而天下平，周公兼夷狄，驅猛獸，而百姓寧，孔子成《春秋》，而亂臣賊子懼。《詩》云：「戎狄是膺，荊舒是懲。」則莫我敢承，無父無君，是周公所膺也。〔註20〕

文中提到《春秋》是天子的事，孔子非天子作《春秋》「名不正」，有僭越之嫌，故當時敘述對象與敘述角度該如何拿捏確實有相當的難度，而其以「臨天下之

〔註18〕同前註。

〔註19〕《論語・子路》（臺北：藝文印書館，1997年），卷13，頁2a。

〔註20〕《孟子・滕文公下》（臺北：藝文印書館，1997年），卷6，頁4b、5a。

言，臨一國之言，臨一家之言」來書寫，正有「述而不作」的用意。所謂：「述而不作，信而好古，竊比於我老彭。」〔註21〕《論語正義》云：「記仲尼著述之謙也。作者之謂聖，述者之謂明，老彭殷賢大夫也，老彭於時但述脩先王之道，而不自制作。篤信而好古事，孔子言今我亦爾，故云比老彭，猶不敢顯言。」〔註22〕孔子將敘述的人區分爲天子的角度、諸侯的角度、大夫的角度，正如他們所自言己事，孔子不過是將之轉述出來，便不涉及作《春秋》所會遭遇的質疑，因此「述而不作」的具體書寫方式並非是全文的抄錄不去更動文字部分，而是就其敘述者的身份配合爲合乎其說法，天子的部分就以天子的方式敘說，諸侯的部分就以諸侯的身份去說，大夫的部分就以大夫的身份去寫，以摹擬角色身份的話語來著作，這樣就成爲一部「述而不作」的《春秋》。

2. 《穀梁傳》的二科六旨：三盜

哀公四年《穀梁傳》：

> 《春秋》有三盜：微殺大夫謂之盜，非所取而取之謂之盜，辟中國之正道以襲利謂之盜。〔註23〕

所謂三盜，是《春秋》對「盜」的三種區別。這三種是孔子書寫《春秋》的凡例，凡經文對此三類事件則稱盜。

「三盜」蘊含對世界的認識，亦是對三種身份的規範，孔子認爲「微殺大夫謂之盜」，是指比大夫卑微的人去殺了大夫，這樣的行爲是不合禮的，大夫爲諸侯所任命，權責在諸侯，百姓不該越過自己的份際。擴而言之，諸侯弒天子、臣弒君、子弒父，皆爲此類所批評的對象。

「非所取而取之謂之盜」，這指大夫與諸侯。在《春秋》中常出現諸侯侵伐小國，或大夫、諸侯與民爭利，皆是一種盜的行爲。孔子認爲「名正言順」，行爲與利益都是一樣的，做符合身份的事，講符合身份的話，拿符合身份的錢財利益。人能如此安於所得，天下豈不寧乎？

「辟中國之正道以襲利謂之盜」，這裡指的是天子或諸侯對於正道的遵守。中國之正道是經緯之綱常，可使人正其是非，不會疑惑。若天子、諸侯不以此爲鑑，徒以利益爲追逐目標，這便是「盜」。「盜」是不忠實於自己的良知，如掩耳盜鈴般，明知不可爲而爲之。遮蔽自己的良知道德，所做的行

〔註21〕《論語・述而》，卷7，頁1a。
〔註22〕同前註。
〔註23〕范甯集解，楊士勛疏：《春秋穀梁傳注疏》，卷20，頁7a。

爲便是「盜」。

3. 《穀梁傳》的三科九旨：三不以

昭公十三年夏四月《穀梁傳》：

《春秋》不以嫌代嫌。〔註24〕

昭公四年秋七月《穀梁傳》：

《春秋》之義，不以亂治亂也。〔註25〕

文公二年《穀梁傳》：

君子不以親親害尊尊，此《春秋》之義也。〔註26〕

《穀梁傳》言《春秋》不以嫌代嫌，不以亂治亂，不以親親害尊尊，主要是因爲當時子弒父，臣弒君，微殺尊的事件層出不窮，爲奪權力，往往不擇手段，孔子在此提出消弭類似事件的箴言，就是從自身爲基點做起，若己身不正，則不能去糾正他人，唯有己身爲正，才不會製造更多的亂源。以此一基點，來穩固散亂的人心，提供規矩無所措手足的君臣百姓一個堅實的道德規範。同時這也是孔子在書寫《春秋》時的一個判斷準則。

另外，《穀梁傳》還有一些輔助的原則。如：莊公七年夏四月：

《春秋》著以傳著，疑以傳疑。〔註27〕

桓公五年：

《春秋》之義，信以傳信，疑以傳疑。〔註28〕

這是指《春秋》的述作態度，將事實傳以事實，疑惑不清處呈現原貌，避免徒增是非。此述作態度將孔子所傳的《春秋》內容，提供一個明確的著作凡例，尤其今日春秋時代的史書文獻多已無傳，透過孔子《春秋》的保存，讓我們可以相信《春秋》中所記載的事。

又如隱公元年：

《春秋》貴義而不貴惠，信道而不信邪。〔註29〕

《穀梁傳》提出《春秋》穩定人類信念的關鍵信仰，一般人對事物的判斷，多以現實利益之好惡來作爲判斷的依準，然此依準多不確性，時有反覆，因

〔註24〕同前註，卷17，頁14a。
〔註25〕同前註，卷17，頁4a。
〔註26〕同前註，卷10，頁5a。
〔註27〕同前註，卷5，頁11a。
〔註28〕同前註，卷3，頁10a。
〔註29〕同前註，卷1，頁2b。

此孔子將此重要的具結構性的基礎概念確定下來，就可以免除許多爭勝奪權。如貴義而不貴惠，指出《春秋》重視的是道義的是非，而不是利益的小惠，如他人給予利益上的金錢或酬金，對自己而言是好處，但實際上是要你幫忙一些違背道義有關不法的事，則此小惠不可收取。《春秋》強調人應該重視道義而不是小惠。又信道而不信邪，《春秋》認爲道是理的大是大非，邪是情緒上的想法。應該免除個人情感上的抉擇，而以道來作爲決定的依據。例如隱公覺得父親惠公想將王位傳與桓公，故有退讓之心，然孔子認爲從宗法制度上，惠公的作法是錯誤的，隱公不應因爲自己的情感來破壞國家體制，所以說信道而不信邪。

隱公四年冬十有二月：

《春秋》之義，諸侯與正而不與賢也。〔註30〕

與正不與賢，更是《穀梁傳》中闡述《春秋》之義的一個重要觀念。符合當時的宗法制度，因爲若國君傳位上沒有一個固定的法則，則人人爲奪君權往往六親不認，故有子弒父，臣弒君之事。若君王將王位傳予嫡長子，其他庶子便不會有奪權之心，且賢臣名士多爲有智之士，有時人品智慧確實較君王爲佳，但若一個國家不斷換國君，都以爲自己一定做得比當今國君好，則國家豈有寧日。因此，孔子將此一規範提出，成爲爲宗法制度訂定一套規範，以此來平定天下亂象。

	《公羊傳》	《穀梁傳》
一科三旨	新周 故宋 以春秋當新王	有臨天下之言焉 有臨一國之言焉 有臨一家之言焉
二科六旨	所見異辭 所聞異辭 所傳聞異辭	微殺大夫謂之盜 非所取而取之謂之盜 辟中國之正道以襲利謂之盜
三科九旨	內其國而外諸夏 內諸夏而外夷狄	不以嫌代嫌 不以亂治亂也 不以親親害尊尊

《公羊傳》、《穀梁傳》三科九旨的意義皆爲注疏者的詮釋。其原意本是傳文所發，不過由於傳文所發的意義僅針對單一事件，並非是作爲貫串整體

〔註30〕同前註，卷2，頁2b。

的題綱，所以不能當作是「微言大義」。它之所以成爲後人眼中的「微言大義」，實有賴於注疏者，包括公羊家、穀梁家的解釋，將之提出作爲理解《春秋》的門徑。這是二傳相同之處。

第二節　《公羊傳》、《穀梁傳》的面對與期許

一、魯國最悲慘的一頁——《春秋》第十三公，子般

《春秋》有魯公十二公，已爲常識，然魯國有一位子般，其身份爲魯莊公之子，《公羊傳》、《穀梁傳》皆以爲魯公。

（一）《公羊傳》以子般為魯公，為慶父所弒

《公羊傳》莊公三十二年秋七月癸巳，公子牙卒。

何以不稱弟？殺也。殺則曷爲不言刺？爲季子諱殺也，曷爲爲季子諱殺？季子之遏惡也，不以爲國獄，緣季子之心而爲之諱。季子之遏惡奈何？莊公病將死，以病召季子，季子至而授之以國政，曰：「寡人即不起此病，吾將焉致乎魯國？」季子曰：「般也存，君何憂焉？」公曰：「庸得若是乎？牙謂我曰：『魯一生一及，君已知之矣。慶父也存。』」季子曰：「夫何敢？是將爲亂乎？夫何敢？」俄而牙弒械成。季子和藥而飲之曰：「公子從吾言而飲此，則必可以無爲天下戮笑，必有後乎魯國。不從吾言而不飲此，則必爲天下戮笑，必無後乎魯國。」於是從其言而飲之，飲之無傫氏，至乎王堤而死。公子牙今將爾。辭曷爲與親弒者同？君親無將，將而誅焉，然則善之與？曰：「然。」殺世子母弟直稱君者，甚之也。季子殺母兄何善爾？誅不得辟兄，君臣之義也。然則曷爲不直誅而酖之？行誅乎兄，隱而逃之，使托若以疾死，然親親之道也。〔註31〕

《公羊》提到魯莊公將死，問季子魯國將交給他的兒子公子般，還是弟弟公子慶父呢？他希望子般能即位，卻擔心公子牙欲擁戴公子慶父，所以季子爲了完成莊公的心願，殺了公子牙。不久八月癸亥，魯莊公薨。理應公子般便可即位。不過經文書冬十月乙未，子般卒。《公羊傳》：

子卒云子卒，此其稱子般卒何？君存稱世子，君薨稱子某，既葬稱

〔註31〕何休注，徐彥疏：《春秋公羊傳注疏》，卷9，頁7a～10a。

子，逾年稱公。子般卒，何以不書葬？未逾年之君也。有子則廟，廟則書葬。無子不廟，不廟則不書葬。〔註32〕

在此《公羊傳》並未說明這位從八月當到十月的魯公子般因什麼原因死亡，只說子般卒。《公羊》以子般的身份爲魯公，故以「君存稱世子，君薨稱子某，既葬稱子，逾年稱公」之國君的繼承制度來看待，視子般爲魯公。但子般卒的時間點恰在魯莊公八月卒至隔年元月的中間。所以按照魯國繼承制度，子般是準即位之魯公，實際上從八月起子般就是魯公了，只是名義上的即位時間在隔年元月。《公羊傳》提到國君與世子在交接時，一定是國君卒的時候，彼此的稱謂如莊公在世時，子般稱世子，何休：「明當世父位爲君。」莊公薨，子般稱子某，何休：「緣民臣之心不可一日無君，故稱子某，明繼父也。」莊公葬，子般則稱子，何休：「不名者，無所屈也。緣終始之義，一年不二君。」直到隔年元月才正式稱公，何休：「不可曠年無君。」

這些傳注皆說明子般爲魯公。且閔公元年春王正月。《公羊傳》又云：

公何以不言即位？繼弒君不言即位。孰繼？繼子般也。孰弒子般？慶父也。殺公子牙，今將爾，季子不免。慶父弒君，何以不誅？將而不免遏惡也，既而不可及，因獄有所歸，不探其情而誅焉，親親之道也。惡乎歸獄？歸獄僕人鄧扈樂。曷爲歸獄僕人鄧扈樂？莊公存之時，樂曾淫於宮中，子般執而鞭之。莊公死。慶父謂樂曰：「般之辱爾，國人莫不知，盍弒之矣？」使弒子般，然後誅鄧扈樂而歸獄焉，季子至而不變也。〔註33〕

《公羊傳》並未在莊公三十二年十月乙未時，揭露公子般是被公子慶父所殺，而到閔公元年才說明。同時《公羊傳》重申閔公繼弒君，所繼的就是子般。又《公羊傳》在閔公二年冬，齊高子來盟。此條經文下亦明言魯國三君死：

高子者何？齊大夫也。何以不稱使？我無君也。然則何以不名？喜之也。何喜爾？正我也。其正我奈何？莊公死，子般弒，閔公弒，比三君死，曠年無君，設以齊取魯，曾不興師徒，以言而已矣。桓公使高子將南陽之甲，立僖公而城魯，或曰自鹿門至於爭門者是也，或曰自爭門至於吏門者是也，魯人至今以爲美談，曰：「猶望高子也。」

〔註32〕同前註，卷9，頁10b～11a。

〔註33〕同前註，卷9，頁11b～12b。

〔註 34〕
《公羊》所指分別爲莊公、子般、閔公。因此，我們可說，《公羊傳》以魯國有十三公。

（二）《穀梁傳》以子般為魯公，隱弒而深諱

我們再從《穀梁傳》的敘述來看。莊公三十二年，秋，七月癸巳，公子牙卒。《穀梁傳》無傳。而冬，十月乙未，子般卒。《穀梁》：

> 子卒日，正也；不日，故也。有所見則日。

子般卒，《穀梁傳》只云有故。至於何故？並未明說。在子般卒後下一條經文「公子慶父如齊」，云：

> 此奔也，其曰「如」何也？諱莫如深，深則隱。苟有所見，莫如深也。〔註 35〕

《穀梁傳》依舊以隱諱的方式陳述，未有明說。范甯則云：「深謂君弒賊奔，隱痛之至也。故子般日卒，慶父如齊。」直接說魯君子般爲公子慶父所弒。《穀梁傳》於閔公元年元年春王正月，將此「諱」稍微透露一些訊息，曰「閔公繼弒君」，其云：

> 繼弒君不言即位，正也。親之非父也，尊之非君也，繼之如君父也者，受國焉爾。〔註 36〕

《穀梁傳》雖未說明子般之死與慶父間的關係，但他亦是認爲子般爲人所弒。同時也表示同意子般爲魯君。

（三）魯國最悲慘的一頁

在魯國這段改朝換君的過程中，先是魯莊公傳位給子般，子般繼承不到二個月，即被公子慶父所弒，公子慶父還畏罪逃往齊國。之後魯國以閔公爲君，不料不出二年，又過世。《公羊傳》秋八月辛丑，公薨。云：

> 公薨何以不地？隱之也。何隱爾？弒也。孰弒之？慶父也。弒公子牙，今將爾，季子不免。慶父弒二君何以不誅？將而不免遏惡也。既而不可及，緩追逸賊，親親之道也。〔註 37〕

《公羊傳》亦如子般被弒，指出閔公爲公子慶父所弒。《穀梁傳》依舊爲魯國

〔註 34〕同前註，卷 9，頁 17b～18a。
〔註 35〕《春秋穀梁傳注疏》，卷 6，頁 18a～18b。
〔註 36〕同前註，卷 6，頁 18b～19a。
〔註 37〕《春秋公羊傳注疏》，卷 9，頁 16a～16b。

隱諱不書，只於秋，八月辛丑，公薨，云：

　　不地，故也。其不書葬，不以討母葬子也。〔註38〕

九月，夫人姜氏孫於邾，《穀梁傳》：

　　孫之爲言猶孫也。諱奔也。公子慶父出奔莒。其曰出，絕之也。慶父不復見矣。〔註39〕

《穀梁傳》只云有故，卻未說明內情。范甯於此亦直言：「慶父弒子般、閔公。」

魯國數年間國君迭死，直到閔公二年冬，齊高子來盟，介入魯國的內政，立僖公，此事才告一段落。足顯魯國之內已無法處理自己的事，若諸侯國任其內亂，則魯國自滅矣。有趣的是，我們一般都認爲本國是嫌惡他國干涉內政，不過這通常只是執政者，當權者的看法，我們見《公羊傳》：

　　齊大夫也。何以不稱使？我無君也。然則何以不名？喜之也。何喜爾？正我也。其正我奈何？莊公死，子般弒，閔公弒，比三君死，曠年無君，設以齊取魯，曾不興師徒，以言而已矣。桓公使高子將南陽之甲，立僖公而城魯，或曰自鹿門至於爭門者是也，或曰自爭門至於吏門者是也，魯人至今以爲美談，曰：「猶望高子也。」〔註40〕

《穀梁傳》：

　　冬，齊高子來盟。其曰來，喜之也。其曰高子，貴之也。盟立僖公也。〔註41〕

《公羊傳》、《穀梁傳》二傳一致對齊國的介入，立僖公，表示認同。《公羊傳》甚至說魯人對齊大夫高的幫助，至今仍以爲美談。

回過來說，對此一事，公羊家與穀梁家的看法是一致的，都認爲慶父弒二君，不過《公羊傳》與《穀梁傳》的態度顯然不同。一則直說，一則隱諱。我們再來看孔子如何陳述。《春秋》：

　　莊公三十二年冬十月乙未，子般卒。

　　　公子慶父如齊。

　　　狄伐邢。

　　閔公元年春王正月。

〔註38〕《春秋穀梁傳注疏》，卷6，頁20b。

〔註39〕同前註，卷6，頁20b～21a。

〔註40〕《春秋公羊傳注疏》，卷9，頁17b～18a。

〔註41〕《春秋穀梁傳注疏》，卷6，頁21a。

齊人救邢。

夏六月辛酉，葬我君莊公。

秋八月，公及齊侯盟于洛姑。

季子來歸。

冬齊仲孫來。

閔公二年春正月，齊人遷陽。

夏五月乙酉，吉禘于莊公。

秋八月辛丑，公薨。

九月，夫人姜氏孫于邾。

公子慶父出奔莒。

冬，齊高子來盟。

十有二月狄入衛。

鄭棄其師。

僖公元年春王正月。

孔子《春秋》中似乎未刻意強調子般爲魯公一事，且莊公之編年結束，下一位接繼者即爲閔公元年。即便魯國內政天翻地覆，孔子還看到「狄侵邢」、「狄入衛」、「鄭棄其師」等等，與魯無直接關係的事。由是筆者再從《公羊傳》、《穀梁傳》的書寫情緒中，隱隱亦能感到二人的性格。對於過去的歷史，顯然有些傳聞是不需透過孔夫子傳授，亦能知悉有所感動，而公羊高對於這類的傳聞之事的反應，是很積極的，如同清人對其內文中能感受到三世、三統、一番事業等熱情是有關的；〔註 42〕而穀梁子雖也知道這些傳聞之事，卻與孔子一樣選擇低調的方式，陳述此事。

二、《公羊傳》、《穀梁傳》的希望——西狩獲麟

哀公十四年，爲孔子「絕筆之處」。絕筆對於孔子是「備矣」，或「道窮」，還是一個深遠悠長的感歎呼吸，後人難以想像。但對於《公羊傳》、《穀梁傳》而言，卻是一個結束。我們對聖人孔子是無法知悉的，對《公羊傳》、《穀梁傳》或許還可以透過「語言」加以透視。故說《春秋》是連綿不絕的，《公羊傳》、《穀梁傳》是斷於此處的。這裡對《公羊傳》、《穀梁傳》而言，是開始之處，也是結束之處，開始之處是因爲此處是離他們最近的時間點，也是孔

〔註 42〕張廣慶：《劉逢祿及其春秋公羊學研究》，頁 261～264。

子發述爲何作《春秋》的契機。結束之處是說他們沒有解經的對象了。

（一）《公羊傳》哀公十四年的書寫

從《公羊傳》的傳文分析其敘述的內容，可以論證其非是「純粹轉述者」的角色，它不是傳說中像子夏之徒不能「贊」孔子微言大義「一辭」。另從傳文中可以發現《公羊傳》有許多不解孔子的《春秋》之義，所以在傳文中有揣測、有補充、有詮釋、有和《春秋》對話的情形。見《公羊傳》哀公十四年：

十有四年，春，西狩獲麟。

（1）何以書？記異也。何異爾？非中國之獸也。然則孰狩之？薪采者也。薪采者則微者也，曷爲以狩言之？大之也，曷爲大之？爲獲麟大之也。曷爲爲獲麟大之？麟者，仁獸也。有王者則至，無王者則不至。

（2）有以告者曰：「有麕而角者。」孔子曰：「孰爲來哉？孰爲來哉？」反袂拭面，涕沾袍。

（3）顏淵死，子曰：「噫！天喪予。」子路死，子曰：「噫！天祝予。」西狩獲麟，孔子曰：「吾道窮矣。」

（4）《春秋》何以始乎隱？祖之所逮聞也。所見異辭，所聞異辭，所傳聞異辭。何以終乎哀十四年？曰：「備矣。」

（5）君子曷爲爲《春秋》？撥亂世、反諸正，莫近諸《春秋》。則未知其爲是與？其諸君子樂道堯、舜之道與？末不亦樂乎堯、舜之知君子也？制《春秋》之義，以俟後聖，以君子之爲，亦有樂乎此也。〔註43〕

筆者將哀公十四年《公羊傳》的傳文從敘述的內容分爲五段加以分析。

第一，從第二段的「孔子曰：『孰爲來哉？孰爲來哉？』」與第一段的內容對照，我們可以知道敘述者發《傳》的來源，並非從孔子所述的「純粹轉述」，因爲他以後設的角度，敘述出孔子當下的反應，一開始是激動而不知所以的，第三段敘述者又接著說孔子的第二個反應是：「吾道窮矣。」我們可將者兩段的內容視爲敘述者對孔子行爲的觀察與描述，是從客觀觀察的角度敘述。由此反過頭去看第一段的敘述就是一個敘述者的先設前題，他已經對「西狩獲麟」於本身的價值有所說明，那個解釋並不是像其敘述中「無知的孔子」。

〔註43〕《春秋公羊傳注疏》，卷28，頁7a～15b。

且對「麟」的理解超過《春秋》的理解。因爲在第二段中的孔子，尚沒有如此精闢的闡述，我們可以說《公羊傳》的解經超越了孔子，但矛盾的是《春秋》經文是孔子所寫，何以《公羊傳》呈現的孔子與書寫《春秋》的孔子判若兩人？因此，筆者認爲《公羊傳》的敘述者在此傳文中扮演兩個重疊的角色，其一，他先以全知的角色說明此事，然後讓孔子可以在此事件成爲主要的角色。其二他將孔子與自己切割，彷彿孔子僅是一個哭泣傷心「道窮」的人，這條經文是由《公羊傳》將「微言大義」給闡釋出來的，這就像孔子雖作了一部《春秋》，但對《公羊傳》來說，是一個意義未明的材料，透過《公羊傳》的闡釋，《春秋》的經典意義才存在。

第二，第四段與第五段的《傳》文，透露《公羊傳》與孔子的「斷裂」。就是《公羊傳》試圖爲孔子來作回應，第五段更清楚顯示《公羊傳》是揣測孔子作《春秋》的可能。第四段乍看似乎在問號之後的回答是孔子的，但第四段與第五段的敘述角度應是一致的，所以筆者認爲第四段的回答亦是《公羊傳》想像、模仿孔子的回答。爲什麼這麼說？因爲從第五段就可以知《公羊傳》並未知道孔子的述作之意，既然如此又怎麼會知道孔子「始隱終哀」的原因呢？

第三，第四段中的：「《春秋》何以始乎隱？祖之所逮聞也。所見異辭，所聞異辭，所傳聞異辭。何以終乎哀十四年？曰：備矣。」這兩個解釋乍看似乎沒什麼問題，但這兩個解釋無疑對《公羊傳》隱公元年的述始之義有所矛盾，原因只是「祖之所逮聞也。所見異辭，所聞異辭，所傳聞異辭。」那《公羊傳》在隱公「元年春王正月」一條就無所謂的君始、歲始與大一統的意思。而終哀之意是備矣，亦與哀十四年主要的意義「窮矣」相違。一則曰「備矣」，一則曰「窮矣」，意義上有所衝突，所謂備矣，是指書到此年該說該講的都具體而微的呈現在《春秋》了，所以可以不寫了。而所謂窮矣，是指孔子哀嘆自己的影響力將失傳了，如此不同的意見居然一起出現在《公羊傳》的敘述之中，唯一的解釋是，「窮矣」是孔子內心眞實的聲音，而「備矣」及「三科九旨」的微言大義，是《公羊傳》對《春秋》經典意義的建立。

另外《公羊傳》哀公十四年，這段文字也是頗耐人尋味的：

> 有以告者曰：「有麕而角者。」孔子曰：「孰爲來哉？孰爲來哉？」反袂拭面，涕沾袍。
>
> 顏淵死，子曰：「噫！天喪予。」子路死，子曰：「噫！天祝予。」
>
> 西狩獲麟，孔子曰：「吾道窮矣。」

因爲顏淵死於哀公十三年（亦有說死於哀公十四年），子路死於哀公十五年，「西狩獲麟」是哀公十四年。爲何《公羊傳》要將其順序重新排列，讓子路死於西狩獲麟之前呢？造成一種「西狩獲麟」是一個重要結束的「印象」呢？

這顯然是一個「虛構」的情節。《公羊傳》就是將《論語・先進》：「顏淵死，子曰：『噫！天喪予。天喪予。』」如此的敘述方式引來爲這段故事的內容，且爲擴大對「西狩獲麟」的張力，這種手法近似於定公十年「孔子行乎季孫，三月不違」襲用《論語》：「子曰：『回也，其心三月不違仁，其餘則日月至焉而已矣。』」相同。

其實《春秋》之義在《春秋》的每一條經文中，並未特別強調經文「開始」或是「結束」，這兩處能蘊藏多少的微言大義？且如《公羊傳》：

> 《春秋》何以始乎隱？祖之所逮聞也。所見異辭，所聞異辭，所傳聞異辭。何以終乎哀十四年？曰：「備矣。」
>
> 君子曷爲爲《春秋》？撥亂世、反諸正，莫近諸《春秋》。則未知其爲是與其諸君子樂道堯、舜之道與，末不亦樂乎堯、舜之知君子也？制《春秋》之義，以俟後聖，以君子之爲，亦有樂乎此也。

說「撥亂世、反諸正」這等概論的文字，對一般讀者並不具有特殊的意義，因爲這樣的敘述之所以有意義，必須通讀《春秋》之後才能產生認同。

（二）《穀梁傳》哀公十四年的書寫

《穀梁傳》哀公十四年：

> 十有四年春，西狩獲麟。
>
> 引取之也。狩地；不地，不狩也。非狩而曰狩，大獲麟，故大其適也。其不言來，不外麟於中國也。其不言有，不使麟不恆於中國也。

《穀梁傳》的傳文翻成白話就是：「哀公十四年，引取了一隻麟，這隻麟本是中國獸，且恆於中國。」

筆者認爲《穀梁傳》可分爲兩段來看。

(1)「引取之也。狩地；不地，不狩也。非狩而曰狩，大獲麟，故大其適也。」

(2)「其不言來，不外麟於中國也。其不言有，不使麟不恆於中國也。」

《穀梁傳》對《春秋》「絕筆」處，顯得異常冷漠，筆者的解釋認爲此兩段文字都非孔子所言。孔子的《春秋》書寫，是一個結束，但這個結束是偶然的，也是必然，所謂偶然就是哀公十四年有一麟獸出現，被人擄獲。所謂必然是指一個書寫會受現實時間的限制而結束。

《穀梁傳》在此將麟「自以爲是」的比擬爲孔子，所謂聖人乃麟之象徵，說聖人不外於中國，因此聖人是中國所自生，且往後的中國仍然會出現屢屢的聖人，《穀梁傳》含此期盼與追思之意，寄情於對《春秋》的解釋。

（三）《公羊傳》、《穀梁傳》的希望

《公羊傳》說「麟」「非中國之獸也」，爲何《穀梁傳》卻云「麟」「不外麟於中國也」呢？這是因爲《公羊傳》將「麟」當作是動物性的「仁獸」，像是一種「有王者則至，無王者則不至」，具候鳥性格並有指標性的物件。而《穀梁傳》並不將「麟」視爲動物性的「獸」，它是暗喻，喻「麟」爲孔子，爲聖人之類的指稱。其意義已經轉移，並不在乎「麟」在哀公十四年的事實，而是透過「麟」來闡述對於孔子絕筆的詮釋。也就是說雖然《公羊傳》、《穀梁傳》二者對「麟」的解釋不同，卻都呈現了他們對孔子的認識，所以《公羊傳》以「君子爲《春秋》」來作爲與「麟」意義的切割，《穀梁傳》以暗喻來解釋「麟」的意義。這又說明了一件事，就是《公羊傳》、《穀梁傳》都未將「麟」的出現與孔子絕筆作意義上的連繫，不像昔人說孔子是因爲「獲麟起筆」或「文成致麟」。〔註44〕

若說《公羊傳》、《穀梁傳》對《春秋》的結束，懷抱著兩種不同典型的「情緒」，是可以理解的，我們看聯考過後，不也是有那種忽然放鬆而異常興奮而到處慶祝的學子，也有那種長嘆一氣，說「終於結束了」。《公羊傳》像是一個樂觀的詮釋者，《穀梁傳》像是一個不慍不火的冷眼者，這冷眼下仍有那堅實的信心在。二者都對《春秋》的使命提出自己的感悟，也承擔了使命的責任。《公羊傳》：「制《春秋》之義，以俟後聖，以君子之爲，亦有樂乎此也。」《穀梁傳》云聖人常在。都顯示對孔子儒學的深深期許。

第三節　《公羊傳》、《穀梁傳》的價値

《公羊傳》、《穀梁傳》自身之所以成爲經典的理由，一直以來依附於《春秋》之下，即使唐代列入《九經》、宋代入於《十三經》中，二傳的地位乍看之下，似由「傳」升格爲「經」，實際上對於閱讀者而言，它從來都只是「傳」。

〔註44〕參見黃聖修：《《春秋》西狩獲麟解》（礁溪：佛光大學歷史學系碩士論文，2006年）

所以筆者希望透過《公羊傳》、《穀梁傳》自身存在價值的呈現，可以說明「傳」之所以爲「經」，是有屬於它們的條件的。

《春秋》學的核心價值是孔子的思想，如尊周、重禮。《公羊傳》、《穀梁傳》雖闡釋《春秋》經文，二者是否有屬於它們自己的核心思想？之所以會如此問，是因爲就筆者閱讀《公羊傳》、《穀梁傳》的經驗，發覺常人一開始便認定二傳以解經爲目的，所以二傳似乎不會有自己的意見，反而會將自己的意見隱匿收藏，完全相信孔子的判斷。但當研究者對《公羊傳》、《穀梁傳》進行討論時，卻將《春秋》思想與《公羊傳》、《穀梁傳》思想視爲不同的領域。從孟子、司馬遷等人對孔子作《春秋》的目的與《公羊傳》、《穀梁傳》解經產生的影響來說，二者已不是完全相從的情形。《公羊傳》、《穀梁傳》闡述的意義對於後人的影響，早已超出孔子作《春秋》使亂臣賊子懼的目的。這亦可呼應平勢隆郎《中國古代の予言書》認爲《春秋》、三傳皆是戰國之後的陰謀書，爲特定國君所寫的。以下就此說明。

一、《公羊傳》、《穀梁傳》傳經目的

我們設想《公羊傳》、《穀梁傳》於傳經時的目的爲何？應該是想將孔子《春秋》微言大義給揭露出來。或因此達到「亂臣賊子懼」的效果嗎？這是公羊高與穀梁赤先師們在爲「經」作「傳」時便會興起的意念？《漢書・藝文志》中提到左邱明懼師說之不存，弟子恣意揣測師說，所以以傳明經。其云：

> 有所褒諱貶損，不可書見，口授弟子，弟子退而異言。丘明恐弟子各安其意，以失其眞，故論本事而作《傳》，明孔子不以空言說《經》也。《春秋》所貶損大人當世君臣，有威權勢力，其事實皆形於《傳》，是以隱其書而不宣，所以免時難也。〔註45〕

這便是左邱明作《左傳》的目的。

今天我們見不到公羊高或穀梁赤的書前序言，或其他文獻中提到他們作傳的目的。然其目的是可以被討論的，當其有所目的，則其作傳的內容分析與形式上的討論，才會更貼近於二者的述作之意。今天我們若概稱二者是爲解經而作，然其爲何要解經呢？後人質疑不讀三傳是否便不知《春秋》的大義，正在對《公羊傳》、《穀梁傳》解經之行爲的目的加以挖掘，若只是爲通其義，則不一定非得是《公羊傳》、《穀梁傳》才辦得到。古人爲詮解經文早

〔註45〕班固：《漢書・藝文志》，卷30，頁1712～1715。

有「序」的體例，如《書序》、《詩序》都是在詮解經義。

日人平勢隆郎提出激進的詮釋：

《春秋》《公羊傳》の予言構造の眼目である齊の威宣王；《左傳》の場合の韓の宣惠王；《穀梁傳》の場合の中山の王□。〔註46〕

平勢隆郎對《公羊傳》、《穀梁傳》的撰述目的，提出作爲宣告新王的預言書，《公羊傳》爲齊國君、《穀梁傳》爲中山國王。連《春秋》都是戰國時齊威宣王所作，此說前所未聞。然值得注意，其意識到《公》、《穀》除了解經之外，是否有其他的目的存在。這亦是筆者欲探討的。

筆者認爲《公羊傳》、《穀梁傳》的目的，是讓自身的解釋獲得當時人的認同而作。怎麼說呢？《公羊傳》、《穀梁傳》的內容爲何能令讀者相信，且於後代傳播中由「傳」躍升爲經典之列，而《書序》、《詩序》則猶然被擺置在邊緣的地方？即《公羊傳》、《穀梁傳》爲了讓聽者或讀者能夠接受其解釋的內容，他將經文與自己的解釋揉合於一起。例如《公羊傳》、《穀梁傳》都會於傳文開端先提問，如「何以不書名」、「何以不書大夫」、「何以書卒」之類的，他已經將《春秋》經文的「文字」放置到自己的傳文之中，這中間並沒有任何的標示，說明問答的解答之語是孔子之言，或是《公羊傳》、《穀梁傳》的解釋。二傳以此方式達到經傳不可切割的「閱讀共同體」，它們試圖讓讀者接受，「傳」雖是「傳」，但其內容是孔子所傳，是子夏所傳，這也就是說儘管「傳」在形式上是附於「經」之下，但由於內容是直承孔子的，所以就其地位而言，與孔子的代表性是一致的。

〔註46〕平勢隆郎：《中國古代の予言書》（東京：講談社，2000年），頁193。另可參考甘懷眞引述《中國古代の予言書》的內容說：「戰國諸國的國君要宣稱其爲代周之正統之王者，必須證明其正統性。其方法有二，一是創造歷史書，藉歷史事件以預言其國君將代周而爲「天下」之正統君主。二是利用曆法。本書的最重要部分是推論《春秋》與《春秋》三傳是戰國中的某些國家爲證明其國君的正統性，藉由春秋時代的史實以預言新王者的出現的預言書。《春秋》是戰國時齊威宣王所創造出歷史預言書，用以宣告齊國國君將爲天下之正統的君王。《公羊傳》則是在《春秋》基礎上，以春秋時期之史事，再次預告了齊國國君將爲天下之「王」者。《左傳》則是戰國時的韓國爲宣揚其國國君韓宣惠王爲正統所作之預言書。《穀梁傳》與《竹書紀年》也是基於同樣的背景與目的，是戰國時的中山國王與魏國惠成王所作的正統王者之預言書。《春秋》與《公羊》諸傳並沒有預言秦朝的成立，然而到了漢朝，這些經傳也被利用爲宣告新王者的預言書。」參考甘懷眞：「甘懷眞的歷史教學與研究網站」（http://homepage.ntu.edu.tw/~kan/booktview.html）。

既然《公羊傳》、《穀梁傳》都有意識將自身的解釋混雜於孔子《春秋》的述作之意，也都讓後人以爲是孔子所傳授。〔註 47〕但在理智上我們還是認爲《公羊傳》、《穀梁傳》之所以爲獨立的文本，就是產生於二人之手，即便他們有引用或間接引用孔子的想法，這個文本的作者還是公羊高與穀梁赤。今天我們在著錄作者名時，猶然記得是公羊高與穀梁赤，沒有人會說《公羊傳》與《穀梁傳》的作者是孔子。但弔詭的是《公羊傳》、《穀梁傳》二傳在一般人眼中爭長短時，他們的爭執點正是在「誰說的是孔子眞正的意思」，彷彿最好是直接轉引孔子的話，就更能證明其具有經典的價値。

他們的行爲就好像後來的傳記與年譜文獻資料，最好能如實、切近的表達原傳主、譜主的言行與生平事績，彷彿他們只是一個代言的媒介，眞正的主角還是傳主與譜主，而《公羊傳》、《穀梁傳》也像是《春秋》與讀者的媒介，他雖表明自己是爲《春秋》而存在，但在映入讀者眼簾的過程中，卻讓讀者處處感到《公羊傳》、《穀梁傳》「作者」的存在。

二、公羊家、穀梁家的詮釋

上段提到《公羊傳》、《穀梁傳》傳經的目的在於讓讀者可以接受他們解釋的內容。《公羊傳》、《穀梁傳》透過形式上與經文密切的關係，形成不可切割的閱讀整體，加上他亦未標示清楚何者是孔子之義，何者是自己的解釋，所以讓讀者在無法分辨的情形下，不知不覺的認同了他們的解釋內容。唐代之後，漸有經師獨立思索，企圖揭開《公羊傳》、《穀梁傳》乃《春秋》之「國王的新衣」。如唐代的啖助學派，宋代程頤的《春秋傳》等，都直接挑戰《公羊傳》、《穀梁傳》的解釋，認爲讀《春秋》不必非二傳才能理解，《春秋》經文自有展現大義的方式，就在《春秋》文字之中。

《春秋》的意義若存在經文文字之中，《公羊傳》、《穀梁傳》的意義也在傳文文字之中。《公羊傳》、《穀梁傳》解經的內容，即傳文本身透露出的「意義」，應已具備於其文本之中，故後來讀者能夠知道《公羊傳》、《穀梁傳》所謂的「《春秋》大義」爲何。可見《公羊傳》、《穀梁傳》詮釋出來的「意義」，已經是透過自身而揭露出來。

〔註 47〕在此應說明《公羊傳》與《穀梁傳》並未在傳文之中，有特別強調其說是傳自孔子或子夏。今人會有三傳傳自子夏的印象，皆是後代公羊家與穀梁家所提出的。

今天我們從「研究者」的著作中看到，他們在研究傳文的內容時，都已經將之歸類於「《公羊傳》思想研究」或「《公羊傳》大一統思想研究」、「《穀梁傳》的君臣觀」、「《穀梁傳》的親親尊尊之道」，沒人將這些研究成果說成是「《春秋》的大一統思想」、「《春秋》的夷狄觀」等，儘管我們還是在「《公羊傳》、《穀梁傳》誰傳達的內容比較忠於孔子」這議題上，不斷的質疑。可以證明爾等在未有意識底下所作的研究，其實是最貼近於「事實」的存在，就是說這些「思想」都是《公羊傳》、《穀梁傳》二傳的，而非《春秋》所有。

《公羊傳》、《穀梁傳》二傳所創造出來的解釋，一直影響到今天，如宋代《春秋》學的重點在「尊王」、「攘夷」，元代的《春秋》學在「夷夏之別」，清代的《春秋》學則延續「尊王」、「攘夷」與「夷夏之別」外，猶重視「大一統」、「三科九旨」、「親親尊尊」等，這些都是《公羊傳》、《穀梁傳》傳承下來的。這些意義的影響所凝結的內容，產生了一種新的目的，就是意義本身脫離了孟子、司馬遷他們所認知的孔子。如孟子云：

> 世道衰微，邪說暴行有作，臣弒其君者有之，子弒其父者有之，孔子懼，作《春秋》。〔註48〕
>
> 王者之跡息而《詩》亡，《詩》亡然後《春秋》作。
>
> 晉之《乘》，楚之《檮杌》，魯之《春秋》，一也。其事則齊桓、晉文，其文則史。孔子曰：「其義，則丘竊取之矣。」〔註49〕

《孟子》記載孔子作《春秋》的理由，爲孔子見邪說暴行充斥於世，因而作之。司馬遷〈太史公自序〉也引孔子語，說明作《春秋》的理由：

> 我欲載之空言，不如見之行事之深切著明也。〔註50〕

又云：

> 是以孔子明王道，干七十餘君，莫能用，故西觀周室，論史記舊聞，興於魯而次《春秋》。〔註51〕

孟子與司馬遷對孔子的認識是正確且深刻的，如世道衰微，子弒父，臣弒君等，但這些目的與《公羊傳》、《穀梁傳》影響下的意義已經不同。《公羊傳》、《穀梁傳》影響下的意義是「沒有目的性」的，《春秋》原先設想的對象是「亂

〔註48〕孟子：〈滕文公下〉，《孟子》（臺北：藝文印書館，1997年），卷6下，頁4b。
〔註49〕孟子：〈離婁下〉，《孟子》，卷8上，頁12a。
〔註50〕司馬遷：《史記・太史公自序》，卷130，頁3297。
〔註51〕司馬遷：《史記・十二諸侯年表序》，卷14，頁509。

臣賊子」、「無君無父」之輩，然而隨著《公羊傳》、《穀梁傳》的介入，將原先《春秋》的目的、對象移到《公羊傳》、《穀梁傳》自身時，意義就消失了。因爲《公羊傳》、《穀梁傳》的解釋對象是「《春秋》」，《公羊傳》、《穀梁傳》並不具備如《春秋》有讓「亂臣賊子」、「無君無父」之輩懼怕的目的，他們只是想取得讀者對於他所解釋《春秋》內容的認同，所以這純粹是一個單純的「解經活動」，或說是一種「詮釋行爲」，後人透過《公羊傳》、《穀梁傳》看到的是「意義」，卻沒有「目的性」。故後來如宋代的胡安國重新爲《春秋》作傳，便是要強調「《春秋胡氏傳》」與《春秋》一樣，是有目的性的，借以諷刺時政，這也是爲何《春秋胡氏傳》能在刊行後，產生非常大的影響力，並擠進《三傳》建立的城牆，與之並列爲第四傳的原因了。

三、《公羊傳》、《穀梁傳》的現代價值

《穀梁傳》曾在西漢平帝時，因爲傳文中對祭祀之禮的關係，得到君王的認同，一度置爲博士。《公羊傳》的致用，最明顯的就是晚清《公羊》學的興起，帶起一股三世說的風潮。讓這些經典除了保存過去史事之外，還可以與當下的時代產生互動，給予一種思想的指導。向來人們對於宋代以《春秋》中的尊王、攘夷思想來貫徹政治時，總會以過度想像與偏離經旨加以批評，殊不知，此正是經典源源不絕的生命力之呈現。因此，經典的意義不只存在其文字的道德規勸，另有一意義是由詮釋者對其作出可供實踐的道理闡發，此正是古人「經世致用」之泉源。回到《公羊傳》、《穀梁傳》本身，二者在當下的現代意義，究竟爲何？

要論及《公羊傳》、《穀梁傳》的現代意義，就必須先瞭解當下的社會、政治環境，然後細讀經典，找出相對應的地方。舉例來說，目前台灣的處境與春秋時期的魯國有極大的相似之處，與鄰大國、國勢不強、卻以禮樂中國自居、以道統自居、與鄰大國不睦、常受打壓欺凌，又喜與非中國的國家相通。這些情勢，《公羊傳》、《穀梁傳》皆寫出了魯國的態度與處理方式，並在時局中作出的決策與後來對應的結果，都讓我們清楚的知道。筆者發現《公羊傳》、《穀梁傳》的處理態度是不一樣的，如《公羊》強調復仇等等，都可留給今人參考。但有幾點基本上是一致的，如（一）不與大國爭勝，（二）維持謙遜的態度，（三）避免涉入大國間的衝突，（四）要對具道統與正統的大國給予一以貫之的支持，（五）行正道。在貫徹這些條件下，小國才可能保持

基本的和平狀態。若我們再細較《公羊傳》、《穀梁傳》對於小國存在方式的體會與感受，《穀梁傳》相對來說，比《公羊傳》持復讎觀念是務實許多。弔詭的是，這些參考意見並不能明目張膽的以公告天下的方式執行，因為一旦它被以僵化的條規按部就班的執行，就一定會像王莽、王安石等欲以《周禮》治理天下的荒誕結果收場，或像晚清以《公羊》之說力圖奮發圖強，結果也是不濟。那該如何？勢必得是一位有識君王於日理萬機之下，猶精進不懈閱覽羣書，於閱讀中每有體會，不知覺中暗合經訓，如此天理正合人心，人心即是天理。既是如此，此君必賢，此國必興。若不是如此，即便整日將聖人之語掛在嘴上，鎮日將經典放在桌案，只是表面工夫，無所用處。

第四節　小　結

筆者以為《公羊傳》、《穀梁傳》解經的目的，是為了要讓讀者接受其解釋經文的正統性，然後才是將經典的意義闡釋出來。所以它們在解釋的過程中，將傳文與經文雜揉在一起，並將傳文解釋的意義等同於孔子所親授。

《公羊傳》、《穀梁傳》的目的本是解經，然而它們的解經文字所造成的影響，已遠超過孔子作《春秋》時設定的目的。如「亂臣賊子懼」等。因為《春秋》的目的是這些亂臣賊子，所以對象是他們。而《公羊傳》、《穀梁傳》的對象是《春秋》，所以它的對象不會是亂臣賊子，它也就不具有規勸的效果。但是《公羊傳》、《穀梁傳》在解經的過程中，卻凝聚了許多新的議題，產生了新的影響。如「三科九旨」、「尊王攘夷」、「親親尊尊」、為尊賢長諱例、時月日例等等。這些議題被讀經者移挪出來，或置於政治上談、或在制度上談論，甚至成為法律判決的依準〔註 52〕。在在都脫離了《春秋》原本設定的目標。所以筆者才說《公羊傳》、《穀梁傳》其實具有自己的核心價值，對社會的影響確實也來自於《公羊傳》、《穀梁傳》的傳文，而非《春秋》。這樣我們才能真正的確定《公羊傳》、《穀梁傳》由「傳」升格為「經」，是有理由的。

〔註 52〕蔡長林：〈唐代法律思想的經學背景——《唐律疏議》析論〉，《隋唐五代經學國際學術研討會論文集》（臺北：中央研究院中國文哲研究所，2005 年）。

第八章　結　論

總結以上研究成果，分述如下。

一、首先《公羊傳》、《穀梁傳》解經之語不是傳自孔子、子夏。原因在於漢代以前並未有典籍記載《春秋》的微言大義是靠公羊高與穀梁赤二人口傳，然後書於竹帛，筆者探究原因爲《公羊傳》、《穀梁傳》的內容是當時經師解釋《春秋》的一種說法，然至後世能解經者愈少，則二者的影響力逐漸增大，以至於將解釋的「說法」，傳衍成有所「傳承」的「傳」。

二、孔子作《春秋》，《公羊傳》、《穀梁傳》解經爲《傳》，至漢、六朝有爲之作注，唐人又爲之作疏，宋人不滿意漢注，便以直指聖人之意的方式，重新作《春秋傳》，清人又不滿意宋人多以己意說經的方式，又回過去作了新疏，新疏雖是針對宋人解經弊病，但其中亦隱藏包含對漢、六朝注經的修正。一部《春秋學史》就像是閱讀經典的過程，我們先讀《經》，以《三傳》輔之，有讀不懂《傳》意之處，又需讀《注》、《疏》的解釋，然後又對《傳》產生質疑，對《注》、《疏》也有不盡滿意之處。整個《春秋》學的發展，竟與閱讀深入的過程如此相符。由是讓筆者想到，清代新疏之學之後的發展階段爲何？或許只是重新閱讀、重新理解。如歷史上的人不斷的理解《春秋》，從各人不同的背景來重新賦予《春秋》新的意義。《春秋》經被討論過是經或是史的問題，《傳》曾被注、疏解釋過，《疏》也被清人重新檢視過。而針對《傳》本身的討論，在整個歷史上，相對而言，是貧乏的，今日新出土文獻材料於《春秋》學而言，最重要的除了《春秋》經文本之外，出土《三傳》的竹帛，這會讓《春秋》學研究成爲一個新的《傳》學時代，會有一段不短的時間，大家投入新《傳》與舊《傳》的比較，在此之前，不受打擾的情形下，對眞正傳世而影響後世《春秋》學的《公羊傳》、《穀梁傳》詳細的研究一番，是有其意義的。《經》、《傳》、《注》、《疏》的解釋內容有極大的間隙，意指對於讀經之人而言，任何一部著述都只能引領學子一個大的方向，唯有將這些著述與自己的體會融合，才是最眞切的「版本」，因爲所有知識性的堆疊都不足以影響一個人對於孔子作《春秋》的用心能產生共鳴，唯有讀者將自身融入彼此間的答問之中，再於材料文獻的梳理中，與古人對話，一個眞正的《春秋傳》才會出現。

三、《公羊傳》、《穀梁傳》解經，解了一部分孔子的《春秋》之義，一部分解釋了自己「當是時」患不知的恐懼。從《公羊》問答之外的解釋，或非孔子當時事可知。閱讀《經》、《傳》時，常會陷於《春秋》經文是文字，《公羊傳》、《穀梁傳》是人的錯覺，唯在讀不出或遇有重大的差異時，孔子才會出現，這時我們去判斷的不是《公羊傳》、《穀梁傳》，而是孔子在此所欲表達的是什麼，或孔子應該會是如此，此時《公羊傳》、《穀梁傳》便又與孔子脫離。因爲我們只相信孔子。《公羊傳》、《穀梁傳》還是《春秋》解經之作，是密切的，只是其中切割出來的是《公羊傳》、《穀梁傳》仍有其聲音的存在。它在與《春秋》、孔子對話，也在與當時、後人傳述所知。

四、《公羊傳》、《穀梁傳》在解釋《春秋》時，對事件的人物或事實，已不是那麼的重視強調（因爲他們未一直強調事件的眞實性），反而是透過其敘述的角度，來強調所欲呈現的道德規範。《公羊傳》與《穀梁傳》及歷代《注》、《疏》都企圖指出孔子原意，然而孔子教育弟子是啓發式教育，相較之下，《公羊傳》、《穀梁傳》卻是只認爲孔子的意思便是如此，反而走的是一種相反路線。孔子教育只要掌握源頭就有無限的可能，但《公羊傳》、《穀梁傳》卻要將意義固定下來。如何休所據《公羊傳》以大一統、三世說爲師承孔子的證據，指稱《穀梁傳》非親傳於子夏，在此理論下，反而是一種更大的疏離。《論語》中並沒有固定的答案，讓「疑」保持活力，那眞理才存在著。是否當初會有三《傳》或五《傳》，便是此原因。宋、明學者批評漢代失去對孔子正確的理解，因爲宋、明儒者知道孔子眞義，乃將核心之義萃煉出來，良知亦然，非有定式，卻無一不合。因此，漢代雖近，宋、明儒者覺其遠孔子也。

整體而言，這本論文主要提出兩點研究成果作爲此階段《公羊傳》、《穀梁傳》研究的貢獻。

第一，筆者指出《穀梁傳》亦有如《公羊傳》三科九旨的結構，清人能利用三科九旨衍繹出繁多的經世致用，反觀《穀梁傳》如何有益於世，正在「《穀梁傳》三科九旨」中。至於《穀梁傳》與當世有任何結合的可能性，則非論文所能指導。

第二，歷來對於公羊高、穀梁赤二人是完全摸不著頭緒的，這二人的人格情緒都無法認識，故對他們可說一無所知，筆者從《公羊傳》、《穀梁傳》傳文的比較中，感受到二人的個性與脾性。可爲世人描述之。

公羊高，他是一位文采洋溢具思考性的儒者，他極清楚經傳的界線，所以有意識的不讓他自己的意見透露在傳文之中，但由於其夠聰明，故將一些與《春秋》不同的意見，隱放在故事之中。如其在唇亡齒寒的故事、趙盾弒君的故事，都隱藏有他獨特的視角，甚與眾不同。這樣的情境，我們在司馬遷的身上，同樣見到。司馬遷爲刺客作列傳，不正是有別於世人的看法，以故事的描述，告訴世人。

穀梁赤，他是一位樸厚的儒者，腦袋比較迂，文采不若公羊高，但他死守孔子經義，不敢逾越，或者說他的能力根本無法對孔子經義有其他想像之外的思考，所以我們見到《穀梁傳》的解經，幾乎是完全依據《春秋》而來，鄭玄：「《穀梁》善解經。」信其亦有所感受。另外，穀梁子的語言是有點瑣碎的，如他在傳文中：

> 我知恒星之不見，而不知其隕也；我見其隕而接於地者，則是雨説也。著於上，見於下，謂之雨，著於下，不見於上，謂之隕，豈雨説哉。
>
> 子之所言者，牲之變也。而曰我一該郊之變而道之何也？我以六月上甲，始庀牲十月上甲，始繫牲，十一月，十二月，牲雖有變，不道也，待正月，然後言牲之變，此乃所以該郊。郊，享道也，貴其時，大其禮，其養牲雖小，不備可也。子不忘三月卜郊，何也？郊自正月，至于三月，郊之時也。我以十二月下辛，卜正月上辛，如不從，則以正月下辛，卜二月上辛，如不從，則以二月下辛，卜三月上辛，如不從則不郊矣。

見上語言，即穀梁赤具語言反覆的特性，並不似《春秋》文字簡練。

論文仍有許多議題尚未處理，如：

一、《春秋》之前是否有以他者爲對象的書寫模式？

據史官所書、甲骨、青銅器銘文都是書寫當下的，孔子是中國第一位明顯將對象作爲他者的反思作者，這不僅是褒貶的問題，而是將一個非個人，社會的問題作一公共思想提出來。所謂《春秋》之意與傳《春秋》之義的區別，是指《公羊傳》、《穀梁傳》傳文針對《春秋》經文文字所提供的解釋爲《春秋》之意，而《公羊傳》、《穀梁傳》於經文之外所作的延伸性闡釋則是《春秋》之義。二者爲什麼會同時存在於傳文中呢？二者何者是孔子的，何者是公羊高與穀梁赤的？

二、未來可延續的研究方向：《公羊傳》、《穀梁傳》比較學史

《公羊傳》、《穀梁傳》學在目前的研究下，多附於「經學史」，而在「經學史」下，又主要是「《春秋》學史」，所以「《公羊傳》、《穀梁傳》學史」被討論的內容本來就少，更遑論是「《公羊傳》、《穀梁傳》比較學史」。

在「重寫文學史」的反思運動中，其實可以給予經學研究者許多啓發，即在撰寫「《公羊傳》、《穀梁傳》學」時應當運用何種角度切入，才能深入的探討某一面向的主題，而不是僅隨時代分期作一陳述。此一研究的問題頗大，論文無法直接處理，故提出問題，以俟後賢。

以下就筆者所見，提出「《公羊傳》、《穀梁傳》比較學史」的目前處境與未來可能發展的方向。

（一）史與《春秋》學史

《春秋》學與《春秋》學史（經學史）的意義是不同的。《春秋》學指的是歷來研究《春秋》、《三傳》相關著作所建構的方法論與認識論；而《春秋》學史討論的是《春秋》與《三傳》在歷朝時空下的興衰過程。然而作爲一個「史」，其夢想是能含蓋所有曾發生的事，但其內容往往不能含蓋所有層面，因此「史」往往只是其面貌的一隅，甚至有許多面向是未曾被敘述的。例如在《史》書中，〈藝文志〉著錄了歷朝可見研究《春秋》（《公羊傳》、《穀梁傳》）的書目，裡頭記載了許多傳承上與當朝研習此書的儒者。我們透過著錄看到歷朝《春秋》（《公羊傳》、《穀梁傳》）的傳播情況，卻看不到「《春秋》（《公羊傳》、《穀梁傳》）學」。因此，研究學者會將此議題獨立出來進行討論。例如《春秋學史》的寫作。

（二）《春秋》學史與《公羊傳》、《穀梁傳》學史

然而即使近人以《春秋學史》爲一對象書寫，它與《公羊傳》、《穀梁傳》

學的關係卻仍糾結難解。因爲《春秋學史》中主要即是三傳學史。同時他與傳統史書以年代作爲區分方式有相同的問題，即「學」之中的脈絡，僅依年代先後的關係，說明傳承上的影響。

如近來大陸隨著國學研究熱的興起，研究經學的著作一下子增多不少，尤其對於各種「經學史」的研究著作可說琳瑯滿目。有《尚書學史》、《詩經學史》、《易學史》等等……。就《春秋學史》就有兩部，如趙伯雄〔註 1〕與戴維〔註 2〕撰的《春秋學史》，不但同名且在同一年出版。值得注意的是，二人都以時代作爲《春秋學史》分章分節的條件，彷彿《春秋》學在歷史的演變過程中，僅如歷史事件般，被逐一記錄下來，有「史」而無「學」。這麼說是因爲近來《文學史》所進行的檢討聲音，即該如何「重寫文學史」此議題，提出文學的發展似乎不該只是隨時代的不同而被記錄下來，原先的寫法，如先秦的《詩經》、《楚辭》，漢《賦》，六朝《志怪》，唐《詩》、宋《詞》，元《曲》，明、清《小說》，好像各時代都有獨領風騷的文學傾向。在實際的發展過程中，如清人所作的近體詩，其數量便遠多於唐人，而我們談到詩，卻只會想到唐代，而對清詩多虛應而過。這之間當然有風格上的不同，但在這樣的文學史寫作下，很容易就忽略了其他時代文學的發展，及不同朝代亦會有相同風格的作品該如何解釋的情形。

回到《春秋》學史，《公羊傳》、《穀梁傳》學史其實並未眞實存在，它附屬於《春秋》學底下，作爲構成《春秋》學發展過程的部分內容。所以我們只能看到漢有何休《公羊解詁》，其內容有災異思想解經的傾向，六朝范甯有《春秋穀梁傳集解》，其采眾說，不兼一家，有融通三傳的先導作用。清人劉逢祿有《公羊》的注疏，其學術特色爲以《公羊》義理詮解他經等等。此間並未具有關連性，或在解經方法上的分別，僅因爲他在那個時代寫了那本著作。因此，通過「重寫文學史」的反思與檢討，我們應該能對「經學史」、「《春秋》學史」、「《公羊傳》、《穀梁傳》學史」有不同面向的書寫。

我們檢閱趙伯雄《春秋學史》與戴維《春秋學史》章節安排：

〔註 1〕趙伯雄：《春秋學史》（濟南：山東教育出版社，2004 年）。
〔註 2〕戴維：《春秋學史》（長沙：湖南教育出版社，2004 年）。

	趙伯雄《春秋學史》分章	戴維《春秋學史》分章
第一章	先秦《春秋》學的形成與分化	《春秋》與三傳
第一節	《春秋》的性質	《春秋》的產生
第二節	孔子與《春秋》的關係	《左氏春秋》
第三節	《春秋》學的形成	《公羊傳》與《穀梁傳》
第四節	《左傳》與《春秋》左氏學	先秦《春秋》學
第五節	《公羊傳》的出現與《春秋》公羊學	《左氏》在諸子中的運用
第六節	《穀梁傳》與《春秋》穀梁學	《春秋》學的傳承
第七節	《春秋》三傳之同源異流	
第八節	孟、荀《春秋》學之比較	
第二章	兩漢《春秋》學（上）	西漢《春秋》學
第一節	《春秋》學成爲顯學	西漢《左氏》學
第二節	漢代《春秋》經傳的社會政治功能	西漢《穀梁》傳承
第三節	一代《公羊》大師董仲舒	西漢《公羊》學的發展
第四節	司馬遷的《春秋》觀	《公羊》與《穀梁》及其內部鬥爭
第五節	西漢《春秋》學的傳授	各家的漸趨融合
第六節		西漢末《左氏春秋》的崛起
第三章	兩漢《春秋》學（下）	東漢《春秋》學
第一節	經今古文學的分立與鬥爭	《公羊》學的繼續發展
第二節	《春秋》研究的畸變春秋緯	《穀梁》學的衰落
第三節	訂其眞僞，辨其實虛的王充	《左氏》學的興盛
第四節	何休《公羊解詁》中的《春秋》義法	三傳之間的鬥爭
第五節	宗主《左傳》、兼采《公羊傳》、《穀梁傳》的鄭玄	《春秋》讖緯學及其他
第六節	《春秋》《左傳》的賈注與服注	
第七節	東漢的《春秋》學者及其學術之傳承	
第四章	魏晉南北朝時期的《春秋》學	魏晉南北朝《春秋》學
第一節	魏晉經學地位的衰落	三國《春秋》學
第二節	魏晉的《春秋》學者與《春秋》經義	兩晉《春秋》學

第三節	杜預與《春秋經傳集解》	南北朝《春秋》學
第四節	范甯與《春秋穀梁傳集解》	《春秋》學與玄學
第五節	南學與北學的分立	
第六節	義疏的出現	
第七節	徐彥與他的《公羊傳疏》	
第五章	隋唐五代時期的《春秋》學	隋唐《春秋》學
第一節	唐初《春秋左傳正義》的修撰與頒行	隋代《春秋》學
第二節	陸德明的《經典釋文》	唐前期《春秋》學的總結與統一
第三節	九經取士與唐人的《春秋》觀	唐前期其他《春秋》學
第四節	劉知幾的〈疑經〉、〈申左〉	盛唐《春秋》學的轉變
第五節	開捨傳求經之風的啖、趙、陸三家	唐中期啖、趙、陸的貢獻
第六節	楊士勛的《穀梁傳疏》與唐代《穀梁》學	唐中晚期《春秋》學
第七節	隋唐的《春秋》學者及其著作舉要	五代十國《春秋》學
第六章	宋元明《春秋》學（上）	兩宋《春秋》學
第一節	北宋前期《春秋》學之大勢	北宋《春秋》學
第二節	胡瑗與孫復	慶曆以前的《春秋》學
第三節	慶曆新學與劉敞的《春秋權衡》	慶曆新學的代表劉敞
第四節	王安石與斷爛朝報之說	王安石新經義下的《春秋》學
第五節	二程對《春秋》學的影響	北宋中後期諸學派的《春秋》學
第七章	宋元明《春秋》學（下）	南宋《春秋》學
第一節	朱熹的懷疑與困惑	以胡安國爲代表的程學系統
第二節	胡安國及其《春秋傳》	朱學系統的發展
第三節	兩宋其他重要的《春秋》學者	其他諸派《春秋》學
第四節	《春秋》經傳的專門化研究	元明《春秋》學
第五節	元明《春秋》學的衰落	元朝《春秋》學
		明代《春秋》學
第八章	清代《春秋》學（上）	清代《春秋》學
第一節	康、雍、乾時期的《春秋》官學	前期漢宋兼采的《春秋》學
第二節	清前奇之變臆解爲征實	清中期《春秋》漢學之發展

第三節	毛奇齡的《春秋》學	清晚期《春秋》學
第四節	顧棟高與他的《春秋大事表》	
第五節	漢學勃興與實證《春秋》學的發展	
第九章	清代《春秋》學（下）	
第一節	公羊學在清代的復興	
第二節	常州學派的中堅劉逢祿	
第三節	龔自珍與魏源	
第四節	晚清經生派之《春秋》學研究	
第五節	從廖平到康有爲	
第六節	晚清《春秋》古文學者章太炎與劉師培	

從上述的章節分配來說，二人皆是以朝代更迭爲其章節的分隔。裡頭主要以時代之《春秋》學爲主，兼以主要人物爲敘述重點。但雙方同時都有一個傾向，就是直接將三傳的傳承與興盛衰落作爲「《春秋》學史」的內容。因此，在其中，讀者只能意識到此時代《公羊傳》復興，或《穀梁傳》衰落，並無法突顯二傳在傳經上的差異。筆者要說明一下，並非在反對上述撰寫《春秋學史》的方法不妥，而是藉此強調《公羊傳》與《穀梁傳》被收納於《春秋》學史的討論中，只是呈現如史書〈藝文志〉的記載，並未能呈現二書的差異。因此，《公羊傳》、《穀梁傳》學史應獨立出來討論，才能在獨立的討論空間中，看出《公羊傳》、《穀梁傳》究竟有何不同。之後才可能進一步討論「《公羊傳》、《穀梁傳》的比較學史」。

（三）《公羊傳》、《穀梁傳》學史與《公羊傳》、《穀梁傳》比較學史

從《公羊傳》、《穀梁傳》學史的脫離《春秋》學史後，《公羊傳》、《穀梁傳》的比較學史才有展開的地基。至少有一個值得作爲《公羊傳》、《穀梁傳》比較學史展開書寫的面向，即是《公羊傳》、《穀梁傳》對話的傳統。《公羊傳》、《穀梁傳》自漢代爭立學官，史書上記載的即是兩個家派對於《春秋》解釋的「對話」，雖然它可能是一種爭辯。這種「對話的傳統」，筆者將之分爲二類：延續性的議題、轉換性的議題。（一）延續性的議題：延續性的議題指的是，相同的議題於不同時代反覆被討論。如何休、鄭玄對《公羊傳》、《穀梁傳》的討論，史稱「三闕」，即《公羊墨守》、《穀梁廢疾》與《發墨守》、《起廢疾》。從此何休與鄭玄的對話，被徐彥、范甯、楊士勛等常轉述討論於注疏

中。清人劉逢祿也有相關的討論。「三闕」是公羊家與穀梁家針對同一議題產生的歷時性討論，彼此具有依存關係。他們老是圍繞在何休與鄭玄所訂下的議題，反覆論難，藉由他者的反對意見，找出自我存在的價值。基本上他們不開發新議題，對他們而言，討論的不是《公羊傳》、《穀梁傳》的意義，而是找出對方的弱點，與爲別人提出的質疑辯護，最後得出《公羊傳》是對的，或是《穀梁傳》才是正確的。（二）轉換性的議題：轉換性的議題是指《公羊傳》、《穀梁傳》學者對《春秋》微言大義的闡發，爲何會有開發出新議題條件與需要。如夷夏觀、尊王、攘夷，或者是《公羊傳》、《穀梁傳》學者對《公羊傳》、《穀梁傳》能否經世致用等進行討論。

這種對話的傳統，說明《公羊傳》、《穀梁傳》二傳彼此依存的關係。《公羊傳》、《穀梁傳》的解釋各有其理由，在各自的領域中可自成體系，不過當二者被共同閱讀時，便會產生歧異。如《公羊》以魯隱公即位不正，《穀梁傳》則以魯隱公即位爲正。究竟要用那一個標準才能確定《公羊》爲是，或《穀梁》爲非？其實二傳的存在所欲告知的，不是一個標準的答案，因爲事實上魯隱公在歷史上就是一位魯國國君。所以當孔子以魯隱公爲《春秋》起始君，已經呈現一個話題。這個話題並不是只得出一個答案，隱公即位正也，或不正。而是它所可延伸出來的一種議題性。如隱公在這個身份上是一個先天賦予的，而這位庶長子可否即位的禮法制度的討論。另外，《公羊傳》提到的隱公只是代爲攝政，以便日後再將君位還與桓公。當這個議題被啓動時，人文的精神就會慢慢給喚起，讓更多人來注意其「禮」，而非是其人之是非。畢竟這位距孔子百年之前的魯國君主之善惡，已不會是孔子批評的對象，孔子重視的是合禮否、正不正。

當我們見到《公羊傳》、《穀梁傳》將問題的討論焦點集中至隱公個人即位的是非時，它們就有一種限定性。或說選擇性的目的與標準的建立。因此，筆者認爲《公羊傳》、《穀梁傳》比較時，就是要看公羊家與穀梁家各自將家法、師法的主觀性發揮極致時，最能看到彼此的差異與彼此如何對應彼此的存在、解經之語。這樣作爲《公羊傳》、《穀梁傳》比較學史的一個展開的面向，似乎仍有發展性。

參考文獻

一、中文部分

（一）專　書

1. 丁亞傑，《清末民初公羊學研究——皮錫瑞、廖平、康有為》，臺北：萬卷樓圖書公司，2002年3月。
2. 孔廣森，《春秋公羊通義》，收入《皇清經解春秋類彙編》，第1冊，臺北：藝文印書館，1986年9月。
3. 毛士輯，《春秋三傳駁語》，清刻本，藏北京國家圖書館。
4. 毛奇齡，《毛氏春秋傳》，收入《皇清經解春秋類彙編》，第1冊，臺北：藝文印書館，1986年9月。
5. 王國維，《漢魏博士題名考》，臺北：臺灣商務印書館，1976年12月。
7. 王掞等編纂，《欽定春秋傳說彙纂》，收入《文淵閣四庫全書》，第173冊，臺北：臺灣商務印書館，1983年。
8. 王溥，《唐會要》，京都：中文出版社，1978年。
9. 王葆玹，《西漢經學源流》，臺北：東大出版，1994年6月。
10. 王熙元，《穀梁范注發微》，臺北：嘉新水泥公司文化基金會研究論文，1972年。
11. 王鳳陽，《古辭辨》，長春：吉林文史出版社，1993年6月。
12. 司馬遷，《史記》，北京：中華書局，1997年11月。
13. 本田成之，《中國經學史》，臺北：廣文書局，1979年5月。
14. 皮錫瑞，《經學通論》，臺北：臺灣商務印書館，1989年10月。
15. 朱駿聲，《春秋三家異文覈》，收入《續修四庫全書》，第148冊，上海：上海古籍出版社，1995年。

16. 朱彝尊，《經義考》，臺北：中研院中國文哲研究所籌備處，1997 年 6 月。
17. 朱彝尊著，許維萍等點校，林慶彰等編審，《點校補正經義考》，臺北：中央研究院中國文哲研究所，1997 年。
18. 江藩，《國朝漢學師承記》，北京：中華書局，1998 年 12 月。
19. 何休注，徐彥疏，《春秋公羊傳注疏》，臺北：藝文印書館《十三經注疏》本，1997 年 8 月。
20. 吳陳琰，《春秋三傳異同考》，收入《叢書集成初編》，第 3707 冊，北京：中華書局，1991 年。
21. 吳壽暘，《公羊經傳異文集解》，收入《續修四庫全書》，第 129 冊，上海：上海古籍出版社，1995 年。
22. 呂大圭，《春秋五論》，收入《通志堂經解》，第 23 冊，臺北：大通書局，1970 年 2 月。
23. 呂大圭，《春秋或問》，收入《通志堂經解》，第 23 冊，臺北：大通書局，1970 年 2 月。
24. 呂本中，《春秋集解》，收入《文淵閣四庫全書》，第 144 冊，臺北：臺灣商務印書館，1983 年。
25. 宋鼎宗，《春秋宋學發微》，臺北：文史哲出版社，1986 年 9 月。
26. 李啓原，《春秋三傳異同考釋》，高雄：文化出版社，1995 年 12 月。
27. 李富孫，《春秋三傳異文釋》，收入《叢書集成初編》，第 3661～3663 冊，北京：中華書局，1985 年。
28. 李新霖，《春秋公羊傳要義》，臺北：文津出版社，1989 年 5 月。
29. 李調元，《春秋三傳比》，收入《續修四庫全書》，第 144 冊，上海：上海古籍出版社，1995 年。
30. 杜預，《春秋釋例》，臺北：中華書局，1970 年。
31. 沈赤然，《公羊穀梁異同合平》，收入《四庫未收書輯刊》，第 3 輯，第 9 冊，北京：北京出版社，1997 年。
32. 阮芝生，《從公羊學論春秋的性質》，收於《文史叢刊》，28，臺北：臺灣大學出版委員會，1969 年。
33. 周予同，《周予同經學史論著選集（增訂本）》，上海：上海人民出版社，1996 年。
34. 周少川，《中華典籍與傳統文化》，桂林：廣西師範大學出版社，1996 年 9 月。
35. 周蕙田輯錄，杜子綱校正，許侍御閱定，《春秋三傳揭要》，清光緒二年刻本，藏北京國家圖書館。
36. 孟子撰，趙岐注，孫奭疏，《孟子注疏》，臺北：藝文印書館《十三經注疏》本，1997 年 8 月。

37. 林昌彝，《三傳異同考》，清刻本，藏北京國家圖書館。
38. 林啓彥，《中國學術思想史》，臺北：書林出版有限公司，19943 年 8 月。
39. 林慶彰主編，《五十年來的經學研究》，臺北：學生書局，2003 年 5 月。
40. 林慶彰等編，《經學研究論著目錄（1983～1992）》，臺北：漢學研究中心編印，1999 年 5 月。
41. 林慶彰等編，《經學研究論著目錄（1993～1997）》，臺北：漢學研究中心編印，2003 年 4 月。
42. 林慶彰等編，《經學研究論著目錄（1998～1982）》，臺北：漢學研究中心編印，1994 年 4 月。
43. 林慶彰編，《中國經學史論文選集》（上、下），臺北：文史哲出版社，1992 年 10 月。
44. 林慶彰編，《中國經學史論文選集》，臺北：文史哲出版社，1993 年。
45. 武億，《敦樸堂簡明評點春秋公羊傳鈔》，清抄本，藏北京大學圖書館。
46. 武億，《敦樸堂簡明評點春秋穀梁傳鈔》，清抄本，藏北京大學圖書館。
47. 金春峰，《漢代思想史》，北京：中國社會科學出版社，1997 年 12 月。
48. 金聖嘆，《金聖嘆全集．讀第五才子書法》，南京：江蘇古籍出版社，1985 年。
49. 姜廣輝主編，《中國經學思想史》，北京：中國社會科學院出版社，2003 年 9 月。
50. 施耐庵集撰，羅貫中撰修，李贄評點，《李卓吾批評忠義水滸傳》，上海：上海古籍出版社，1990 年。
51. 柯劭忞，《春秋穀梁傳注》，臺北：臺灣中華書局，1970 年 6 月。
52. 柳宗元，《柳宗元集》，北京：中華書局，2000 年。
53. 柳興恩，《穀梁大義述》，臺北：藝文印書館，《續皇清經解》本，1986 年 9 月。
54. 段熙仲，《春秋公羊學講疏》，南京：南京師範大學出版社，2002 年，11 月紀昀等，《四庫全書總目提要》，臺北：藝文印書館，1997 年。
55. 胡適，《中國章回小說考證》，上海：上海書店，1980 年。
56. 胡學常，《文學話語與權力話語》，杭州：浙江人民出版社，2000 年 1 月。
57. 范甯注，楊士勛疏，《春秋穀梁傳注疏》，臺北：藝文印書館，《十三經注疏》本，1997 年 8 月。
58. 范曄，《後漢書》，北京：中華書局，1997 年 11 月。
59. 孫春在，《清末的公羊思想》，臺北：商務印書館，1985 年 10 月。

60. 孫復，《春秋尊王發微》，收入《景印文淵閣四庫全書》，第 147 冊，臺北：臺灣商務印書館，1986 年 3 月。
61. 孫琴安，《中國評點文學史》，上海：上海社會科學院出版社，1999 年。
62. 孫覺，《春秋經解》，收入《文淵閣四庫全書》，第 141 冊，臺北：商務印書館，1983 年。
63. 家絃翁，《春秋集傳詳說》，收入《通志堂經解》，第 24 冊，臺北：大通書局，1969 年。
64. 徐復觀，《中國經學史的基礎》，臺北：臺灣學生書局，1996 年 4 月。
65. 徐復觀，《兩漢思想史》，臺北：臺灣學生書局，民 82 年 9 月。
66. 晁公武，《郡齋讀書志》，收於《人人文庫》版，臺北：臺灣商務印書館，1978 年 1 月。
67. 浦衛忠，《春秋三傳綜合研究》，臺北：文津出版社，1995 年 4 月。
68. 班固，《漢書》，北京：中華書局，1997 年 11 月。
69. 翁銀陶，《公羊傳漫談》，臺北：頂淵文化事業公司，1997 年 3 月。
70. 馬國瀚輯，《玉函山房輯佚書》，上海：上海古籍出版社，1990 年 12 月。
71. 馬積高、黄鈞主編，《中國古代文學史（一）》，臺北：萬卷樓圖書有限公司，1998 年。
72. 屠用豐纂輯，《春秋三傳會纂旁訓》，清嘉慶 13 年孝感屠氏臥雲堂刻本，藏北京國家圖書館。
73. 康有爲，《孔子改制考》，臺北：臺灣商務印書館，1968 年 4 月。
74. 康有爲，《春秋董氏學》，臺北：臺灣商務印書館，1969 年 1 月。
75. 康有爲，《新學僞經考》，北京：三聯書店，1998 年。
76. 張之萬，《春秋三傳異文考》，清同治八年至九年刻本，藏北京國家圖書館。
77. 張以仁，《春秋史論集》，臺北：聯經出版事業公司，1993 年 3 月。
78. 張自超，《春秋宗朱辨義》，收於《景印文淵閣四庫全書本》，第 178 冊，臺北：臺灣商務印書館，1986 年 3 月。
79. 張素卿，《敘事與解釋——《左傳》解經研究》，臺北：書林出版公司，1998 年 4 月。
80. 梁啓超，《中國近三百年學術史》，臺北：里仁書局，1995 年。
81. 梁啓超，《清代學術概論》，臺北：臺灣商務印書館，1985 年。
82. 許桂林，《春秋穀梁傳時月日書法釋例》，臺北：藝文印書館，《續皇清經解》本，1986 年 9 月。
83. 許愼撰，段玉裁注，《說文解字注》，臺北：藝文印書館，1996 年。

84. 陳立，《公羊義疏》，臺北：臺灣商務印書館，1982 年 5 月。
85. 陳光煦，《春秋三傳會義》，民國元年蜀東陳氏刻本，藏北京國家圖書館。
86. 陳其泰，《清代公羊學》，北京：東方出版社，1997 年 4 月。
87. 陳柱，《公羊家哲學》，臺北：臺灣中華書局，1971 年 6 月。
88. 陳振孫，《直齋書錄解題》，「據景清武英殿輯永樂大典本」，東京：中文出版社，1978 年 7 月。
89. 陳萊孝，《春秋經文三傳異同考》，清刻本，藏北京國家圖書館。
90. 陳新雄，《春秋異文考》，收入《嘉新水泥公司文化基金會研究論文》，第 26 種，臺北：嘉新水泥公司文化基金會，1964 年。
91. 陸淳，《春秋啖趙集傳纂例》，收入《經苑》，臺北：大通書局，1970 年。
92. 陸淳，《春秋集傳纂例》，收入《叢書集成新編》第 108 冊，臺北：新文豐出版社，1985 年。
93. 章權才，《兩漢經學史》，臺北：萬卷樓圖書公司，1995 年 5 月。
94. 傅隸樸，《春秋三傳比義》，臺北：臺灣商務印書館，1983 年 5 月。
95. 單爲鏓，《讀經笥記》，清刻本，藏北京國家圖書館。
96. 揭傒斯著，李夢生標校，《揭傒斯全集．通鑑綱目書法序》，上海：上海古籍出版社，1985 年。
97. 湯志鈞等，《西漢經學與政治》，上海：上海古籍出版社，1994 年。
98. 程發軔，《春秋人譜》，臺北：臺灣商務印書館；1995 年 1 月。
99. 程發軔，《春秋要領》，臺北：三民書局，1996 年 11 月。
100. 程端學，《三傳辨疑》，收入《景印文淵閣四庫全書》第 154 冊，臺北：臺灣商務印書館，1983 年。
101. 程端學，《春秋本義》，收入《通志堂經解》第 25 冊，臺北：大通書局，1969 年。
102. 黃永年，《春秋四傳異同辨》，收入《叢書集成初編》，第 3663 冊，北京：中華書局，1985 年。
103. 黃進興，《聖賢與聖徒》，臺北：允晨文化實業股份有限公司，2001 年。
104. 黃肇基，《漢代公羊學災異理論研究》，臺北：文津出版社，1998 年 5 月。
105. 黃樸民，《何休評傳》，南京：南京大學出版社，1998 年 12 月。
106. 葉夢得，《春秋公羊傳讞》，收入《景印文淵閣四庫全書》第 143 冊，臺北：臺灣商務印書館，1983 年。
107. 葉夢得，《春秋考》，收入《叢書集成初編》第 3703 冊，北京：中華書局，1991 年。
108. 葉夢得，《春秋傳》，收入《文淵閣四庫全書》第 149 冊，臺北：臺灣商務印書館，1983 年。
109. 葉慶炳，《中國文學史》，臺北：臺灣學生書局，1987 年。
110. 熊十力，《讀經示要》，臺北：明文書局，1987 年。
111. 趙生群，《春秋經傳研究》，上海：上海古籍出版社，2000 年 5 月。
112. 趙伯雄，《春秋學史》，濟南：山東教育出版社，2004 年 4 月。
113. 趙汸，《春秋集傳》，臺北：臺灣商務印書館影印《文淵閣四庫全書》本，1983 年。
114. 趙坦，《春秋異文箋》，收入《重編本皇清經解》，第 12 冊，臺北：漢京文化，1980 年。
115. 趙彥衛，《雲麓漫鈔》，臺北：臺灣商務印書館，1980 年。
116. 齊召南，《春秋穀梁傳注疏考證》，臺北：藝文印書館，《皇清經解》本，1986 年 9 月。
117. 劉大杰，《中國文學發展史》，臺北：華正書局，1997 年。
118. 劉世南，《春秋穀梁傳直解》，《十三經直解》第 3 卷下，1993 年 12 月。
119. 劉冰，《中國裝訂簡史》，臺北：漢華文化事業股份有限公司，1969 年。
120. 劉知幾撰，浦起龍釋，呂思勉評，《史通釋評》，臺北：華世出版社，1975 年 4 月。
121. 劉逢祿，《公羊春秋何氏解詁箋》，收入《皇清經解春秋類彙編》，第 2 冊，臺北：藝文印書館，1986 年 9 月。
122. 劉逢祿，《春秋公羊經何氏釋例》，收入《皇清經解》，第 19 冊，臺北：復興書局，1961 年 5 月。
123. 劉敞，《春秋權衡》，收於《通志堂經解》，第 19 冊，臺北：大通書局，1969 年。
124. 劉曾騄，《公羊約解》，清刻本，藏北京大學圖書館。劉曾騄，《穀梁約解》，清刻本，藏北京大學圖書館。
125. 劉勰著，周振甫注，《文心雕龍注釋》，臺北：里仁書局，1998 年。
126. 劉聲木，《萇楚齋隨筆（四筆）・論劉開論文書》，臺北：新文豐出版公司，1997 年。
127. 撰者不詳，《竹書紀年》，臺北：臺灣中華書局，1971 年 10 月。
128. 歐陽修、宋祁等，《新唐書》，北京：中華書局，1997 年 11 月。
129. 蔣慶，《公羊學引論》，瀋陽：遼寧教育出版社，1995 年 6 月。
130. 蔡長林，《論崔適與晚清今文學》，桃園：聖環圖書公司，2002 年 2 月。
131. 鄭玄，《六藝論》，臺北：藝文印書館影印《百部叢書集成》本，1968 年。
132. 鄭玄，《起廢疾》，臺北：藝文印書館影印《百部叢書集成》本，1968 年。

133. 錢穆，《中國近三百年學術史》，臺北：臺灣商務印書館，1980 年 1 月。
134. 錢穆，《中國思想史》，臺北：臺灣學生書局，1995 年 8 月。
135. 錢穆，《兩漢經學今古文平議》，北京：商務印書館，2001 年 7 月。
136. 戴君仁，《春秋辨列》，臺北：中華叢書編審委員會，1964 年 10 月。
137. 戴君仁等，《春秋三傳論文集》，臺北：黎明文化事業公司，1981 年 1 月。
138. 戴維，《春秋學史》，長沙：湖南教育出版社，2004 年。
139. 鍾文烝，《春秋穀梁傳補注》，臺北：藝文印書館，《續皇清經解》本，1986 年 9 月。
140. 簡宗梧、周何編輯，《春秋穀梁傳論著目錄》，臺北：洪葉文化事業有限公司，2000 年 6 月。
141. 顧炎武，《日知錄》（臺北：明倫出版社，1970 年。
142. 顧棟高，《春秋大事表》，北京：中華書局，1993 年 6 月。
143. 顧頡剛，《漢代學術史略》，北京：東方出版社，1996 年 1 月。
144. 顧頡剛、劉起釪，《春秋三傳及國語之綜合研究》，成都：巴蜀書社，1988 年 3 月。
145. 龔鵬程，《文學批評的視野》，臺北：大安出版社，1998 年。

（四）期刊論文

1. 丁亞傑，〈伏生尚書大傳的解經方法與思想內容〉，《國立中央大學中國文學研究所集刊》，第 4 期，1997 年 5 月，頁 1～15。
2. 王海棻，〈《公羊》《穀梁》中有「稱」義的詞〉，《語文研究》，1983 年 4 期，1983 年 11 月，頁 48～53。
3. 王葆玹，〈《穀梁傳疏》所引王弼《周易大演論》佚文考釋〉，《中國哲學史研究》，1983 年 4 期，1983 年 10 月，頁 13～19。
4. 王熙元，〈《穀梁傳》傳授源流考〉，《孔孟月刊》，第 28 期，1974 年 9 月，頁 259～281。
5. 王熙元，〈六十年來之穀梁學〉，收於《六十年來之國學》（1），臺北：正中書局，1972 年 5 月臺初版，頁 431～466
6. 王熙元：〈《穀梁傳》傳授源流考〉，《孔孟月刊》28 期（1974 年 9 月），頁 219～236。
7. 司仲敖：〈錢大昕之春秋學〉，《木鐸》第十期（臺北：中國文化大學中文系，1984 年 6 月），頁 261～263。
8. 田宗堯，〈《春秋穀梁傳》阮氏校勘記補正〉，《孔孟學報》，第 8 期，1964 年 9 月，頁 169～181。
9. 任遠，〈中國語法學之萌芽——試論《公羊》《穀梁》的語法研究〉，《語文研究》1995 年第 4 期（總第 57 期），1995 年 11 月，頁 16～20。
10. 成玲，〈春秋公羊傳稱謂例釋——以魯國夫人爲例〉，《景文專校學報》，第 1 期，1992 年 9 月，頁 41～57。
11. 朱永平，〈試析《公羊傳》《穀梁傳》對語序的訓釋〉，《陝西師大學報》（哲學社會科學版），1987 年 3 期，1987 年 8 月，頁 69～76。
12. 朱東潤，〈公羊探故〉，《學原》，第 1 卷第 10 期，1948 年 5 月，頁 21～28。
13. 李曰剛，〈《穀梁傳》之著於竹帛及傳授源流考〉，《師大學報》，第 6 期，1961 年 6 月，頁 237～244。
14. 李甲孚，〈《春秋穀梁傳》及其作者〉，《中央月刊》，5 卷 12 期，1973 年 10 月，頁 145～150。
15. 李新霖，〈公羊新周故宋說〉，《復興崗學報》，34 期，1985 年 12 月，頁 511～530。
16. 李學勤，〈孔子與《春秋》〉，《綴古集》，上海：上海古籍出版社，1998 年 10 月，頁 16～22。
17. 杜鋼百，〈《公羊》《穀梁》爲卜商或孔商訛傳異名考〉，《武漢大學文哲季刊》，3 卷 1 期，1933 年 11 月，頁 155～172。
18. 阮芝生，〈六十年來之公羊學〉，《六十年來之國學》（1），臺北：正中書局，1972 年 5 月，頁 399～430。
19. 周何，〈公羊摘例〉，《靜宜學報》，第 5 期，1982 年 6 月，頁 1～25。
20. 周何，〈穀梁朝聘例釋〉，《中國學術年刊》，第 10 期，1989 年 2 月，頁 181～191。
21. 周何，〈穀梁傳之仁義觀〉，《教學與研究》（臺灣師大），第 12 期，1990 年 6 月，頁 123～126。
22. 屈翼鵬，〈宋人疑經的風氣〉，《大陸雜誌》，第 29 卷第 3 期，1961 年 8 月，頁 23～25。
23. 林秀富，〈范甯《春秋穀梁傳集解》在解經觀念上的突破〉，《輔大中研所學刊》，第 3 期，1994 年 6 月，頁 70～76。
24. 林義正，〈春秋公羊傳思想中的經權問題〉，《文史哲學報》，第 38 期，1990 年 12 月，頁 313～333。
25. 金德建，〈瑕丘江公作「穀梁傳」的推測〉，《人文雜誌》，1957 年 3 期，1957 年 8 月，頁 30～34。
26. 姚曼波，〈孔子作春秋即春秋傳說〉，《中國史研究》，1993 年第 2 期（總第 58 期），1993 年 5 月，頁 26～32。
27. 姚曼波，〈從漢初學壇探考「孔春秋」——兼考「春秋三傳」〉，《文獻》，

1995年第3期（總第65期），1995年7月，頁53～69。
28. 柳詒徵，〈「穀梁大義述」補闕跋〉，《國風半月刊》，5卷（10、11號合刊），1934年12月，頁8～10。
29. 段熙仲，〈公羊春秋三世說探源〉，《中華文史論叢》，第4輯，北京：中華書局，1963年10月，頁67～76。
30. 奚敏芳，〈公羊傳災異說考辨〉，《孔孟學報》，第73期，1997年3月，頁51～83。
31. 奚敏芳，〈春秋三傳諱例異同研究〉，《孔孟學報》，第58期，1989年9月，頁199～251。
32. 孫開泰，〈試論《公羊傳》的大一統思想〉，《中國哲學史》，1993年第7期，1993年9月，頁33～41。
33. 孫劍秋，〈試從漢代古今字判定經書今古文本——以《穀梁傳》爲例〉，《東吳文史學報》，第11號，1993年3月，頁17～27。
34. 徐震，〈《穀梁》箋記〉，《武漢大學文哲季刊》，7卷1期，1941年10月，頁27～28。
35. 浦衛忠，〈何休與公羊學三世遞進的歷史進化觀〉，《史學史研究》，1993年1期，頁25～29。
36. 浦衛忠，〈《春秋穀梁傳》中的女子與婚姻〉，《齊魯學刊》，1992年第5期（總第110期），1992年9月，頁42～47。
37. 浦衛忠，〈論《春秋穀梁傳》所反映的社會和國家政治制度〉，《孔子研究》，1995年第4期，1995年12月，頁60～67。
38. 浦衛忠，〈論《春秋穀梁傳》的親親之義〉，《齊魯學刊》，1991年第3期（總第102期），1991年5月，頁56～58。
39. 馬衡：〈中國書籍制度變遷之研究〉，《中國書籍演變論集》（香港：中山圖書公司，1972年），頁157～161。
40. 高明、周何，〈春秋研究〉，《孔孟月刊》，第19卷第11期，頁17～22。
41. 張全民，〈「盟詛不及三王」辨〉，《社會科學戰線》，1996年第2期（總第80期），1996年3月，頁126～132。
42. 張西堂，〈《穀梁》爲古文學補證〉，《西北大學學報》（人文科學），1957年2期，頁21～43。
43. 張美櫻，〈「公羊傳」稱賢事例的價值判斷及其意義〉，《中國文哲研究集刊》，第13期，1998年9月，頁357～381。
44. 張培瑜，〈春秋魯國曆法與古六曆〉，《南京大學學報》（哲學社會科學版），1985年4期，1985年12月，頁64。
45. 張惠淑，〈「公羊傳」稱謂七等研究〉，《國立臺灣師範大學國文研究所集刊》，第 41 期，1997 年 6 月，頁 689～829。
46. 張端穗，〈「春秋公羊傳」經權觀念的緣起〉，《東海中文學報》，第 10 期，1992 年 8 月，頁 61～79。
47. 張端穗，〈春秋公羊傳經觀念的歷代理解及其意義〉，《東海學報》，第 33 期，1992 年 6 月，頁 105～122。
48. 張廣慶，〈從《春秋公羊解詁》論何休對賈逵的反擊〉，《經學研究論叢》，第 3 輯，1995 年 4 月，頁 165～216。
49. 張廣慶，〈清代經今文學群經大義之《公羊》化——以劉、宋、戴、王、康之《論語》著作爲例〉，《經學研究論叢》，第 1 輯，1994 年 4 月，頁 257～322。
50. 張濤，〈《穀梁傳》重民思想初探〉，《古籍整理研究論叢》，第 2 輯，1993 年 3 月，頁 362～374。
51. 張濤，〈談談漢代《穀梁》學一度興盛的原因〉，《遼寧大學學報》（社會科學版），1991 年第 3 期（總第 77 期），1991 年 5 月，頁 66～71。
52. 梁煌儀，〈《春秋穀梁傳》評介〉，《孔孟月刊》，18 卷 2 期，1979 年 10 月，頁 27～38。
53. 許秀霞，〈春秋三傳「執諸侯」例試論〉，《中華學苑》，第 44 期，1994 年 4 月，頁 61～86。
54. 逄振鎬，〈春秋《經》《傳》「尊夏卑夷」「尊魯卑齊」政治思想文化體系〉，《中國書目季刊》，第 27 卷第 4 期，1994 年 3 月，頁 31～43。
55. 陳其泰，〈今文公羊學說的獨具風格和歷史命運〉，《中國哲學》，1998 年第 1 期，1998 年 3 月，頁 34～43。
56. 陳其泰，〈何休公羊學說的體系及其學術特色〉，《中國文化月刊》，196 期，1996 年 2 月，頁 2～18。
57. 陳恩林，〈春秋與公羊傳的關係〉，《史學史研究》，1982 年 4 期，1982 年 4 月，頁 81～91。
58. 陳梅香，〈《穀梁》「內不言戰，言戰則敗也」義例辨析及其相關問題〉，《中山中文學刊》，第 2 期，1996 年 6 月，頁 99～120。
59. 陸玉林，〈經學傳統與詮釋型文化〉，《中國哲學史》，1993 年第 1 期（總第 2 期），1993 年 2 月，頁 116～120 轉頁 121。
60. 陸寶千，〈公羊傳〉，收於《國文天地》，14 卷 9 期（總 165），1999 年 2 月，頁 5～9。
61. 喬衍琯：〈漢書藝文志中的篇與卷〉，《國立中央圖書館館刊》，新 27 卷，第 2 期（1994 年 12 月），頁 87～98。
62. 曾素貞，〈《春秋》三傳「執」例試析〉，《中國文哲研究通訊》，第 6 卷第 2 期（總第 22 期），1996 年 6 月，頁 161～192。

63. 黃志誠，〈《穀梁傳》之正道觀〉，《輔仁國文學報》，第 12 期，1999 年 8 月，頁 261～286。
64. 黃堯坤，〈論穀梁文〉，《北京師範大學學報》（社會科學版），1987 年第 2 期（總第 80 期），1987 年 2 月，頁 18～23 轉頁 30。
65. 黃彰健，〈張三世古義〉，《學原》，1 卷 8 期，1947 年 12 月，頁 151～190。
66. 黃樸民，〈公羊三統說與何休《春秋》王魯論〉，《管子學刊》，1998 年第 4 期，1998 年 4 月，頁 32～38。
67. 黃樸民，〈何休歷史哲學理論探析〉，《求是學刊》，1999 年第 1 期，1999 年 1 月，頁 97～103。
68. 楊向奎，〈論何休〉，《繹史齋學術文集》，上海：上海人民出版社，1983 年 5 月，頁 162～173。
69. 楊伯峻，〈經書淺談《公羊傳》和《穀梁傳》〉，《文史知識》，1982 年 8 期，頁 58～64。
70. 葛志毅，〈今文經學與口說傳業——試析古代的講學傳業方式及其文化歷史原因〉，《歷史教學》，1994 年第 5 期（總第 366 期），頁 3～6。
71. 趙生群，〈論三傳不書之例〉，收於《經學研究論叢》，第 7 輯，臺北：臺灣學生書局，1999 年 9 月，頁 205～239。
72. 趙汝成，〈「經、傳、注、疏」小議〉，《語文研究》，1997 年 2 月，1997 年 2 月，頁 24～25。
73. 劉百閔，〈《春秋穀梁傳》與語意學〉，《國魂》，301 期，1970 年 12 月，頁 45。
74. 劉家和，〈春秋三傳的災異觀〉，《古代中國與世界——一個古史研究者的思考》，武漢：武漢出版社，1997 年 7 月，頁 412～432。
75. 劉振忠，〈什麼是經書？經、傳、注、疏的關係如何？〉，《歷史教學》，1997 年第 6 期（總第 403 期），1997 年 6 月，頁 54。
76. 劉瑞箏，〈穀梁禮證述評〉，《國文學報》，第 24 期，1995 年，頁 51～78。
77. 潘重規，〈春秋公羊疏作者考〉，《學術季刊》，4 卷 1 期，1955 年 9 月，頁 11～18。
78. 蔣元慶，〈穀梁受經於子夏考〉，《學海》，1 卷 3 期，1944 年 9 月，頁 1～2。
79. 蔡長林，〈崔適論「穀梁氏亦古文學」之探討〉，《中國書目季刊》，第 27 卷第 3 期，1993 年 12 月，頁 3～17。
80. 蔡長林：〈唐代法律思想的經學背景——《唐律疏議》析論〉，《隋唐五代經學國際學術研討會論文集》（臺北：中國文哲研究所，2005 年）。
81. 賴炎元，〈春秋微言大義〉，《木鐸》，第 11 期，中國文化大學中文研究所、中國文學系編印，1987 年 2 月，頁 39～48。

82. 戴君仁，〈《春秋穀梁傳》時月日例辨正〉，《孔孟學報》，4 期，1962 年 9 月，頁 283～336。
83. 薛安琴，〈《穀梁》傳經特點尋繹〉，《遼寧師範大學學報》（社會科學版），1990 年第 1 期（總第 69 期），1990 年 1 月，頁 50～54。
84. 薛安琴，〈讀《春秋穀梁傳》札記〉，《遼寧師範大學學報》（社會科學版），1992 年第 4 期（總第 84 期），1992 年 7 月，頁 57～60。
85. 謝金良，〈《穀梁傳》的眞僞和寫作時代考辨〉，《福建論壇》（人文社會科學版），1996 年第 2 期，1996 年 2 月，頁 9～13。
86. 簡博賢，〈徐疏公羊述稿〉，《興大中文學報》，第 3 期，1990 年 1 月，頁 109～122。
87. 蘇瑩輝：〈從早期文字流傳的工具談到中國圖書的形式〉，收入由喬衍琯、張錦郎合編《圖書印刷發展史論文集續編》（臺北：文史哲出版社，1977 年），頁 14～16。

（三）學位論文

1. 阮芝生，《從公羊學論春秋的性質》，臺北：臺灣大學歷史研究所碩士論文，1968 年。
2. 王熙元，《穀梁范注發微》，臺北：臺灣師範大學國文研究所博士論文，1970 年 6 月。
3. 梁煌儀，《春秋穀梁傳校證》，臺北：中國文化大學中國文學研究所碩士論文，1978 年 6 月。
4. 李新霖，《春秋公羊傳要義》，臺北：臺灣師範大學國文研究所博士論文，1979 年。
5. 簡松興，《公羊傳的政治思想》，臺北：臺灣師範大學國文研究所碩士論文，1979 年。
6. 倪天蕙，《宋儒春秋尊王思想研究》，臺北：政治大學中國文學研究所碩士論文，1982 年 5 月。
7. 張廣慶，《何休春秋公羊解詁研究》，臺北：臺灣師範大學國文研究所碩士論文，1985 年。
8. 吳連堂，《春秋穀梁經傳補注研究》，高雄：高雄師範學院國文研究所碩士論文，1987 年 6 月。
9. 陳銘煌，《春秋三傳性質之研究及其義例方法之商榷》，臺北：臺灣大學中國文學研究所碩士論文，1991 年 6 月。
10. 陳登祥，《公羊傳的正名思想》，臺北：輔仁大學中國文學研究所碩士論文，1993 年 5 月。

11. 陳傳芳，《春秋戰伐書例研究》，臺北：臺灣師範大學國文研究所碩士論文，1995 年 6 月。
12. 李紹陽，《春秋穀梁傳時月日例研究》，臺北：臺灣師範大學國文研究所碩士論文，1995 年 12 月。
13. 陳秀玲，《楊士勛春秋穀梁傳注疏之研究》，臺中：中興大學中國文學研究所碩士論文，1996 年 6 月。
14. 吳智雄，《穀梁傳思想研究》，高雄中山大學中國文學研究所碩士論文，1997 年 6 月。
15. 張廣慶，《劉逢祿及其春秋公羊學研究》，臺北：國立臺灣師範大學國文研究所博士論文，1997 年。
16. 楊濟襄，《董仲舒春秋學義法思想研究》，臺北：臺灣師範大學國文研究所博士論文，2000 年。
17. 簡逸光，《穀梁傳解經方法研究》，臺北：中國文化大學中國文學研究所碩士論文，2003 年。
18. 朱生亦，《何休與三闕之研究》，嘉義：國立中正大學歷史學研究所，2003 年。
19. 黃迎周，〈《春秋公羊傳》、《穀梁傳》詮釋方法比較研究〉，山東：山東大學古籍文獻學碩士論文，2005 年。
20. 黃聖修，〈《春秋》西狩獲麟解〉，礁溪：佛光大學歷史學系碩士論文，2006 年。

二、日文部分

（一）專　書

1. 小野澤精一，《中國古代説話の思想史的考察》，東京：汲古書院，昭和 57 年 2 月 10 日。
2. 内野熊一郎，《漢初經書學の研究》，東京：清水書店，昭和 17 年 6 月 18 日。
3. 加賀榮治，《中國古典解釋史——魏晉篇》，東京：勁草書房，昭和 39 年 3 月 25 日。
4. 加藤常賢，《中國古代文化の研究》，東京：二松學舍大學出版部，昭和 55 年 8 月 3 日。
5. 平勢隆郎，《中國古代の予言書》，東京：講談社，2000 年。
6. 本田濟，《東洋思想研究》，東京：創文社，昭和 62 年 1 月 25 日。
7. 白川靜，《白川靜著作集》，東京：平凡社，2000 年 3 月 15 日。
8. 宇都木章，《春秋時代の戰亂》，東京：新人物往來社，1992 年 9 月 20

日。
9. 竹內照夫，《四書五經》，東京：平凡社，1987 年 1 月 5 日。。
10. 岩本憲司，《春秋穀梁傳范甯集解》，東京：汲古書院，1988 年 10 月。
11. 狩野直喜，《春秋研究》，東京：みすず書房，1994 年 11 月 18 日。
12. 常石茂、稻田孝，《春秋を讀む》，東京：勁草書房，1988 年 1 月 10 日。
13. 野間文史，《春秋學——公羊傳と穀梁傳》，東京：研文出版，2001 年 10 月 1 日。
14. 渡邊卓，《古代中國思想の研究》，東京：創文社，昭和 48 年 3 月 5 日。
15. 諸橋轍次，《經史八論》，東京：關書院，昭和 8 年 1 月 25 日。

（二）單篇論文

1. 上原淳道，〈春秋戰國時代の政治、社會〉、〈五霸雜識〉、〈春秋の五霸〉，《上原淳道中國史論集》，東京：汲古書院，1993 年 7 月，頁 163～181；286～292；387～395。
2. 久富木成大，〈春秋赴告考〉，《森三樹三郎博士頌壽記念論文集》，京都：朋友書店，昭和 54 年 12 月 1 日，頁 95～111。
3. 小島祐馬，〈春秋〉，《中國思想史》，東京：創文社，昭和 43 年 10 月 15 日，頁 176～193。
4. 中山久四郎，〈春秋と孔子の思想〉，《支那の人文思想》，東京：春秋社，昭和 6 年 5 月 6 日，頁 79～84。
5. 內藤虎次郎，〈史書の淵源・春秋〉，《內藤湖南全集》第 11 卷，東京：筑摩書房，昭和 44 年 6 月 10 日，頁 72～77。
6. 內藤虎次郎，〈春秋時代〉，《內藤湖南全集》第 10 卷，東京：筑摩書房，昭和 44 年 6 月 10 日，頁 111～130。
7. 日原利國，〈春秋學の發生と春秋三傳〉，《中國思想文學史》，京都：朋友書店，1999 年 7 月 2 日，頁 50～55。
8. 加賀榮治，〈鄭玄の《春秋三傳》解釋について〉，《日本中國學會創立五十年記念論文集》，東京：汲古書院，平成 10 年 10 月 10 日，頁 361～376。
9. 市村瓚次郎，〈春秋時代と霸者の迭興〉，《東洋史統》卷 1，東京：富山房，昭和 14 年 12 月 10 日，頁 183～224。
10. 本田成之，〈經學史上に於ける穀梁家の地位〉，《內藤博士還曆記念支那學論叢》，京都：弘文堂書房，大正 15 年 5 月 25 日，頁 173～206。
11. 東京大學中國哲學研究室，〈中國思想の成立——春秋學とその發生〉，《中國思想史》，東京：東京大學出版會，1972 年 5 月 15 日，頁 34～35。
12. 林宏作，〈君崩未踰年改元論〉，《森三樹三郎博士頌壽記念論文集》，京都：朋友書店，昭和 54 年 12 月 1 日，頁 919～932。

13. 武内義雄，〈春秋の學〉，《中國思想史》，東京：岩波書店，1988 年 2 月 25 日，頁 66～70。
14. 長坂金雄，〈春秋〉、〈穀梁傳〉、〈三傳比較〉，《東洋史講座總論及史籍解題》，東京：雄山閣，昭和 15 年 4 月 30 日，頁 248～294。
15. 重澤俊郎，〈經學の本質〉，《原始儒家思想と經學》，東京：岩波書店，昭和 24 年 9 月 20 日，頁 193～277。
16. 根本誠，〈中國思想における訓詁疏註〉、〈論語の問答法について〉，《中國古典思想の研究》，東京：現代アジア出版會，昭和 46 年 1 月 20 日，頁 51～71；73～103。
17. 高瀨武次郎，〈春秋〉，《支那哲學史》，東京：文盛堂書店，明治 43 年 10 月 8 日，頁 88～90。
18. 關口順，〈經書觀形成過程の一考察〉，《山下龍二教授退官紀念中國學論集》，東京：研文社，平成 2 年 10 月 20 日，頁 446～472。